浙江省新型重点专业智库杭州国际城市学研究中心
浙江省城市治理研究中心成果

浙江智库
ZHEJIANG
THINK TANK

王国平 总主编

南宋人在杭州

姚双 徐珂 著

浙江大学出版社

《南宋全书》总序

王国平

2007年12月22日，举世瞩目的我国南宋商船"南海一号"在广东阳江海域打捞出水。根据探测情况估计，整船金、银、铜、铁、瓷器等文物可能达到6万～8万件，据说皆为稀世珍宝。迄今为止，除了中国，全世界都未曾发现过如此巨大的千年古船。"南海一号"的发现，在世界航海史上堪称一大奇迹，也填补与复原了南宋海上"丝绸之路"历史的一些空白。[1]不少专家认为"南海一号"的价值和影响力将不亚于西安秦始皇兵马俑。这艘沉船虽然出现在广东海域，但反映了整个南宋经济、文化的繁荣，标志着南宋社会的开放，也表明当时南宋引领着世界经济的发展。作为南宋政治、经济、文化、科技中心的都城临安（浙江杭州），则是南宋社会繁华与开放的代表。从某种意义上讲，没有以临安为代表的南宋的繁荣与开放，就不会有今日"南海一号"的发现；而"南海一号"的发现，也为我们重新审视与评价南宋，带来了最好的注解、最硬的实证。

提起南宋，往往众说纷纭，莫衷一是。长期以来，不少人把"山外青山楼外楼，西湖歌舞几时休？暖风熏得游人醉，直把杭

---

[1] 见《"南海一号"成功出水》一文，载《人民日报》2007年12月23日。

州作汴州"[1] 这首曾写在临安城一家旅店墙上的诗，当作当时南宋王朝的真实写照。虽然近现代已有海内外学者开始重新认识南宋，但相当一部分人仍认为南宋军事上妥协投降、苟且偷安，政治上腐败成风、奸相专权，经济上积贫积弱、民不聊生，生活上纸醉金迷、纵情声色，总之，把南宋王朝视为一个只图享受、不思进取的偏安小朝廷。导致这种历史误解的原因，在很大程度上是人们对患有"恐金病"的宋高宗和权相秦桧一伙倒行逆施的义愤，这是可以理解的。但是，我们决不能坐在历史的成见之上人云亦云。只要我们以对历史负责、对时代负责、对未来负责的精神和科学求实的态度，以科学发展观为指导，对南宋进行全面、深入、系统的研究，将南宋放到当时的历史发展阶段中，放到中国社会发展的历史长河中，放到整个世界的文明进程中考察，就不难发现南宋在经济政治、思想文化、科学技术、国计民生等方面所取得的成就，就不难发现南宋对中华文明产生的巨大影响，以此对南宋做出科学、客观、公正的评价，"还原一个真实的南宋"。

　　宋钦宗靖康元年（1126）闰十一月，金军攻陷北宋京城开封。次年三月，金军俘徽、钦二帝北去，北宋灭亡。同年五月，宋徽宗第九子、钦宗之弟赵构，在应天府（河南商丘）即位，是为高宗，改元建炎，重建赵宋王朝。建炎三年（1129）二月，高宗来到杭州，改州治为行宫，七月升杭州为临安府。此时起，杭州实际上已成为南宋的都城。绍兴八年（1138），南宋宣布临安府为"行在所"，正式定都临安。自建炎元年（1127）赵构重建宋室，至祥兴二年（1279）帝昺蹈海灭亡，历时153年，史称"南宋"。

　　我们认为，研究与评价南宋，不应当仅仅以王朝政权的强弱为依据，而应当坚持"以人为本"理念，以人们生存与生活状态

---

[1]（南宋）林升：《题临安邸》，转引自田汝成：《西湖游览志余》卷二《帝王都会》，上海古籍出版社1980年版，第14页。

的改善作为社会进步的根本标准。许多人评价南宋，往往把南宋朝廷作为对象，我们认为所谓"南宋"，不仅仅是一个历史王朝的称谓，而主要是指一个特定的历史阶段和历史时期。在马克思主义看来，历史的进步是社会发展和人的发展相统一的过程，"人们的社会历史始终只是他们的个体发展的历史"，[1]未来理想社会"以每个人的全面而自由的发展为基本原则"。[2]人是社会发展的主体，人的自由与全面发展是社会进步的最高目标。这就要坚持"以人为本"的科学发展观，将人的生存与全面发展作为评价一个历史阶段的根本依据。南宋时期，虽说尚处在中国封建社会的中期，人的自由与发展受到封建集权思想与皇权统治的严重束缚，但与宋代以前漫长的封建历史时期相比，这一时期出现的对人的生存与生活的关注度以及南宋人的生活质量和创造活力达到的高度都是前所未有的。

研究与评价南宋，不应当仅仅以军事力量的强弱作为评价依据，而应当还以社会经济、文化整体状况与发展水平的高低作为重要依据。我们评判一个朝代，不仅要考察其军事力量的大小，更要看其在经济、文化、科技、社会等各方面取得的成就。两宋立国320年，虽不及汉唐、明清国土辽阔，却以在封建社会中无可比拟的繁荣和社会发展的高度，跻身于中国古代最辉煌的历史时期之列。无论文化教育的普及、文学艺术的繁荣、学术思想的活跃、科学技术的进步，还是社会生活的丰富多彩，南宋都达到了前所未有的程度，在当时世界上也都处于领先地位。著名史学家邓广铭认为"宋代的文化，在中国封建社会历史时期之内，截至明清之际西学东渐的时期为止，可以说，已经达到了登峰造极的高度"。[3]

---

[1]《马克思恩格斯选集》第4卷，人民出版社1995年版，第321页。
[2]《马克思恩格斯选集》第23卷，人民出版社1995年版，第649页。
[3] 邓广铭：《宋代文化的高度发展与宋王朝的文化政策》，《历史研究》1990年第1期。

　　研究与评价南宋，不能仅仅以某些研究的成果或所谓的"历史定论"为依据，而应当以其在人类文明进步中扮演的角色，以及对后世的影响作为重要标准。宋朝是中国封建社会里国祚最长的朝代，也是封建文化发展最为辉煌的时期。南宋虽然国土面积只有北宋的3/5左右，却维持了长达153年（1127—1279）的统治。南宋不但对中国境内同时代的少数民族政权和周边国家产生了积极影响，而且对后世中华文化产生了巨大影响。正如近代著名思想家严复认为："中国所以成于今日现象者，为善为恶，姑不具论，而为宋人所造就，什八九可断言也。"[1]近代史学大师陈寅恪先生也曾经指出："华夏民族之文化，历数千载之演进，造极于赵宋之世。"[2]因此，我们既要看到南宋王朝负面的影响，更要充分肯定南宋的历史地位与历史影响，只有这样，才能"还原一个真实的南宋"。

一、在政治上，不但要看到南宋王朝外患深重、苟且偷安的一面，更要看到爱国志士精忠报国、南宋政权注重内治的一面

　　南宋时期民族矛盾异常尖锐，外患严重之至，前期受到北方金朝的军事讹诈和骚扰掠夺，后期又受到蒙元的野蛮侵略。这些矛盾长期威胁着南宋政权的生存与发展。在此情形下，南宋初期朝廷中以宋高宗为首的主和派，积极议和，向女真贵族纳贡称臣。南宋王朝确实存在消极抗战、苟且偷安的一面，但也要承认南宋王朝大多君王始终怀有收复中原的愿望。南宋将杭州作为"行在所"，视作"临安"而非"长安"，也表现了南宋统治集团不忘收复中原的意愿。我们更应该看到南宋153年中，涌现了以岳飞、

---

[1]　严复：《严几道与熊纯如书札节钞》，江苏古籍出版社1999年影印本，载《学衡》第13期。

[2]　《陈寅恪先生文集》第2卷，上海古籍出版社1980年版，第245页。

文天祥为代表的一大批爱国将领和数百名爱国仁人志士。这是中国古代任何一个朝代都难以比拟的。

同时，南宋政权也十分注重内治，在加强中央集权制度，推行"崇尚文治"政策，倡导科举不分门第等方面均有重大建树。其主要表现在以下几方面。

1. 从军事斗争上看，南宋是造就爱国志士、民族英雄的时代

南宋王朝长期处于外族入侵的严重威胁，为此南宋军民进行了100多年艰苦卓绝的抵抗斗争，涌现了无数气壮山河、可歌可泣的爱国事迹和民族英雄。因而，南宋是面对强敌、英勇抗争的时代。众所周知，金朝是中国历史上继匈奴、突厥、契丹以后一个十分强大的少数民族政权，并非昔日汉唐时期的匈奴、突厥与之后明清时期的蒙古可比。金军先后灭亡了辽朝和北宋，南侵之势简直锐不可当，但南宋军民浴血奋战，虽屡经挫折，终于抵挡住了南侵金军一次又一次的进攻，使南宋在外患深重的困境中站稳了脚跟。在持久的宋金战争中，南宋的军事力量不但没有削弱，反而逐渐壮大起来。南宋后期的蒙元军队则更为强大，竟然以20年左右的时间横扫欧亚大陆，使全世界都谈"蒙"色变。南宋的军事力量尽管相对弱小，又面对当时世界上最为强大的蒙元军队，但广大军民同仇敌忾，顽强抵抗了整整45年之久，这不能不说是世界抗击蒙元战争史上的一个奇迹。[1]

南宋是呼唤英雄、造就英雄的时代。在旷日持久的宋金战争中，造就了以宗泽、韩世忠、岳飞、刘锜、吴玠吴璘兄弟为代表的一批南宋爱国将领。特别是民族英雄岳飞率领的岳家军，更使金军闻风丧胆。在南宋抗击蒙元的悲壮战争中，前有孟珙、王坚等杰出爱国将领，后有文天祥、谢枋得、陆秀夫、张世杰等抗元英雄。其中民族英雄文天祥领导的抗元斗争，更是可歌可泣，彪

---

[1] 参见何忠礼《论南宋定都杭州对当地经济文化的重大影响》，载《杭州研究》2007年第2期。

炳史册。

南宋是激发爱国热忱、孕育仁人志士的时代。仅《宋史·忠义列传》就收录有爱国志士277人，其中大部分是南宋人。[1] 南宋初期，宗泽力主抗金，并屡败金兵，因不能收复北宋失地而死不瞑目，临终时连呼3次"过河"；洪皓出使金朝，被流放冷山，历尽艰辛，终不屈服，被比作宋代的苏武；陆游"死去元知万事空，但悲不见九州同"的诗句，表达了他渴望祖国统一的遗愿；辛弃疾的词则抒发了盼望祖国统一和反对主和误国的激情。因此，我们认为，南宋不但是造就民族英雄的时代，也是孕育爱国政治家、军事家、文学家和思想家的沃土。

2. 从政治制度上看，南宋是宋代继续加强中央集权、"干强枝弱"的时期

宋朝在建国之初，鉴于前朝藩镇割据、皇权削弱的经验教训，通过采取"强干弱枝"政策，不断加强中央集权统治。这一政策在南宋时得到了进一步强化。北宋王朝在中央权力上，实行军政、民政、财政"三权分立"，削弱宰相的权力与地位；在地方权力上，中央派遣知州、知县等地方官，将原节度使兼领的"支郡"收归中央直接管辖；在官僚机构上，实行官（官品）、职（头衔）、差遣（实权）三者分离制度；在财权上，设置转运使掌管各路财赋，将原藩镇把持的地方财权收归中央；在司法权上，设置县尉一职，将方镇节度使掌握的地方司法权收归中央；在军权上，实行禁军"三衙分掌"，使握兵权与调兵权分离、兵与将分离，将各州军权牢牢地控制在中央手里，从而加强了中央对政权、财权、军权等方面的全面控制。南宋继承了北宋加强中央集权的这一系列措施，为维护国家内部统一、社会稳定和经济发展提供了良好的国内环境。尽管多次出现权相政治，但皇权仍旧稳定如故。

3. 从用人制度上看，南宋是所谓"皇帝与士大夫共治天下"

---

[1] 俞兆鹏：《南宋人才之盛及其原因》，载《杭州日报》2005年11月14日。

的时代

两宋统治集团始终崇尚文治，尊重知识分子，重用文臣，提倡教育和养士，优待知识分子。与秦代"焚书坑儒"、汉代"罢黜百家"、明清"文字狱"相比，两宋时期可谓封建社会思想文化环境最为宽松的时期，客观上对经济、社会、文化发展起到了积极的促进作用。[1]

推行"崇尚文治"政策。宋王朝对文人士大夫采取了较为宽松宽容的态度，"欲以文化成天下"，对士大夫待之以礼、"不得杀士大夫及上书言事人"，[2]确立了"兴文教，抑武事"[3]的"崇文抑武"大政方针。两宋政权将"右文"定为国策。在这种政治氛围下，知识分子的思想十分活跃，参政议政的热情空前高涨，在一定程度上出现了"皇帝与士大夫共治天下"的局面，从而有力地推动了宋代思想、学术、文化的大发展。正由于两宋重用文士、优待文士，不杀文臣，因而南宋时常有正直大臣敢于上疏直谏，甚至批评朝政乃至皇帝的缺点，这与隋唐、明清时期动辄诛杀士大夫的政治状况大不相同。

采取"寒门入仕"政策。为了吸收不同阶层的知识分子参加政权，两宋对选才用人的科举制度进行了改革，消除了魏晋以来士族门阀造成的影响。两宋科举取士几乎面向社会各个阶层，再加上科举取士的名额不断增加，在社会各阶层中形成了"学而优则仕"之风。南宋时期，取士更不受出身门第的限制，只要不是重刑罪犯，即使工商、杂类、僧道、农民，甚至是杀猪宰牛的屠户，都可以应试授官。南宋的科举登第者多数为平民，如在宝祐四年（1256）登科的601名进士中，平民出身者就占了70%。[4]

---

[1] 参见郭学信《试论两宋文化发展的历史特色》，载《江西社会科学》2003年第5期。

[2] 陶宗仪：《说郛》卷三九上，台湾商务印书馆影印文渊阁《四库全书》1986年版。

[3] 李焘：《续资治通鉴长编》卷一八，"太平兴国二年正月丙寅"条，中华书局2004年版，第392页。

[4] 俞兆鹏：《南宋人才之盛及其原因》，载《杭州日报》2005年11月14日。

二、在经济上，不但要看到南宋连年岁贡不断、赋税沉重的状况，更要看到整个南宋生产发展、经济繁荣的一面

人们历来有一种误解，认为南宋从立国之日起，就存在着从北宋带来的"积贫积弱"老毛病。确实，南宋王朝由于长期处于前金后蒙的威胁之下，迫使其不得不以加强皇权统治作为核心利益，在对外关系上，以牺牲本国的经济利益为代价，采取称臣、割地、赔款等手段来换取王朝政权的安定。正因为庞大的兵力和连年向金朝贡，加重了南宋王朝财政负担和民众经济负担，也一定程度上影响了南宋的经济发展。但在另一方面，我们更应当看到，南宋时期，由于北方人口的大量南下，给南宋的经济发展带来了充足的劳动力、先进的生产技术和丰富的生产经验，再加上统治者出台一些积极措施，南宋在农业、手工业、商业、外贸等方面都取得了突出成就。南宋经济繁荣主要体现在：

1. 从农业生产看，南宋出现了古代中国南粮北调的新格局

由于南宋政府十分注重兴修水利，并采取鼓励垦荒的措施，加上北方人口大量南移和广大农民辛勤劳动，促进了流民复业和荒地开垦。人稠地少的两浙等平原地带，垦辟了众多的水田、圩田、梯田。曾经"几无人迹"的淮南地区也出现了"田野加辟""阡陌相望"的繁荣景象。南宋时期，农作物单位面积产量比唐代提高了两三倍，总体发展水平大大超过了唐代，有学者甚至将宋代农作物单位面积产量的大幅提高称为"农业革命"。[1]"苏湖熟，天下足"的谚语就出现在南宋。[2]元初，江浙行省虽然只是元代10个行省中的一个，岁粮收入却占了全国的37.10%，[3]江浙地区成了中国农业最为发达的地区，并出现了中国南粮北调的新格局。

---

[1] 张邦炜：《瞻前顾后看宋代》，载《河北学刊》2006年第5期。

[2] （宋）范成大：《吴郡志》卷五〇《杂志》，《宋元方志丛刊》本，中华书局1990年版。

[3] （元）脱脱：《元史》卷九三《食货一·税粮》，中华书局2005年版，第2361页。

2. 从手工业生产看，南宋达到了中国古代手工业发展的新高峰

南宋时期，随着北方手工业者大批南下和先进生产技术传入，南方的手工业生产迈上了一个新台阶。一是纺织业规模和技术都大大超过了同时代的金朝，南方自此成了中国丝织业最发达的地区。二是瓷器制造业中心从北方移至江南地区。景德镇生产的青白瓷造型优美，有"饶玉"之称；临安官窑所造青瓷极其精美，为此杭州现在官窑原址建立了官窑博物馆，将这些精美的青瓷展现给世人；龙泉青瓷达到了烧制技术的新高峰，并大量出口。三是造船业空前发展。漕船、商船、游船、渔船，数量庞大，打造奇巧，富有创造性；海船采用的多根桅杆，为前代所无；战船种类众多，功用齐全，在抗金和抗蒙元的战争中发挥了重要作用。

3. 从商业发展看，南宋开创了古代中国商品经济发展的新时代

虽然宋代主导性的经济仍然是自然经济，但由于两宋时期冲破了历朝统治者奉行的"重农抑商"观念的束缚，确立了"农商并重"的国策，采取了惠商、恤商政策措施，使社会各阶层纷纷从事商业经营，商品经济呈现划时代的发展变化，进入一个新的历史发展阶段。一是四通八达的商业网络。随着商品贸易发展，出现了临安、建康（江苏南京）、成都等全国性的著名商业大都市，当时临安已达16万户，人口最多时有150万—160万人，[1]同时，还出现了50多个10万户以上的商业大城市，并涌现出一大批草市、墟市等定期集市和商业集镇，形成了"中心城市—市镇

---

[1] 杨宽先生在《中国古代都城制度史》一书中认为，南宋末年咸淳年间，临安府所属九县，按户籍，主客户共三十九万一千多户，一百二十四万多口；附郭的钱塘、仁和两县主客户共十八万六千多户，四十三万二千多口，占全府人口的三分之一。宋朝的"口"是男丁数，每户平均以五人计，约九十多万人。所驻屯的军队及其家属，估计有二十万人以上，总人口当在一百二十万人左右，包括城外郊区十万人和乡村十万人。

集市—边境贸易—海外市场"的通达商业网络。[1]二是"市坊合一"的商业格局。两宋时期由于城市商业繁荣，冲破了长期以来作为商业贸易区的"市"与作为居民住宅区的"坊"分离的封闭式市坊制度，出现了住宅与店肆混合的"市坊合一"商业格局，街坊商家店铺林立，酒肆茶楼面街而立。从《梦粱录》和《武林旧事》的记载来看，南宋临安城内商业繁荣，甚至出现了夜市刚刚结束，早市又告兴起的繁荣景象。三是规模庞大的商品交易。南宋商品的交易量虽难考证，但从商税收入可窥见一斑。淳熙年间（1174—1189）全国正赋收入6530万缗，占全国总收入30%以上。据此推测，南宋商品交易额在20000万缗以上。可见商品交易量之巨大。[2]南宋商税加专卖收益超过农业税的收入，改变了宋以前历代王朝农业税赋占主要地位的局面。

　　4. 从海外贸易看，南宋开辟了古代中国东西方交流的新纪元

　　两宋期间，由于陆上"丝绸之路"隔断，东南方向海路成为海上对外贸易的唯一通道，海外贸易成为中外经济文化交流的主要通道。南宋海外贸易繁荣表现在：一是对外贸易港口众多。广州、泉州、临安、明州（浙江宁波）等大型海港相继兴起，与外洋通商的港口已近20个，还兴起了一大批港口城镇，形成了北起淮南、东海，中经杭州湾和福、漳、泉金三角，南到广州湾和琼州海峡的南宋万余里海岸线上全面开放的新格局。这种盛况不仅唐代未见，就是明清亦未能再现。[3]二是贸易范围大为扩展。宋前，与我国通商的海外国家和地区约20个，主要集中在中南半岛和印尼群岛，而与南宋有外贸关系的国家和地区增至60个以上，范围从南洋（今南海）、西洋（今印度洋）直至波斯湾、地中海和东非海岸。三是出口商品附加值高。宋代不但外贸范围扩大、出口商品数量增加，而且进口商品以原材料与初级制品为主，而出口

［1］　陈杰林：《南宋商业发展：特点与成因》，载《安庆师范学院学报》2003年第4期。
［2］　陈杰林：《南宋商业发展：特点与成因》，载《安庆师范学院学报》2003年第4期。
［3］　葛金芳：《南宋：走向开放型市场的重大转折》，载《杭州研究》2007年第2期。

商品则以手工业制成品为主，附加值高。用附加值高的制成品交换附加值低的初级产品，表明宋代外向型经济在发展程度上高于其外贸伙伴。[1]

三、在文化上，不但要看到封闭保守、颓废安逸的一面，更要看到南宋"百家争鸣、百花齐放"的繁荣局面

由于以宋高宗为首的妥协派大多患有"恐金病"，加之南宋要想收复北方失地在军事上和经济上确实存在着许多困难，收复中原失地的战争，也几度受到挫折，因此在南宋统治集团中，往往笼罩着悲观失望、颓废偷安的情绪。一些皇亲贵族，只要不是兵荒马乱，就热衷于享受山水之乐和口腹之欲，出现了软弱不争、贪图享受、胸无大志、意志消沉的"颓唐之风"。反映在一些文人士大夫的文化生活中，就是"一勺西湖水。渡江来、百年歌舞，百年醺醉"的华丽浮靡之风。但是，这并不能掩盖两宋文化的历史地位与影响。宋代是中国古代文化最为光辉灿烂的时期之一。近代的中国文化，其实皆脱胎于两宋文化。著名史学家邓广铭认为："宋代文化发展所能达到的高度，在从十世纪后半期到十三世纪中叶这一历史时期内，是居于全世界的领先地位的。"[2]日本学者则将宋代称为"东方的文艺复兴时代"。[3]著名华裔学者刘子健认为："此后中国近八百年来的文化，是以南宋文化为模式，以江浙一带为重点，形成了更加富有中国气派、中国风格的文化。"[4]

---

[1] 葛金芳：《南宋：走向开放型市场的重大转折》，载《杭州研究》2007年第2期。

[2] 邓广铭：《国际宋史研讨会开幕词》，载《国际宋史研讨论文选集》，河北大学出版社1992年版，第1页。

[3] ［日］宫崎市定：《宫崎市定论文选集》下册，商务印书馆1963年版。

[4] 刘子健：《代序——略论南宋的重要性》，载黄宽重主编《南宋史研究集》，台湾新文丰出版公司1985年版。

1. 南宋是古代中国学术思想的巅峰时期

王国维指出："宋代学术，方面最多，进步亦最著"，"近世学术多发端于宋人"。宋学作为宋型文化的精神内核，是中国古代学术思想的巅峰。宋学流派纷呈，各臻其妙，大师迭出，群星璀璨，使南宋的思想文化呈现一派勃勃生机和前所未有的活跃局面。

理学思想形成。两宋统治者以文治国、以名利劝学的政策，对当时的思想、学术及教育产生了重要影响，最明显的一个结果是新儒学——理学思想诞生。南宋是儒学各派互争雄长的时期，各学派互相论辩、互相补充，共同构筑起中国儒学发展史上一个新的阶段。作为程朱理学集大成者的朱熹，是继孔孟以来最杰出的儒家学者。理学思想倡导国家至上、百姓至上的精神，与孟子的"君轻民贵"思想是一脉相承的。同时，两宋还倡导在儒家思想主导下的"儒佛道三教同设并行"，就是在"尊孔崇儒"的同时，对佛、道两教也持尊奉的态度。理学各家出入佛老；佛门也在学理上融合儒道；道教则从佛教中汲取养分，将其融入自身的养生思想，并吸纳佛教"因果轮回"思想与儒家"纲常伦理"学说。普通百姓"读儒书、拜佛祖、做斋醮"更是习以为常。两宋"三教合流"的文化策略迎合了时代需要，使宋代儒生不同于以往之"终信一家、死守一经"，从而使得南宋在思想、文化领域均有重大突破与重大建树。

思想学术界学派林立。学派林立是南宋学术思想发展的突出表现，也是当时学术界新流派勃兴的标志。在儒学复兴的思潮激荡下，尤其是在鼓励直言、自由议论的政策下，先后形成了以朱熹为代表的道学，以陆九渊为代表的心学，以叶适为代表的永嘉事功之学，以吕祖谦、陈亮为代表的永康之学等主要学派，开创了浙东学派的先河。南宋时期学派间互争雄长和欣欣向荣的景象，维持了近百年之久，形成了继春秋战国之后中国历史上第二次"百家争鸣"的盛况，为推动南宋经济文化发展起到了积极作用。尤其是浙东事功学派极力推崇义利统一，强调"商藉农而立，农赖商而行"，认为只有农商并重，才能富民强国，实现国家中兴统一的目的。功利主义思想反映了当时人们希望发展南宋经济和收复北方失地的强烈愿望。

2. 南宋是古代中国文学艺术的鼎盛时期

近代国学大师王国维认为"天水一朝人智之活动与文化之多方面，前之汉唐、后之元明皆所不逮也"。[1]南宋文学艺术繁荣的主要表现，一是宋词兴盛。宋代创造性地发展了"词"这一富有时代特征的文学形式。词的繁荣起始于北宋，鼎盛于南宋。南宋词不仅在内容上有所开拓，而且艺术上更趋于成熟。辛弃疾是南宋最伟大的爱国词人，豪放词派的最高代表，也是南宋词坛第一人，与北宋词人苏东坡一样，同为宋词成就最杰出的代表。李清照是婉约词派的代表人物，形成了别具一格的"易安体"，对后世影响很大。陆游既是著名的爱国诗人，也是南宋词坛的巨匠。他的词充满了奔放激昂的爱国主义感情，与辛弃疾一起把宋词推向了艺术高峰。二是宋诗繁荣。宋诗在唐诗之后另辟蹊径，开拓了宋诗新境界，其影响直到清末民初。宋诗完全有资格在中国诗史上与唐诗双峰并峙，两水并流。三是话本兴起。南宋话本小说出现，在中国文学史上是一件极有意义的大事，标志着中国小说的发展已进入一个新阶段。宋代话本为中国小说的发展注入了新鲜活力，迎来了明清小说的繁荣局面。南宋还出现了以《沧浪诗话》为代表的具有现代审美特征的开创性的文学理论著作。四是南戏的出现。南宋初年，出现了具有很强的现实性和感染力的"戏文"，统称"南戏"。南宋戏文是元代杂剧的先驱，它的出现标志着中国古代戏曲艺术的成熟，为我国戏剧发展奠定了雄厚基础。[2]五是绘画的高峰。宋代是中国绘画史上的鼎盛时期，标志我国中古

---

[1] 王国维：《静庵文集续编·宋代之金石学》，载《王国维遗书》第5册，上海古籍出版社1983年版。

[2] 参见何忠礼、徐吉军《南宋史稿》，杭州大学出版社1999年版，第657页。

时期绘画高峰的出现。有研究者认为"吾国画法，至宋而始全"。[1]
宋代画家多达千人左右，以李唐、刘松年、马远、夏圭等人为代
表的南宋著名画家，他们的作品在画坛至今仍享有崇高地位。此
外，南宋的多位皇帝和后妃也都是绘画高手。南宋绘画题材多样，
山水、人物、花鸟画等并盛于世，尤以山水画最为突出，对后世
影响极大。南宋画家称西湖景色最奇者有十，这就是著名的"西
湖十景"的由来。宋代工艺美术造型、装饰与总体效果堪称中国
工艺史上的典范，为明清工艺美术争相效仿的对象。此外，南宋
的书法、雕塑、音乐、歌舞等艺术门类也都有长足的发展。

3. 南宋是古代中国文化教育的兴盛时期

宋代统治者大力倡导学校教育，将"崇经办学"作为立国之
本，使宋代的教育体制较之汉唐更加完备和发达。南宋官私学盛，
彻底打破了长期以来士族地主垄断教育的局面，使文化教育下移，
教育更加大众化，适应了平民百姓对文化教育的需求，推动了文
化大普及，提高了全社会的文化素质，促进了南宋社会文化事业
进步和发展。在科举考试推动下，南宋的中央官学、地方官学、
书院和私塾村校并存，各类学校都获得了蓬勃的发展。南宋各州
县普遍设立了公立学校，其规模、条件、办学水平，较之北宋有
了更大发展。由于理学家的竭力提倡和科举考试的需要，南宋地
方书院得到了大发展。宋代共有书院397所，其中南宋占310所。[2]
南宋私塾村校遍及全国各地，学校教育由城镇延伸到乡村，南宋
教育达到前所未有的普及程度。

4. 南宋是古代中国史学的繁荣时期

南宋以"尊重和提倡"的形式，鼓励知识分子重视历史，研
究历史，"思考历代治乱之迹"。陈寅恪先生指出："中国史学莫

---

[1] 潘天寿：《中国绘画史》，上海人民美术出版社1983年版，第158页。
[2] 何忠礼：《论南宋定都杭州对当地经济文化的重大影响》，载《杭州研究》2007年
　　第2期。

盛于宋。"[1]南宋史学家袁枢的《通鉴纪事本末》，创立了以重大历史事件为主体，分别立目，完整记载历史事件的纪事本末体；朱熹的《资治通鉴纲目》创立了纲目体；朱熹的《伊洛渊源录》则开启了记述学术宗派史的学案体之先河。南宋在历史上第一次提出了"经世致用"的修史思想。南宋史学家不仅重视当代史的研究，而且力主把历史与现实结合起来，从历史上寻找兴衰之源，以史培养爱国、有用的人才。这些都对后代的史学家有很大的启迪和教益。

四、在科技上，既要看到整个宋代在中国古代科技史上的地位，也要看到南宋对古代中国科学技术的杰出贡献

宋代统治集团对在科学技术上有重要发明及创造、创新之人给予物质和精神奖励，为宋代科技发展与进步注入了前所未有的强大动力。宋朝是当时世界上发明创造最多的国家，也是古代中国为世界科技发展贡献最大的时期。英国学者李约瑟说："每当人们在中国的文献中查找一种具体的科技史料时，往往会发现它的焦点在宋代，不管在应用科学方面或纯粹科学方面都是如此。"[2]中国历史上的重要发明，一半以上都出现在宋朝。宋代的不少科技发明不仅在中国科技史上，而且在世界科技史上也号称第一。《梦溪笔谈》的作者沈括、活字版印刷术的发明者毕昇这两位钱塘（浙江杭州）人，都是中外公认的中国古代伟大科学巨匠。南宋的科技在北宋基础上进一步得到发展，其科技成就在很多方面居于世界领先地位。

[1] 陈寅恪:《陈垣〈明季滇黔佛教考〉序》《陈垣〈元西域人华化考〉序》，载《金明馆丛稿二编》，上海古籍出版社 1980 年版，第 238、240 页。
[2] ［英］李约瑟:《李约瑟文集》，辽宁科技出版社 1986 年版，第 115 页。

1. 南宋对中国古代"三大发明"的贡献

活字印刷术、指南针与火药三大发明，在南宋时期获得进一步的完善和发展，并开始了大规模的实际应用。指南针在航海上的应用，始见于北宋末期，南宋时的指南针已从简单的指针，发展成为比较简易的罗盘针，并被应用于航海上，是一项具有世界意义的重大发明。李约瑟指出，指南针在航海中的应用，是"航海技艺方面的巨大改革"，"预示计量航海时代的来临"。中国古代火药和火药武器的大规模使用和推广也始自南宋。南宋出现的管形火器，是世界兵器史上十分重要的大事，近代的枪炮就是在这种原始的管形火器基础上发展起来的。此外，南宋还广泛使用威力巨大的火炮作战，充分反映了南宋火器制造技术的巨大进步。南宋开始推广使用活字印刷术，出现了目前世界上第一部活字印本。此外，南宋的造纸技术更为发达，生产规模大为扩展，品种繁多，质量之高，近代也多不及。

2. 南宋在农业技术理论上的重大突破

南宋陈旉所著《陈旉农书》是我国现存最早的有关南方农业生产技术与经营的农学著作。他是中国农学史上第一个提出土地利用规划技术的人。陈旉在《农书》中首先提出了土壤肥力论等多种土地的利用和改造之法，并对搞好农业经营管理提出了卓越的见解。稻麦两熟制、水旱轮作制、"耕耙耖"耕作制，在南宋境内都得到了较好的推广。植物谱录在南宋也大量涌现。《橘录》是我国最早的柑橘专著；《菌谱》是世界历史上最早的菌类专著；《全芳备祖》是世界最早的植物学辞典，比欧洲要早300多年；《梅谱》是我国最早的有关梅花的专著。

3. 南宋在制造技术上的高度成就

宋代冶金技术居世界最高水平，南宋对此做出了卓越贡献。在有色金属开采与冶炼方面，南宋发明了"冶银吹灰法"和"铜合金铁"冶炼法；在煤炭开发利用上，南宋开始使用焦煤炼铁（而欧洲人是在18世纪时才采用焦煤炼铁的），是我国冶金史上具有重大意义的里程碑。南宋是我国纺织技术高度发展时期，特别是蚕桑丝绸生产，已形成了一整套从栽桑到成衣的过程，生产工具丰富，为明清的丝绸生产技术奠定了基础。南宋的丝纺织品、织造和染色技术在前代的基础上达到了一个新水平。南宋瓷器无论在胎质、釉料，还是在制作技术上，都达到了新的高度。同时，南宋的造船、建筑、酿酒、地学、水利、天文历法、军器制造等方面技术水平，也都比过去有很大的进步。如现保存于杭州碑林的石刻《天文图》是迄今为止所能见到的最早的全天星图，绘于南宋绍定二年（1229）的石刻《平江图》，是我国现存最完整的城市规划图，至今仍完好地保存在苏州市博物馆。

4. 南宋在数学领域的巨大贡献

南宋数学不仅在中国数学史上，而且在世界数学史上取得了极为辉煌的成就。南宋杰出的数学家秦九韶撰写的《数书九章》提出的"正负开方术"，与现代求数学方程正根的方法基本一致，比西方早500多年。另一位杰出的数学家杨辉，编撰有《详解九章算法》《日用算法》《乘除通变本末》《田亩比类乘除捷法》《续古摘奇算法》（《乘除通变本末》《田亩比类乘除捷法》《续古摘奇算法》三者合称为《杨辉算法》）等十余种数学著作，收录了不少我国现已失传的数学著作中的算题和算法。杨辉对二阶等差级数求和的论述，使之成为继沈括之后世界上最早研究高阶等差级数的人。杨辉发明的"九归口诀"，不仅提高了运算速度和精确度，而且还对我国珠算的发明起到了重要作用。李约瑟把宋代称为"伟大的代数学家的时代"，认为"中国的代数学在宋代达到最高峰"。[1]

5. 南宋在医药领域的重要贡献

南宋是中国法医学正式形成的时期。宋慈的《洗冤集录》是

---

[1]　参见《中国科学技术史》第 1 卷第 1 册，科学出版社 1975 年版，第 273、284、287、292 页。

世界上第一部法医学专著，比西方早350余年。它不仅奠定了我国古代法医学的基础，而且被奉为我国古代"官司检验"的"金科玉律"，并对世界法医学产生了广泛影响。南宋是中国针灸医学的极盛时期。王执中的《针灸资生经》和闻人耆年《备急灸法》两书，皆集历代针灸学知识之大全，反映了当时针灸学的最高水平。南宋腧穴针灸铜人是针灸学上第一具教学、临床用的实物模型。陈自明著的《外科精要》一书对指导外科的临床应用具有重要意义。陈自明的《妇人大全良方》是著名的妇产科著作，直到明清时期仍被妇科医生奉为经典。朱瑞章的《卫生家宝产科方》，被称为"产科之荟萃，医家之指南"。无名氏的《小儿卫生总微论方》和刘昉的《幼幼新书》，汇集了宋以前在儿科学方面所取得的成就，是我国历史上较早的一部比较系统、全面的儿科学著作。许叔微的《普济本事方》是中国古代一部比较完备的方剂专书。

五、在社会上，不但要看到南宋一些富豪官绅生活奢华、挥霍淫乐的一面，更要看到南宋政府关注民生、注重民生保障的一面

南宋社会生活的奢侈之风，既是南宋官僚地主腐朽的集中反映，也是南宋经济文化空前繁荣的缩影。我们不但看到南宋一些富豪官绅纵情声色、恣意挥霍的社会现象，更要看到南宋政府倡导善举、关注民生、同情民苦的客观事实。[1]两宋社会保障制度，在中国古代救助史上占有重要地位，并为宋后社会保障制度的建立奠定了基础。有学者认为，中国古代真正意义上的社会保障事业是从两宋开始的。同时，两宋时期随着土地依附关系逐步解除和门阀制度崩溃，逐渐冲破了以前士族地主一统天下的局面。两宋社会结构开始调整重组，出现了各阶层之间经济地位升降更替、

---

[1]　邓小南：《宋代历史再认识》，载《河北学刊》2006 年第 5 期。

社会等级界限松动的现象，各阶层的价值取向趋近，促进社会各阶层融合，平民化、世俗化、人文化趋势明显。两宋社会平民化，不仅体现在科举面向社会各个阶层，取士不受出身门第限制，而且体现在官民身份可以相互转化，可以由贵而贱，由贱而贵；贫富之间既可以由富而贫，也可以由贫而富。[1]

1. 南宋农民获得了更多的人身自由

两宋时期，租佃制普遍发展，这是古代专制社会中生产关系的一次重大调整。在租佃制下，地主招募客户耕种土地，客户只向地主缴纳地租，而不必承担其他义务。客户契约期满后有退佃起移的权利，且受到政府保护，人身依附关系大为减弱。按照宋朝的户籍制度，客户直接编入国家户籍，成为国家的正式编户，并承担国家某些赋役，而不再是地主的"私属"，因而获得了一定的人身自由。两宋农民在法律上可以自由迁徙，这是历史的一大进步。[2]南宋时期随着商品经济发展，农民获得了更多的自由，可以自由地离土离乡，转向城市从事手工业或商业活动。

2. 南宋商人社会地位得到了提高

宋前历朝一直奉行"重农轻商"政策，士、农、工、商，商人居"四民"之末，受到社会歧视。宋代商业已被视同农业，均为创造社会财富的源泉，"士、农、工、商，皆百姓之本业"[3]成为社会共识，使两宋商人的社会地位得到前所未有的提高。随着工商业的发展，在南宋手工业作坊中，工匠主和工匠之间形成了雇佣与被雇佣关系。南宋手工业作坊中的雇佣制度，代替了原来带有强制性的指派和差人应役招募制度，雇佣劳动与强制性的劳役比较，工匠的人身束缚大为松弛，新的经济关系推动了南宋手工业经济发展，又促进了资本主义生产关系萌芽。

---

[1] 郭学信：《宋代俗文化发展探源》，载《西北师范大学学报》2005年第3期。

[2] 郭学信、张素音：《宋代商品经济发展特征及原因析论》，载《聊城大学学报》2006年第5期。

[3] （宋）陈耆卿：《嘉定赤城志》卷三七《风土》，《宋元方志丛刊》本，中华书局1990年版。

3. 南宋市民阶层登上了历史舞台

"坊郭户"是城市中的非农业人口。随着工商业的日益发展，宋政府将"坊郭户"单独"列籍定等"。"坊郭户"作为法定户名在两宋时期出现，标志着城市"市民阶层"形成，市民阶层开始作为一个独立群体正式登上了历史舞台，成为不可忽视的社会力量。[1]南宋时期，还实行了募兵制，人们服役大多出于自愿，从而有效保障了城乡劳力稳定和社会安定，与唐代苛重的兵役相比，显然是一个进步。

4. 南宋社会保障制度更为完善

南宋的社会保障体系主要表现在：一是"荒政"制度。就是由政府无偿向灾民提供钱粮和衣物，或由政府将钱粮贷给灾民，或由政府将灾民暂时迁移到丰收区，或将粮食调拨到灾区，或动员富豪平价售粮，并在各州县较普遍地设置了"义仓"，以解决暂时的粮食短缺问题。同时，遇丰收之年，政府酌量提高谷价，大量收籴，以避免谷贱伤农；遇荒饥之年，政府低价将存粮大量粜出，以照顾灾民。二是"养恤"制度。在临安等城市中，南宋政府针对不同对象设立了不同的养恤机构。有赈济流落街头的老弱病残或贫穷潦倒乞丐的福田院，有收养孤寡等贫穷不能自存者的居养院，有收养并医治鳏寡孤独贫病不能自存之人的安济院，有收养社会弃子弃婴的慈幼局，等等。三是"义庄"制度。义庄主要由一些科举入仕的士大夫用其秩禄买田置办，义田一般出租，租金则用于赈养族人的生活。虽然义庄设置的最初动机在于为本宗族之私，但义庄的设置在一定范围保障了族人的经济生活，对两宋官方的社会保障起到了重要的辅助作用。南宋的社会保障政策与措施对倡导善举、缓和社会矛盾、维护社会稳定等发挥了积极作用。[2]

---

[1]　郭学信：《宋代俗文化发展探源》，载《西北师范大学学报》2005年第3期。

[2]　参见杜伟《略述两宋社会保障制度》，载《沙洋师范高等专科学校学报》2004年第1期；陈国灿《南宋江南城市的公共事业与社会保障》，载《学术月刊》2002年第6期。

六、在历史地位上，既要看到南宋在当时国际国内的地位，又要看到南宋对后世中国和世界的影响

1. 南宋对东亚"儒学文化圈"和世界文明进程之影响

两宋的成就居于当时世界发展的顶峰，对周边国家和世界均产生了巨大影响。如南宋对东亚"儒学文化圈"的影响。南宋朱子学对东亚"儒学文化圈"各国文化产生了广泛而深刻的影响，至今仍然积淀在东亚各民族的文化心理中，对东亚现代化起着重要作用。在文化输入上，这些周边邻国对唐代文化主要是制度文化的模仿，而对两宋文化则侧重于精神文化的摄取，尤其是对南宋儒学、宗教、文学、艺术、政治制度的借鉴。南宋儒学文化传至东亚各国，与各国的学术思想和民族文化相融合，产生了朝鲜儒学、日本儒学、越南儒学等东亚儒学，形成了东亚"儒学文化圈"。这表明南宋儒学文化在东亚民族之间的文化交流和传播中，对高丽、日本、越南等国学术文化与东亚文明发展历史产生了重大影响，这可以说是东亚文明发展中的一大奇观。[1]同时，南宋儒学文化中的优秀成分和合理精神，在现代东亚社会的政治经济、思想文化、社会生活、家庭关系等方面仍然发挥重要影响和作用。如南宋儒学中的"信义""忠诚""中庸""和""义利并取"等价值观念，在现代东亚经济社会中的积极作用显而易见。

南宋对世界经济发展的影响。随着南宋海外贸易发展，与我国通商的海外国家与地区从宋前的20余个增至60个以上。海外贸易范围从宋前中南半岛和印尼群岛，扩大到西洋（今印度洋至红海）、波斯湾、地中海和东非海岸，使雄踞于太平洋西岸的南宋帝国与印度洋地区北岸的阿拉伯帝国一起，构成了当时世界贸易圈的两大轴心。海上"丝绸之路"取代了陆上"丝绸之路"，

---

[1] 葛金芳：《南宋：走向开放型市场的重大转折》，载《杭州研究》2007年第2期。

成为中外经济文化交流的主要通道。鉴于此，美籍学者马润潮把宋代视为"世界伟大海洋贸易史上的第一个时期"。同时，随着商品经济的发展，北宋出现了世界上最早的纸币——交子。至南宋时，纸币开始在全国普遍使用。有学者将纸币的产生与大规模流通称为"金融革命"。[1]纸币流通的意义远在金属铸币之上，表明我国在货币领域发展已走在世界前列。

两宋对世界文明进程的影响。宋代文化对世界文化的影响，主要表现在两宋的活字印刷术、火药、指南针的西传上。培根指出："这三种发明已经在世界范围内把事物的全部面貌和情况都改变了：第一种是在学术方面，第二种是在战事方面，第三种是在航行方面；由此产生了无数的变化，这种变化是如此巨大，以至没有一个帝国，没有一个教派，没有一个赫赫有名的人物，能比得上这三种机械发明。"[2]马克思的评价则更高："火药、指南针、印刷术——这是预告资产阶级到来的三大发明。火药把骑士阶层炸得粉碎，指南针打开了世界市场并建立了殖民地，而印刷术则变成了新教的工具和科学复兴的手段，变成对精神发展创造必要前提的强大杠杆。"[3]两宋"三大发明"对世界文明的决定性作用是毋庸赘言的。两宋科举考试制度也对法、美、英等西方国家选拔官吏的政治制度产生了直接作用和重要影响，被人誉为"中国的第五大发明"。

2. 南宋对中国古代与近代历史发展之影响

中外学者普遍认为："这时的文化直至20世纪初都是中国的典型文化。其中许多东西在以后的一千年中是中国最典型的东西，至少在唐代后期开始萌芽，而在宋代开始繁荣。"[4]

南宋促进了中国市民阶层的形成。随着商品经济的繁荣，两

---

[1]　参见张邦炜《瞻前顾后看宋代》，载《河北学刊》2006年第5期。

[2]　[英]培根：《新工具》，商务印书馆1984年版，第103页。

[3]　[德]马克思：《机械、自然力和科学应用》，人民出版社1978年版，第67页。

[4]　[美]费正清、赖肖尔：《中国：传统与变革》，江苏人民出版社1995年版，第118—119页。

宋时期不仅出现了一大批大、中、小商业城市与集镇，而且形成了杭州、开封、成都等全国著名商业大都市，第一次出现了城市平民阶层，呈现了中国古代社会前所未有的时代开放性。南宋市民阶层的出现，世俗文化与世俗经济的形成与繁荣，意味中国市民阶层已具雏形，开启了中国社会平民化进程。正由于两宋时期出现了欧洲近代前夜的一些特征，如大城市兴起、市民阶层形成、手工业发展、商业经济繁荣、对外贸易发达、流通纸币出现、文官制度成熟等现象，美国、日本学者普遍把宋代中国称为"近代初期"。[1]

南宋促成了中国经济重心南移。由于南宋商品经济空前发展，有些学者甚至断言，宋代已经产生了资本主义萌芽。西方有学者认为南宋已处在"经济革命时代"。随着宋室南下，南宋经济的发展与繁荣，使江南成为全国经济最为发达的地区。南宋时期，全国经济重心完成了由黄河流域向长江流域的历史性转移，我国经济形态自此逐渐从自然经济转向商品经济，从封闭经济走向开放经济，从内陆型经济转向海陆型经济。这是中国传统社会发展中具有路标性意义的重大转折。[2]如果没有明清的海禁和极端专制的封建统治，中国的近代化社会也许会更早地到来。

南宋推进了中华民族大融合。南宋时期，中国社会出现了第三次民族大融合。宋王朝虽然先后被同时代的女真、蒙古民族征服，但无论前金还是后蒙，在其思想文化上，都被南宋代表的先进文化折服，融入中华民族大家庭之中。10—13世纪，中原王朝与北方游牧民族时战时和、时分时合，使以农耕文化为载体的两宋文化迅速向北扩散播迁，女真、蒙古政权深受南宋代表的先进政治制度、社会经济和思想文化影响，表示出对南宋文化认同、追随、仿效与移植，自觉不自觉地接受了先进的南宋文化，使其

---

[１]　张晓准:《两宋文化转型的新诠释》，载《学海》2002年第4期。

[２]　参见葛金芳《南宋：走向开放型市场的重大转折》，载《杭州研究》2007年第2期。

从文字到思想、从典章制度到风俗习惯均呈现出汉化趋势。[1]南宋文化改变了这些民族的文化构成，提高了它们的文化层位，加速了这些民族由落后走向进步的进程，从而在整体上提高了中国北部地区少数民族的文明程度。

南宋奠定了理学在封建正统思想中的主导地位。理学的形成与发展，是南宋文化对中国古代思想文化的重大贡献。南宋理宗朝时，理学被钦定为封建正统思想和官方哲学，确立了程朱理学的独尊地位，并一直垄断元、明、清三代的思想和学术领域长达700余年，其影响之深广，在古代中国没有其他思想可以与之匹敌。[2]同时，两宋时期开创了中国古代儒、佛、道"三教合流"的文化格局。与汉武帝"罢黜百家、独尊儒术"不同，南宋在大兴儒学的前提下，加大了对佛、道两教的扶持，出现了"以佛修心，以道养生，以儒治世"的"三教合一"的格局。自宋后，古代中国社会基本延续了以儒学为主体，以佛、道为辅翼的文化格局。

两宋对中国后世王朝政权稳定的影响。两宋王朝虽然国土面积前不及汉唐，后不如元明清，却是中国封建史上立国时间最长的王朝之一。两宋王朝之所以在外患深重的威胁下保持长治局面，很大程度上取决于两宋精于内治，形成了一系列的中央集权制度和民族认同感，因此，自宋朝后，中华民族"大一统"思想深入人心，中国历史上再也没有出现过地方严重分裂割据的局面。

3. 南宋对杭州城市发展之影响

正是南宋经济、文化、社会各方面的高度发展，促成京城临安极度繁荣，成为12—13世纪最为繁华的世界大都会，也正是南宋带来民族文化大交流、生活方式大融合、思想观念大碰撞，形成了京城临安市民独特的生活观念、生活方式、性格特征、语言习惯。直到今天，杭州人独有的文化特质、社会习俗、生活理念，

---

[1]　参见虞云国《略论宋代文化的时代特点与历史地位》，《浙江社会科学》2006 年第 3 期。

[2]　参见何忠礼《论南宋在中国历史上的地位和影响》，《杭州研究》2007 年第 2 期。

都深深地烙上了南宋社会的历史印迹。

京城临安，一座巍峨壮丽的世界级"华贵之城"。南宋朝廷立临安为行都，使杭州的城市性质与等级发生了根本性的巨大变化。从州府上升为国都，这是杭州城市发展的里程碑，杭州由此进入历史上最辉煌的时期。南宋统治者对临安城建设倾注了大量心血，并倾全国之人力、物力、财力加以精心营造。经过南宋诸帝持续的扩建和改建，南宋皇城布满了金碧辉煌、巍峨壮丽的宫殿，足可与北宋的汴京城媲美。南宋对临安府大规模地改造和扩建的杰出代表便是御街。南宋都城临安，经过100多年的精心营建，已发展成为百万以上人口的大城市，成为当时亚洲各国经济文化的交流中心，城市规模已名列十二三世纪时世界的首位。当时的杭州被意大利著名旅行家马可·波罗称赞为"世界上最美丽华贵之天城"。而12世纪时，美洲和大洋洲尚未被殖民者发现，非洲处于自生自灭状态，欧洲现有主要国家尚未完全形成，罗马内部四分五裂，北欧海盗肆虐，基辅大公国（俄罗斯）刚刚形成。[1]到了南宋后期(即13世纪中叶)临安人口曾达到150万—160万人，此时，西方最大最繁华的城市威尼斯也只有10万人口，作为世界最著名的大都会伦敦、巴黎，直至14世纪的文艺复兴时期，其人口也不过4万—6万人。[2]仅从城市人口规模看，800年前的杭州就已遥遥领先于世界各大城市。

京城临安，一座繁荣繁华的"地上天宫"。临安是全国最大的手工业生产中心。南宋临安工商业发达，手工业门类齐、制作精、分工细、规模大、档次高，造船、陶瓷、纺织、印刷、造纸等行业都建有大规模的手工业作坊，并有"四百一十四行"之说。临安是全国商业最为繁华的城市。临安城内城外集市与商行遍布，天街两侧商铺林立，早市夜市通宵达旦；城北运河樯橹相接、昼

---

[1] 参见何亮亮《从"南海"一号看中华复兴》，载《文汇报》2008年1月6日。
[2] 参见何忠礼《论南宋在中国历史上的地位和影响》，载《杭州研究》2007年第2期。

夜不舍，城南钱江两岸各地商贾海舶云集、桅杆林立。临安是璀璨夺目的文化名城。京城内先后集聚了李清照、朱熹、尤袤、陆游、杨万里、范成大、辛弃疾、陈起等一批南宋著名的文化人。临安雕版印刷为全国之冠，杭刻书籍为我国宋版书之精华。城内设有全国最高的学府——太学，规模最为宏阔，与武学、宗学合称"三学"。临安的教育事业空前繁荣。城内文化娱乐业发达，瓦子数量、百戏名目、艺人人数、娱乐项目和场所设施等方面，也都是其他城市无法比拟的。临安不但是全国政治中心，也是全国经济中心和文化中心。今日杭州之所以能成为"人间天堂"，成为全国历史文化名城，成为我国七大古都之一，很大程度上就是得益于南宋定都临安，得益于南宋经济文化的高度繁荣。

京城临安，一座南北荟萃、精致和谐的生活城市。北方人口的优势，使南下的中原文化全面渗透到本土的吴越文化之中，形成了临安独特的社会生活习俗，并影响至今。临安的社会是本地居民与外来人员和谐相处的社会，临安的文化是南北文化交融、中外文化交流的结晶，临安的生活是中原风俗与江南民俗相互融合的产物。总之，南宋临安是一座兼容并蓄、精致和谐的生活城市。其表现为：一是南北交融的语言。经过100多年流行，北方话逐渐融合到吴越方言之中，形成了南北交融的"南宋官话"。有学者指出："越中方言受了北方话的影响，明显地反映在今日带有'官话'色彩的杭州话里。"[1] 二是南北荟萃的饮食。自南宋起，杭人饮食结构发生了变化，从以稻米为主，发展到米、面皆食。"南料北烹"美食佳肴，结合西湖文采，形成了具有鲜明特色的"杭帮菜系"，而成为中国古代菜肴一个新高峰。丰富美味的饮食，致使临安人形成追求美食美味的饮食之风。三是精致精美的物产。南宋时期，在临安无论建筑寺观，还是园林别墅、亭

---

[1] 参见徐吉军《论南宋定都杭州对当地经济文化的重大影响》，载《杭州研究》2007年第2期。

台楼阁和小桥流水，无不体现了江南的精细精致，更有陶瓷、丝绸、扇子、剪刀、雨伞等工艺产品，做工讲究、小巧精致。四是休闲安逸的生活。城市的繁华与西湖的秀美，使大多临安人沉醉于歌舞升平与湖山之乐中，在辛劳之后讲究吃喝玩乐、神聊闲谈、琴棋书画、花鸟鱼虫，体现了临安人求精致、讲安逸、会休闲的生活特点，也反映了临安市民注重生活与劳作结合的城市生活特色，反映了临安文化的生活化与世俗化，并融入今日杭州人的生活观念中。

4. 借鉴南宋"体恤民生"的某些仁义之举，努力将今天的杭州建设成为一个全民共享的"生活品质之城"

南宋社会关注民生、同情民苦的仁义之举，尤其是针对不同人群建立较为完备的社会保障体系，在构建社会主义和谐社会，建设覆盖城乡、全民共享的"生活品质之城"的今天，有着特别重要的现实意义。建设覆盖城乡、全民共享的"生活品质之城"，既是一项长期的历史任务，又是一个重大的现实课题。要使"发展为人民、发展靠人民、发展成果由人民共享、发展成效让人民检验"理念落到实处，就必须把老百姓的小事当作党委、政府的大事，以群众呼声为第一信号，以群众利益为第一追求，以群众满意为第一标准，树立起"亲民党委""民本政府"的良好形象。要始终坚持以人为本、以民为先的理念，既要关注城市居民，又要关注农村居民；既要关注本地居民，又要关注外来创业务工人员；既要关注全体市民生活品质的整体提高，更要特别关注困难群众、弱势群体、低收入阶层生活品质的明显改善。要始终关注老百姓的衣食住行、安危冷暖、生老病死，让老百姓能就业、有保障，行得便捷、住得宽畅，买得放心、用得舒心，办得了事、办得好事，拥有安全感、安居又乐业，让全体市民共创生活品质、共享品质生活。

5. 整合南宋"安逸闲适"的环境资源，推进杭州"东方休闲之都"和国际旅游休闲中心建设

　　杭州得天独厚的自然山水环境，经过南宋100多年来固江堤、疏西湖、治内河、凿新井、建宫城、造御街、设瓦子、引百戏等多方面的措施，形成都城左江（钱塘江）右湖（西湖）、内河（市区河道）外河（京杭运河）的格局，使杭州的生态环境、旅游环境、休闲环境大为改观，极大丰富了杭州的旅游资源。南宋不但为我们留下一块"南宋古都"的"金字招牌"，还留下了安逸闲适的休闲环境和休闲氛围。在"三面云山一面城"的独特环境里，集中了江、河、湖、溪与西湖群山，出现了大批观光游览景点，并形成著名的"西湖十景"。沿湖、沿河、沿街的茶肆酒楼，鳞次栉比、生意兴隆；官私酒楼、大小餐馆充满"南料北烹"的杭帮菜肴和各地名肴；大街小巷布满大小馆舍旅店，是外地游客与应考士子的休息场所。同时，临安娱乐活动丰富多彩，节庆活动繁多。独特的自然山水、休闲的环境氛围，使临安人注重生活环境、讲究生活质量、追求生活乐趣。不但皇亲国戚、达官贵人纵情山水、赏花品茗，过着高贵奢华的休闲生活，而且文人士大夫交结士朋、寄情适趣，热衷高雅脱俗的休闲生活；就是普通百姓也会带妻携子泛舟游湖，享受人伦亲情及山水之乐。

　　今天的杭州人懂生活、会休闲，讲究生活质量，追求生活品质，都可以从南宋临安人闲情逸致的生活态度中找到印迹。今天的杭州正在推进新城建设、老城更新、环境保护、街区改善等工程，都可以从南宋临安对左江右湖、内河外河的治理和皇城街坊、园林建筑的建设中得到有益的启示。杭州要打造"东方休闲之都"，共建共享"生活品质之城"，建设国际旅游休闲中心，就必须重振"南宋古都"品牌，充分挖掘南宋文化遗产，珍惜杭州为数不多的地上南宋遗迹。进一步实施好西湖、西溪、运河、市区河道综合保护工程；推进"南宋御街"——中山路有机更新，以展示杭州自南宋以来的传统商业文化；加强对南宋"八卦田"景区的保护与利用，以展示南宋皇帝"与民同耕"的怀古场景；加强对南宋官窑遗址的保护与利用，以展示南宋杭州物产的精致与精美；

加强对南宋皇城遗址和太庙遗址的保护与利用,以展示昔日南宋京城的繁荣与辉煌。进入 21 世纪的杭州,不但要保护利用好南宋留下的"三面云山一面城"的"西湖时代",更要以"大气开放"的宏大气魄,努力建设好"一主三副六组团六条生态带"的大都市空间格局,形成"一江春水穿城过"的"钱塘江时代",实现具有千年古都神韵的文化名城与具有大都市风采的现代化新城同城辉映。

前　言

　　1138年，宋高宗正式下诏定都临安，杭州成为南宋名正言顺的国都。此后近150年，南宋倾全国之人力、物力、财力精心营造，临安城经济文化各方面高度发展，人口达百万之众，是南宋的政治、经济、文化中心。经过南宋诸帝不断的扩建和改建，皇城宫殿金碧辉煌、巍峨壮丽，临安城内外集市与商行遍布、市井繁华，后来被意大利旅行家马可·波罗称为"世界上最繁华、最有钱的城市"，是"世界上最美丽华贵之天城"。南宋为今天的杭州留下了极为丰厚的历史文化遗产。虽然高楼大厦取代了南宋的城墙与宫殿，但今天通过杭州主城区的道路与水系仍能清晰辨认南宋临安的城市格局。西湖十景不仅是中国湖山园林景观的终极典范，更是后持续追忆与传承南宋文化的物质载体。而杭州城与西湖畔最慷慨激昂与浪漫动人的故事，无不源自南宋的历史与传说。只有回溯到南宋，才能真正理解杭州的内涵与魅力。

　　目前，研究南宋与杭州关系的研究专著已然不少，但从通俗性、普及化角度切入，还原历史现场，或者带入历史现场，见南宋都城之景、交南宋都城之人、历南宋都城之事，让普通读者来一场感受真切的南宋都城之旅，这仍然值得我们去挖掘。《南宋都城三部曲》就是这样来设计的，在打通古今的基础上，让历史与名城相得益彰。作为《南宋全书》之《南宋丛书》的子系列，

《南宋都城三部曲》同时也突出了《南宋丛书》为通俗读物的定位，努力做到有特色、有卖点、有市场，它从史事、人物与史迹三个不同的维度，全面展示南宋都城（今杭州）的历史文化遗产。《杭州城的南宋史》为"史事篇"，从杭州城的视角系统梳理南宋历史；《南宋人在杭州》为"人物篇"，追寻南宋名人在杭州的行动轨迹；《杭州寻宋》为"史迹篇"，讲述了杭州文物遗迹与湖山景观的前世今生。南宋朝廷立临安为行都，使杭州的城市性质与等级发生了根本性的巨大变化。从州府上升为国都，这是杭州城市发展的里程碑，杭州由此进入了历史上最辉煌的时期。正如杭州城市学研究理事会理事长王国平先生指出："正是南宋经济、文化、社会各方面的高度发展，促成京城临安极度繁荣，成为12—13世纪最为繁华的世界大都会，也正是南宋带来民族文化大交流、生活方式大融合思想观念大碰撞，形成了京城临安市民独特的生活观念生活方式、性格特征、语言习惯。直到今天，杭州人独有的文化特质、社会习俗、生活理念，都深深地烙上了南宋社会的历史印迹"（《南宋全书》总序）。

　　《南宋都城三部曲》的撰写，遵循王国平先生提出的"大宋史"编撰的理念，始终以唯物史观为指导，坚持以人民、以中华民族为中心的历史观点。比如《杭州城的南宋史》不仅叙述朝堂与宫廷的历史风云，更从杭州人民的视角展示历史的趋向，特别记述了高宗退居德寿宫、孝宗奉亲游览聚景园以及孝宗阅兵、班荆馆争夺国书等一系列轰动全城的事件，并以杭州凤凰寺的历史作为全书的末章，体现了大一统与民族融合是民心所向的观点。比如《南宋人在杭州》不仅讲述岳飞、张浚等主战派的故事，同样重点介绍主守派史浩在杭州的辉煌功业，深刻体现了矛盾论与实践论等唯物史观的理论方法。又比如《杭州寻宋》不仅梳理了南宋西湖景观化、意境化的历程，更强调明朝士大夫对宋代西湖的追忆与清朝帝王对西湖十景的再造与复制，通过西湖景观讲述了一部中华民族文化融合的大历史。总之，《南宋都城三部曲》

是在正确思想导向下对杭州南宋文化的一次总结。

让我们走进南宋都城杭州，感知南宋的历史风云。

吴铮强

2022年12月

目　录

昭著青史

引
子

对于南宋人来说，杭州意味着什么？

杭州首先是避难所，或者说是逃难的一个落脚点。对于南宋的开创者赵构来说就是如此，他从磁州一路逃来，济州、应天府、扬州、镇江、建康……最终选择定都杭州。有很多人跟着赵构从北方逃到了杭州：有些人定居下来，比如张九成；有些人似乎仍在漂泊，比如李清照；有些人出将入相，比如张浚；有些人进进出出有机会面谏君主，比如辛弃疾。他们都是主战派，都想恢复中原，都想回到北方，但终究壮志难酬。

其次，杭州是将军们罢兵终老之地。议和已成，即收兵权。河南农民岳飞与西北军卒韩世忠是南宋抗金战线上的两座长城，结果不是在钱塘门内风波亭命丧黄泉，便是在湖山之间消磨志气。当然也有将军在西湖边纸醉金迷，比如长跪于岳飞墓前的清河郡王张俊。南宋的杭州不但有两座皇宫，还空前绝后地出现了一系列将军府第，但将军们的英雄气只是给作为销金窟的杭州营造了清冷凄惨的氛围。这种氛围一直延续到南宋灭亡，文天祥在杭州北面的皋亭山与元军统帅抗辩时，读尽圣贤书的满朝文武已作鸟兽散。

当然，大宋永远是文治之邦，对于更多的南宋科举士子而言，杭州是发迹之地，今天凤起路上的南宋贡院将决定他们一生的命运。科举士子中，有些是北宋的世家子弟，比如仁宗朝名相吕夷简的六世孙吕祖谦、神宗朝循吏陆佃的孙子陆游、徽宗朝理学名流朱松的儿子朱熹、祖上至少三代仕宦的楼钥。他们要在南宋重振门第，但始终远离权力核心，成长为南宋最杰出的思想家与文学家。对于科举士子中的很多浙江土著而言，定都杭州之后浙江各州的科举名额呈现几何级数增长，这将为他们提供前所未有的政治机遇。事实上高宗以后的南宋皇帝分别来自嘉兴与绍兴，而宁波人史浩不但是家族史上第一位登科的进士，还将开创一个丞相世家，他的儿子史弥远是南宋最成功的权臣。特立独行的思想家叶适与陈亮也为家族实现了科举零的突破，可惜陈亮卒于高中状元之后不久，叶适也与权力中心擦肩而过。而四川士子独树一帜，虞允文领导的一场胜仗让完颜亮命丧江北，李焘与李心传则是南宋最成功的史学家。

除了在杭州属县定居的张九成，士大夫阶层多是杭州的匆匆过客，他们来这里科考，然后四处游宦，游宦的间隙来临安换官，或者有难得的机会在朝中为官。对他们来说，杭州的经历至关重要却未必愉快，比如朱熹总是黯然神伤，陆游屡遭不平，陈亮甚至遭遇牢狱之灾。但无论如何，他们一生的功名都系于作为都城的杭州。至于市井小民，比如断桥卖鱼羹的宋嫂，或者白娘子的药店伙计，他们在杭州度过了怎样的悲欢离合，恐怕无缘写入郑樵、李焘、李心传的史著，只有空凭戏文小说去想象。

手挽乾坤

岳飞：半生峥嵘风波绝

在游人如织的杭州西湖，有这样一庄
严肃穆、气势恢宏的古建筑群：它依山傍
水，朱红色围墙穿插在苍翠草木之间，织
就一幅风景醉人的画卷。离离墓草映栖霞，
清风伴月写丹心，它就是纪念南宋抗金名
将岳飞的岳王庙。全国各地有不少岳王庙，
其中最著名的莫过于这背靠栖霞岭、南接
曲院风荷的杭州岳王庙。若走进庙中，面
对森严庄重的岳飞像，想必你的心中也会
响起那首熟悉的《满江红·怒发冲冠》：

《中兴四将图》岳飞像

怒发冲冠，凭阑处、潇潇雨歇。

抬望眼，仰天长啸，壮怀激烈。三十功名尘与土，八千里路
云和月。莫等闲，白了少年头，空悲切。

靖康耻，犹未雪。臣子恨，何时灭？驾长车，踏破贺兰
山缺。壮志饥餐胡虏肉，笑谈渴饮匈奴血。待从头，收拾旧
山河，朝天阙。

崇宁二年（1103），也就是宋徽宗与蔡京在包括杭州在内的全国各地竖立起元祐党籍碑的那一年，岳飞出生于相州汤阴(今河南汤阴)的一个普通农家。因家境贫苦，岳飞自少年时起便常在家中务农，因此养成了健壮的体格。岳飞最初的工作是在权贵家中当庸耕、在市场上当游徼，实在走投无路，才应募充当军队中没有编制的、危险的敢战士。如果没有发生悲惨的靖康之难，岳飞或许没有多少社会垂直流动的机会，也不太可能有机会与江南岸的杭州相遇。

杭州岳王庙明刻岳飞像

名扬天下精忠旗

【绍兴三年至六年：临安行宫】

作为一个长期活跃在军事前线的武将，岳飞与临安的直接接触，还要从绍兴三年（1133）开始说起。这一年，距离岳飞应募从军已经过去了十一年。在这十一年中，岳飞先后在刘韐、刘浩、宗泽、张所、杜充等人手下任职，辗转多地作战，屡立战功：建炎二年（1128），岳飞率军参加滑州（今河南滑县）之战；建炎三年（1129），岳飞在开封府击破王善、张用，后又在九里冈击破李成；建炎四年（1130）四、五月间，岳飞率领岳家军收复建康府（今江苏南京），从而击破了金军在江南仅存的立足点，为南宋朝廷立下了汗马功劳，同年，岳飞又受命配合张俊大军平定叛军戚方，大获成功；绍兴元年（1131），岳飞在江、淮间用兵，再破李成；绍兴三年（1133），平定了吉州和虔州的叛乱……对外抗金、对内平叛，岳飞的这些赫赫战功，既为他积累了更多的军事经验，也使他迅速成长为一位成就卓著的军事将领，得到了南宋朝野上下的关注。

绍兴三年（1133）春，高宗遣人赐予岳飞金蕉酒器，召岳飞赴行在临安府，但因江西地方盗乱尚未肃清，岳飞未能即刻动身。八月，在岳飞平定吉、虔之叛不久，朝廷再次召岳飞入朝。于是，岳飞令军队驻守江州（今江西九江），与长子岳云一起出发前往临安。岳飞一行于九月初到达临安，很快就受到了高宗的接见。

《宋史·岳飞传》记载，当高宗还是天下兵马大元帅、康王时，岳飞就通过上司刘浩的引荐得以在河北大元帅府面见康王。那时，康王还命岳飞去讨击贼人吉倩，补承信郎。一个小小兵卒竟会得到天下兵马大元帅、康王的接见，这实在令人难以相信。绍兴三年入朝不仅是岳飞第一次来到临安，也应该是岳飞和高宗第一次见面。

临安行宫在凤凰山下，由过去的杭州州治改造而成，房屋简陋，空间狭小。君臣交谈之间便也说起了房子这事，高宗提出要赐予岳飞宅第，岳飞坚决推辞："敌未灭，何以家为？"高宗又随口问起天下何时太平，岳飞慷慨答道："文臣不爱钱，武臣不惜死，天下太平矣。"此次接见，高宗对岳飞的战功表示了极大的肯定。为表嘉奖，高宗除了赏赐岳飞衣甲、金带、战袍、弓箭、刀枪、战马等物品，还授其镇南军承宣使、江南西路沿江制置使的官职。高宗亲手写下"精忠岳飞"四个大字，令人制成战旗赐给岳飞，以表彰其为国征战之忠心。对于年方十五岁的岳云，高宗也授予了保义郎、阁门祗候的官衔，尽管岳飞认为岳云目前并未立下寸土之功，不应该得到如此赏赐，但天子之令，终于是不得不从。

杭州岳王庙名言碑

风光荣耀的背后，岳飞还是感觉到高宗的别样企图。一方面，高宗让岳飞此后多多注意为伪齐效力的主将李成，称如果李成愿意归国效力，就让他做节度使。一位叛逃归降的武将尚且能得到节度使之职，而为南宋征战沙场的岳飞与诸将士却抵不上一位叛徒，这委实让战场上拼命的将士们心里不舒服。另一方面，高宗提醒岳飞醉酒误事，这是因为岳飞曾因醉酒痛打了江南兵马钤辖赵秉渊，被人弹劾目无军纪，而今高宗再次提起，也是为了敲打岳飞，让其明了是皇恩浩荡，才不追究他此番过错。

真正令岳飞一战成名的是绍兴四年（1134）岳飞第一次北伐，在与伪齐的战争中收复了襄汉六郡。深居临安皇宫之中的高宗听闻捷报，喜不自胜：朕一直听说岳飞行军很有纪律，没想到能破敌如此啊！大喜之下诏封岳飞为清远军节度使，三十二岁的岳飞成为南宋最年轻的建节武将。绍兴五年（1135），待前线战事结束后，岳飞自池州入朝。这时的高宗移驻平江府督战，听闻战事已经平定，也准备返回临安。二月，岳飞随同高宗一行从平江府出发，并于九日到达了临安。这是岳飞第二次来到临安。

此次入朝，宋廷先是论功行赏，不仅赏赐岳飞大量银帛，封其母姚氏为福国太夫人，又授镇宁、崇信军节度使，充湖北路荆、襄、潭州制置使，进封武昌郡开国侯。但岳飞此行，更重要的任务是与高宗商讨如何平定湘湖杨么的事宜。绍兴初年，金人威胁与境内大寇未平，因此杨么这类小贼尚未得到宋廷的关注。但随着朝廷逐渐剿平大寇、杨么之部日益壮大，宋廷也认识到平定杨么的必要性。因此，在岳飞克服襄阳六郡后，高宗便下令由岳飞负责征讨杨么。岳飞受命筹谋，并上呈了《措置杨么水寇事宜奏》。但由于淮西战事吃紧，岳飞率军前去支援，所以平定杨么之事一时搁置，直到此时才得以复议。

二月十二日，岳飞被任命为荆湖南、北和襄阳府路制置使和神武后军都统制，招捕杨么，另有江西范振、湖南薛弼、湖北刘延年等负责随军的钱粮事宜，免除岳飞的后顾之忧；此外，朝廷还赐铜钱十万贯、布帛五千匹，用作犒劳士卒的费用。得到朝廷任命之后，岳飞很快从临安赶回池州，整顿军队发兵招讨杨幺。最终，岳家军大破杨幺，名扬洞庭，湖湘地区也恢复了往日的安定。

此战过后，岳飞凭借其过人的胆识谋略以及宽容战俘的作风，赢得了朝野上下的一致称赞，老将张浚就赞叹这位年轻的后生："岳侯殆神算也！"高宗派遣内侍千里迢迢地带来丰厚的赏赐，特赐手札奖谕"卿勇略冠军，忠义绝俗"，授岳飞为蕲州、黄州制置使，加检校少保，进封开国公，又加封荆湖南、北及襄阳府路招讨使。后来，杨幺的残军大部分被岳家军收编，岳家军的兵力从三万之数陡升至十万左右，成为当时南宋军队人数最多、素质最高的军队，也成了名副其实的抗金主力军队。

在奉命平定内乱的同时，岳飞始终不忘系在心头的大事：抗金胜敌，收复河山。岳飞的目光再一次望向了中原，他加紧联系北方抗击金齐的义士，希望能够联合南北之力，早日击退金军，恢复故土。因此，当太行山"忠义保社"的赵云、梁兴等人前来投靠时，岳飞非常高兴，当即上奏临安朝廷。绍兴六年（1136）正月，宰相张浚北上督战，岳飞同韩世忠、刘光世等大将都曾受召前往镇江府的都督行府，一同商议军事。这年二月，岳飞从镇江入朝，这是他第三次来到临安，也是他主动请求的临安之行。高宗在内殿接见了他，还赐予飞金酒器。岳飞趁势向高宗建议，襄阳既已收复，应该设置监司，而且应该恢复襄阳府路的旧名"京西南路"，以表示不忘中原之意。高宗一一接受了建议，任命李若虚为京西南路提举兼转运、提刑公事，又下令表示对于湖北、襄阳府路知州、通判职级以下的官员，岳飞可以自行考察各位官员是否贤能，根据结果对其罢免或提升。

同时，在各地准备军事部署的张浚多次向朝廷上书举荐岳飞和韩世忠，认为他们二人是朝廷可以托付大事的人才，并命令岳飞率军屯驻襄阳，以便等待时机收复中原。不久之后，岳飞得到朝廷任命，出任湖北、京西宣抚副使，兼武胜、定国两军节度使，置司襄阳府。这时的岳飞已经名满天下，高宗赐诏中甚至将岳飞比作汉朝大将韩信："卿智勇兼资，忠义尤笃，计无遗策，动必有成，勋伐之盛，焜燿一时，岂止与淮阴侯初遇高帝比哉！"

显然，岳飞和高宗曾经历过一段非同寻常的君臣"蜜月期"。

抗金心志天不恤

【绍兴七年至十年：资善堂】

绍兴七年（1137）是岳飞和高宗关系微妙的转折点。

一年前，岳母姚氏去世，岳飞不等到朝廷批准报告就解官而去，高宗强令岳飞立即起复。七、八月间，岳飞第二次北伐，孤军奋进，利用声东击西的战术大败伪齐，长驱伊、洛。这是南宋首次大规模的反攻，再次彰显了宋军的实力已非昔日一般孱弱，朝中上下一片喜悦。回到鄂州后，岳飞眼疾加重，一度卧床不起。高宗遣使赐药，手诏抚劳，其中有云"非我忠臣，莫雪大耻"，并传宣他至行在奏事。绍兴七年（1137）二月，岳飞入朝。但这时的高宗并不在临安府，而是在平江府。高宗在内殿接见了岳飞，岳飞密奏请正建国公皇子之名。建国公赵瑗是高宗领养在身边的宗室子，高宗听了这话心里必然不是滋味：你说的这些话虽是忠言，但你是手握重兵在外的将军，这不是你该说的。既然是密奏，这番君臣对话怎么会被人知晓呢？原来岳飞告退后，参谋官薛弼就进来了，高宗就说出了实情："岳飞好像有些不高兴，你开导开导他。"而薛弼曾游于秦桧门下。岳飞扈从高宗驻跸建康府，官拜太尉、宣抚使兼营田使。这时，高宗对岳飞整编刘光世军队出尔反尔，岳飞一怒之下就自解兵权，步归庐山为母亲姚氏守墓。高宗对岳飞私上庐山非常不满，对岳飞部将李若虚、王贵下达死令，如不能请岳飞下山，就与岳飞一同按军法处斩。李若虚等人苦劝六日，最后对岳飞哀告说，相公原来不过是河北一个农夫，难道真的想造反吗，如果执意拒绝复职，那我们甘愿受死，也就没有对不起相公的地方了。这年六月，岳飞赴建康府向高宗待罪。高宗对岳飞说，你之前的奏陈太轻率，但我很信任你，也没有生你的气，真的触犯军法自当处罚，但我决定恢复你的军职，并把恢复中原的重任交给你。岳飞还军不久后，就发生了张浚用人不当导致的淮西兵变。岳飞立即上疏请求率军进屯淮甸，拱卫建康，但高宗只令岳飞驻扎江州。

这一幕被秦桧看在眼里，他相信岳飞与高宗的关系已经破裂了。

绍兴八年（1138）二月，高宗自建康府返回临安府。同时，宋金对峙形势又发生了重大变化，金朝内部贵族斗争剧烈，又兼内部疲敝，无力攻宋，因此主和派占据上风，从而把持朝政。上年底，金朝两位副元帅率兵到开封府，假托伪齐攻宋之名，行废齐之实。同时，金朝还向南宋使臣王伦释放"和议"信号。王伦归朝向高宗奏报，此消息正是高宗心中所望，随即表示愿意不惜一切代价与金和议。为了促进此事，高宗任命秦桧为宰相兼枢密使，由秦桧专门负责与金和谈的有关事宜。

高宗许金和议之事，在朝中引起了轩然大波。认识到敌人此时力乏的岳飞自然主张趁机抗金，收复失地，然而高宗君臣冥顽不灵，面对岳飞屡次奏请出师的上书，一味拒绝，更将岳家军禁锢于防区之内，不允许其轻举妄动。此时岳飞已有所感，朝廷与金和议的方针已定，此次奔赴临安，不过是去接受最后的结果。绍兴八年（1138）秋，岳飞收到朝廷枢密院发来的札子，令其赴行在议事。此前，朝廷诏令韩世忠、张俊、岳飞赴行在奏事，岳飞迟迟未动身。面对朝廷催逼，岳飞无法，只得从鄂州出发，经江州、池州前往杭州，一路上书请辞，但高宗均回不允，并要求岳飞疾速赶往行在。面对皇帝，岳飞也只能委婉地表明自己的态度：金人不可信，和议也无法持久，相臣为国事筹谋不力，可能会令后世耻笑。韩世忠也坚持反对和谈，张俊则依附秦桧。

《宋史·岳飞传》记载，岳飞到达临安后，受命去资善堂拜见皇太子，这让岳飞非常欣喜。资善堂是宋代皇子就学议政之所。绍兴五年（1135）五月，高宗命宰相赵鼎等人在临安行宫内选址建造书屋，建成了十六间书屋。高宗便以书屋为资善堂，同时进封贵州防御使赵瑗为保庆军节度使，封建国公，赴资善堂听讲。由于条件限制，资善堂偏僻狭隘，环境并不好，甚至地点也不固定。换言之，任何一座堂室，只要被命名为资善堂，就具备了供皇子读书、处理政务的功能。绍兴八年（1138）秋天，岳飞在资善堂拜见了十二岁的赵瑗。当时的赵瑗还并不是皇太子，吴才人宫中还有一个宗室子赵璩是他的竞争对手。到了绍兴九年（1139）三月，崇国公赵璩也赴资善堂听讲。至于岳飞所盼望的皇储正位、社稷得人，那要等到二十多年后了。

岳飞虽向高宗和朝臣表明了自己坚决的抗金心志，但却没能改变高宗的态度。为了进一步推行和议，高宗罢免了赵鼎、刘大中和王庶三人，而秦桧却得到了重用。宋金和议，在所难免；而岳飞的壮志，终是难酬。绍兴八年（1138）十一月，金朝派遣"诏谕江南使"张通古到临安议和，不称南宋为宋国，而称之为"江南"；不称通问（相互往来访问），而称诏谕。字里行间，金朝尽是居高临下之意。更有甚者，金朝要求高宗以跪拜之礼，面朝北方接受诏书。面对此等奇耻大辱，高宗竟然置朝野一片反对声于不顾，力排众议，并以为徽宗守丧为借口，派秦桧代为跪接诏书。至此，宋金和议达成，宋向金称臣纳贡，金则将陕西和黄河以南土地归宋，高宗生母韦氏得以带着徽宗、郑皇后和邢皇后三副棺椁回到临安。高宗为保和议长久，下诏令岳飞不得接纳来自北地的豪杰，凡是北来者，必须遣回金朝；而岳飞所派遣前往北地之人，也必须全部撤回。北方的抗金活动好不容易有了起色，岳飞又陷入了无尽的茫然。绍兴九年（1139）正月，朝廷宣布大赦天下，以庆贺和议成功。岳飞接到临安传来的赦书后，让幕僚起草了一份《谢讲和赦表》，其中有云"唾手燕云，复仇报国"，对朝廷加封的开府仪同三司官衔，岳飞再三辞让，在高宗威胁般的褒奖表彰下才不得已接受。

绍兴九年（1139）九、十月间，岳飞入临安。此前，岳飞曾委婉地劝诚高宗，金人不可信。果然在这次岳飞离开临安不久后，金朝内部发生动乱，主战派成功把持朝政，撕毁了宋金之间刚刚签署的和议。金军南下，攻势迅猛，南宋官员或逃或降，真正抵抗的人少之又少。危亡关头，朝廷任命韩世忠、张俊和岳飞率兵抗击金军。然而，正当岳飞大败金军、形势一片大好时，高宗却又再次反悔。绍兴十年（1140）六月下旬，参议官李若虚向岳飞传达高宗旨意："兵不可轻动，宜班师。"七月，在岳飞率军进抵朱仙镇之时，秦桧上言，高宗连续下了十二道班师诏，措辞严峻，强令岳飞班师回朝。

岳飞班师回朝，颍昌、淮宁、蔡州、郑州等地再次被金军攻陷，这对壮志北伐的岳飞来说无疑更增添了苦闷。这次入朝，高宗当面训谕岳飞：凡是做大将的人，当以天下安危自任，不应当像普通士卒一样纠结于功赏，至于朝廷，是肯定不会亏待了大将的，就像当初军情紧急之时，诸位大将都加封师保头衔，难道一定要等到你们立下功劳吗？若必待有功而后进官，这是对待普通士卒的做法。

面对山河破碎的北方故土和尔虞我诈的临安朝廷，岳飞非常失望，一再上书请辞归乡，不愿再处理军务。但是战事未平，高宗仍然不允。结果半年之后，岳飞就被召赴临安"杯酒释兵权"。

天日昭昭岳武穆

【绍兴十一年：岳飞宅/大理寺狱/风波亭】

在临安等待岳飞的是一场鸿门宴和千古冤狱。绍兴十一年（1141）四月，韩世忠、张俊、岳飞三大将赴临安。高宗一面在西湖为三人举办盛宴，日日用美酒和佳肴好生款待，另一面却听从秦桧的建议，以韩世忠、张俊为枢密使，岳飞为枢密副使，明升暗降，解除他们的兵权。

岳飞心知，北伐已经是不可能了，因此他也没有流露出任何不舍，并且上奏请求允许妻儿搬至临安城居住，还请求领宫祠，从而获得万寿观使一衔。高宗见岳飞如此识趣，便下令临安府为岳飞建造房屋宅第。

今杭州庆春路与延安路交界处，熙熙攘攘的嘉里中心旁有一座低矮的红楼，尽管被浓厚的商业氛围所包裹，这座名为杭州城市建设陈列馆的小楼却依然那么耀眼，不知路上来来往往的行人是否注意过，自己竟与南宋岳飞旧宅擦肩而过。南宋时，这里叫作前洋街，绍兴三年（1133）建起国子监，岳飞宅也在这里。在岳飞冤死狱中后，岳飞宅抄没归官，绍兴十三年（1143）改建太学。元灭宋后，废太学，分其地为肃政廉访使司衙署，后来又建起了西湖书院。明清时，这里是浙江按察司衙署。自清宣统元年（1909），这里始建浙江高等审判厅等，民国时期改为浙江高等法院及杭县地方法院，如今留存的红楼就建于那时。1949年6月在此建立杭州市人民法院，1952年划归浙江省医学院，也就是后来的浙江大学湖滨校区。尘烟散尽，如今的杭州地图上只剩下了繁华商圈和留存历史记忆的小楼。

杭州城市建设陈列馆（南宋岳飞宅、太学）

上交兵权却并未换得岳飞个人的平安，临安岳飞宅的历史非常短暂。张俊污蔑岳飞主张放弃山阳（即楚州旧名），想要退兵保守长江；万俟卨也上奏高宗，称岳飞现在志得意满，因此日益颓唐轻慢。面对这等弹劾，岳飞心中愤懑难平：北面抗金之事在高宗重压之下已无力回天，而如今，面见天子却要受此屈辱。终于，岳飞上书高宗，请求罢免自己的枢密副使之职。绍兴十一年（1141）八月，岳飞罢枢密副使。岳飞不愿再在临安面对朝廷，对如今的他来说，临安是个伤心之所。但是，岳飞申请出外差遣的上书，却被高宗拒绝了。无奈，岳飞只得告假，回到江州闲居。然而，岳飞此次留居江州的时间也并不长。到了十月，朝廷先后逮捕了岳飞部将张宪与岳飞长子岳云，又派人至江州拘捕岳飞至大理寺狱中。

南宋大理寺在钱塘门内小车桥一带，传说内有风波亭，大致在今天的杭州望湖宾馆。岳飞在狱中面对的不仅是身体上的痛苦，更有精神上的折磨。为了给岳飞定罪，高宗君臣为他安排的罪名是"密谋谋反"。岳飞身陷囹圄，自知如今作为一个阶下囚，他无处申辩；但他十数年精忠报国，对于这等罪名，却是断然无法容忍。最初此案由何铸和周三畏审理，岳飞解开衣裳展示背上所

杭州岳王庙"尽忠报国"照壁

刺"尽忠报国"四字，何铸见后，力辩岳飞无辜。秦桧非常不高兴，还透露这可是上意，便改命万俟卨审理。

两个多月的牢狱之灾，万俟卨等人百般逼供，最终也并未找到什么证据，悲愤填膺的岳飞提笔在狱案上写下八个大字："天日昭昭！天日昭昭！"但在奸小的操纵下，最终还是编造出岳飞三条主要的罪名：第一，岳飞与岳云写信给王贵、张显等人，策动他们谋反；第二，淮西之战中，岳飞手握重兵却毫厘不动，袖手旁观；第三，岳飞出言不逊，触犯天子权威，是犯上的大罪。三条"莫须有"的罪名，就这样安在了岳飞的头上。案子迟迟未结，未免夜长梦多，十二月二十九日，高宗一纸诏谕传进大理寺狱，赐死岳飞。《朝野遗记》记载，当日岳飞受令沐浴后，被行刑官员猛击胸胁而死。同日，张宪和岳云被判斩首，二人在临安城的闹市身首异处。岳飞遇害后，一个叫隗顺的狱卒冒险背负出岳飞遗体，偷偷埋葬在钱塘门外九曲丛祠旁，假称"贾宜人坟"。

岳飞父子和张宪死后，岳家军被瓦解分散，曾经所向披靡的抗金主力已是死的死、散的散。在岳飞一案的震慑下，朝中的主战派大都偃旗息鼓。绍兴十一年（1141）十一月，绍兴和议正式达成，南宋朝中再无一人可成岳飞昔日之功。即便再有人为他上书申冤，再有人为他不平流泪，那个南宋四大中兴名将之一的岳飞，是再也回不来了。同时回不来的，还有他念兹在兹的中原，南宋无数仁人志士梦里的中原，是一年又一年，被仍在等待王师归来的宋朝遗老们的泪水所浸湿的中原。

绍兴三十一年（1161），金兵再次大举南侵，维持了二十年之久的绍兴和议最终还是毁于一旦。金兵的进犯，使南宋朝廷的抗金情绪再次高涨，临安城中的人们又想起了那个所向披靡的岳飞。高宗虽无意平反，但却下诏解除了岳飞和张宪子孙家属的拘禁。次年，高宗退位，当年在资善堂与岳飞曾有一面之缘的皇太子赵昚即位，是为孝宗。年轻的孝宗立即下诏，追复岳飞官职，寻访岳飞遗体，以礼改葬于栖霞岭下。淳熙五年

（1178），朝廷确定岳飞的谥号为武穆。嘉泰四年（1204），岳飞被追封为鄂王。宝庆元年（1225），岳飞又改谥忠武。至此，岳飞算是重新恢复了他应有的名誉，那桩千古冤案，也总算是沉冤得雪。

如今杭州岳王庙的历史也可以上溯至南宋时期。嘉定十四年（1221），岳飞孙子岳琦请求朝廷赐岳飞墓邻近的下智果寺充岳飞功德寺。虽然朝廷赐额"褒忠衍福禅寺"，但当时寺内十分破败，岳琦自行出资也不过修成几间住屋。直至岳飞曾孙岳通在咸淳三年（1267）重建，岳庙始成规模，这时蒙古军已开始进攻当年岳飞收复的襄阳，距南宋彻底灭亡不过十余年时间了。元明期间，岳庙屡毁屡建，其中以明景泰年间（1450—1457）杭州府同知马伟主持的重建规模最大，朝廷又赐额"忠烈"。清康熙、雍正年间杭州知府李铎、浙江总督李卫的两次重修，奠定了杭州岳王庙今天的规模，"碧血丹心"石牌坊也由李卫重建。

岳飞生前曾多次前来杭州向高宗述职奏事，与杭州结下了不

杭州西湖"碧血丹心"石牌坊

19

解之缘；而其死后长眠杭州栖霞岭下，杭州注定不会忘记岳飞。今天，杭州城内有不少的地方都与岳飞有关。其中两条位于市区的道路，一名"岳王路"，一名"孝女路"，背后都承载着有关岳飞的故事与传说。2003年，杭州市政府在听取多方意见后，进行了风波亭恢复和重建的工作，并恢复了风波亭旁纪念岳飞之女的孝女井。风波亭——岳飞身陷囹圄及最终身死之处，这座古色古香的二层小亭静静地矗立于松柏之中，亭柱上挂着一副对联，上书：有汉一人，有宋一人，百世清风关岳并；奇才绝代，奇冤绝代，千秋毅魄日星悬。这字字句句，砖瓦亭檐，不仅诉说着岳飞所遭受的千古冤屈，也寄托着杭州人民对于这位英雄的追思。

韩世忠：自古英雄都如梦

《中兴四将图》韩世忠像

同样是出身寒微、坚决主战的中兴大将，岳飞含冤遗恨，魂归栖霞，在身后升格为武圣，而韩世忠知进退所以得善终，成为宋代文人笔下的"大雅君子，明哲是保"。

临安是这位久经沙场名将的终老之所。杭州老德胜桥旁的忠亭，塑有纪念黄天荡之役韩世忠立马骑射、梁夫人击鼓退兵的铜像。此桥之所以名为德胜桥，是因为韩世忠在堰桥伏击方腊取得大胜，于是杭州人称它为得胜桥，而《民国杭州府志》却记载韩世忠在此掩击的是苗、刘叛军。不过，想来韩世忠应该是不会在意的。当历史的车轮缓缓驶过，鬓发霜白的韩世忠就站在临安城的西湖畔，遥遥望去，满眼都是梦中的赤血黄沙、金戈铁马。

得胜桥旁敌万人

【宣和三年：北关堰桥】

今天京杭运河上的老德胜桥，连接着杭州长板巷与夹城巷两条小路，宋时称之为堰桥或"得胜桥"，见证了韩世忠与杭州的

杭州老德胜桥韩世忠、梁氏雕像

初见。那年韩世忠三十三岁，是王禀军中的一个小将领。

元祐四年（1089），韩世忠出生在陕西延安府绥德军（今陕西绥德县）一个普通的农民家庭，是家中的第五个孩子，父母都是老实本分的农人。韩世忠年少时喜欢喝酒，为人粗狂不拘礼节，勇气更是过人，可以在没有马鞭和缰绳的情况下，单独骑没有驯熟的小马驹，因此当地人称他为"泼韩五"。十七岁时，他凭借自己的胆识和勇猛，前去参加乡州的招募，成功地被朝廷收编，加入了延安府的军籍，就此开启了他的戎马一生。

与岳飞相比，韩世忠早出生十余年。自神宗推行变法以来，宋朝以恢复汉唐旧疆之名，对西夏发起了大规模的攻击。韩世忠的家乡陕西，就是宋夏两军经常对垒作战的地点之一。崇宁四年（1105），韩世忠应募参军，就是宋廷为抗击西夏而进行的征兵准备。参军以后的十余年间，韩世忠基本上都是跟着军队驻守西北，在抗击西夏的战场上得到了许多磨砺，也立下了不少军功。

待宋夏之间的战事告一段落后，宋朝内部却出了问题。宣和二年（1120），江浙地区的方腊自立政权起兵造反，震动京师。宋朝连年在北方作战，江浙地区本是承平之地，没有什么军队驻守。为了迅速平定叛乱，朝廷只得调集四方军队前往江浙地区征讨叛贼。于是，原本在西北战线的韩世忠便随军南下，驻扎杭州。

江南，这个遥远的地方，第一次在这个陕北将士心中有了具体的模样。但是，战事当前，韩世忠无心也无力去欣赏江南的山水美景。毕竟局势不容乐观，方腊叛军已经夺取了浙江和福建的大部分地区，方腊更是改元永乐，自封圣公，清清楚楚地给宋朝下了战书。宣和三年（1121）正月，宋廷在做好前期的军事调动和部署之后，终于开始了对方腊叛军的反击。韩世忠在王禀麾下，先后在润州（今江苏镇江）、秀州（今浙江嘉兴）作战，对方腊叛军的扩张形成了遏制之势。随后，王禀率军到达钱塘（今浙江杭州），就是在这里，韩世忠遇见了自己人生中的第一个伯乐王渊。

当时，韩世忠和王渊在杭州北关堰桥遭方腊军围攻。杭州周边地区不是平坦的平原，而是丘陵、山地，骑兵在这里不具备作战的条件；相反，这里不仅是方腊领导的核心区域，他们的军队还是适合丘陵作战的步兵，这样一看，宋军面对的局势非常不利。这时，韩世忠向王渊提供了一条计策，不仅顾及到了杭州的地形，还巧妙利用了包围伏击之策；不仅如此，韩世忠还参与了实际作战，他亲自率领二十名战士打前锋，在北关堰桥伏击，成功打退了方腊的步兵，然后追至王渊舟前斩首数级，王渊赞叹韩世忠"真

杭州老德胜桥

23

万人敌"。两人从此定交，韩世忠成为王渊的部下，堰桥从此被杭州人称为"得胜桥"。不过《民国杭州府志》却说，韩世忠在此掩击的是八年后的苗、刘叛军，而非方腊的军队。

得胜桥一役结束后不久，宋军于二月十八日成功收复了杭州，方腊叛军就此丢失了他们的重要据点，无疑受到了很大打击。但方腊逃走了，还有些残余势力在民间逃窜，这对宋廷来说仍然是个威胁。因此，在随后的一个多月中，韩世忠和当地驻扎的军队一直忙于搜剿余下的叛匪。终于，皇天不负有心人，由于叛军内部的分裂，一些人主动叛离方腊，告知了宋军方腊隐匿的地点——睦州清溪帮源洞（今杭州淳安县）。就这样，宋军各批小分队立刻奔赴当地，但由于范围过大、地点不够精确，尽管宋军派出了多支队伍，接连两日的搜捕行动却都毫无所获。直至二十六日，事情出现了转机。据韩世忠神道碑记载，这天，韩世忠照常前去搜捕，从当地的农妇口中了解到了一些线索。为了避免打草惊蛇，他一面派人前去送信给其他分队，一面自己单独深入洞穴之中，果然在其中发现了方腊及其残余部下。事出紧急，韩世忠担心若是等待援军到来，方腊会乘机逃跑，于是便自己一人持剑上阵，不仅生擒了方腊，还把方腊身边的八大王也一同捕获了。这时恰巧另一将帅辛兴宗领兵堵住洞口，抢走了俘虏，霸占了韩世忠的功劳，因此韩世忠未能受赏。不过幸好，别帅杨惟忠回朝后，将真相奏知朝廷，韩世忠这才得到封赏，升为承节郎。

韩世忠在杭州讨平方腊叛军的事迹，让他的才干得以被更多人看见。之前与韩世忠结下情谊的王渊，在回到朝中后，也多次宣扬了韩世忠的勇猛和谋略，这进一步提高了韩世忠在朝中的声誉。随后，韩世忠又接连参加了宋廷伐辽、抗金的战争，还前去平复山东、河北的农民起义，进一步磨炼了自己的军事才能。靖康元年（1126）宋钦宗即位时，韩世忠已是从七品的武节郎。随后不久，他又因在保卫东京开封府的作战中表现出色，得到了钦宗的接见，升任为正七品的武节郎大夫。

方腊虽平，但东京还是被南下的金军铁蹄彻底踏破。靖康元年（1126）十一月，徽宗第九子康王赵构奉命往金营乞和，途经磁州（今河北磁县）时得知金军南侵，便不再前行。这时知相州汪伯彦请赵构前往相州（今河南安阳），并亲率军队迎接。闰十一月中旬，钦宗以蜡书诏任命赵构为河北兵马大元帅，汪伯彦、宗泽为副元帅，令他们急速率兵援救开封，岳飞就在这时再次从军。十二月一日，赵构在相州就任大元帅，此时金军开始进攻开封城，钦宗再次向在外的弟弟赵构求援。赵构率近万军队踏冰渡过黄河抵达大名府（今河北大名），并要求河北各州府军队前来会合。于是副元帅宗泽率军两千人，信德府（今河北邢台）知府梁显祖率部将张俊、杨沂中及三千军兵，刘光世、韩世忠也率所部，相继抵达大名府。至此，中兴四将已全部归到赵构麾下，重建南宋的赵构集团初步构成。靖康二年（1127），开封陷落。韩世忠加入了劝进的队伍，扈从赵构到达南京应天府（今河南商丘）即皇帝位，改元建炎，是为高宗。

忠勇誓刷社稷耻

【建炎三年至绍兴十年：临平/北关门/临安府治】

南宋虽然建立，但局势尚不稳固。一方面是各地接连盗乱，另一方面金军尚且虎视眈眈，高宗一路向东南逃亡，寻求合适的定都之所。一直到建炎四年（1130）的黄天荡战役以前，韩世忠在对金战争中并无胜绩，但因平定苗刘之乱时忠勇无比，建炎三年（1129）韩世忠建节（武胜、昭庆军节度使）并除浙西制置（守镇江），奠定了宋金战线上江淮战区主帅的地位。

起初，高宗召诸将商议转移行在之事，张俊等人请求高宗移驾前往湖南，韩世忠却持反对意见，认为淮浙才是安定之所。他上奏说："淮、浙富饶，应当作为国家的根本之地，怎么能舍弃淮、浙而到其他地方去呢？现在人心不稳，陛下一有退避，则不满者图谋叛乱，两湖、闽岭路途遥远，怎么能够保证道路上不出现什么变故呢？江、淮应该留兵守御，车驾应该分兵保卫，朝廷有兵约十万人，分一半守御江、淮上下，剩余只有五万人，能够确保防守没有祸患吗？"当时，沭阳兵溃以后，韩世忠在阳城收集了几千散亡士兵，听说高宗去了钱塘，便从海道率军前往觐见。这次觐见，他很可能就是为了说服高宗留居淮浙，不要远道赶赴湖南之地。

高宗或许听从了韩世忠的建议，但三月的一场兵变却又让他胆颤，即史书上所称的"苗刘之变"。苗刘之变相当程度上是因为韩世忠的伯乐——王渊而起。高宗称帝后设立御营司，任命王渊为都统制负责新设立的这支禁卫军，《宋史》称王渊因此"扈从累月不释甲"。高宗从扬州仓皇渡江逃亡时，王渊对船只的分配出现混乱，更谈不上组织对金军的有效抵抗，事后更处置失当，引起其他将领强烈不满。苗傅和刘正彦都是高宗组建河北兵马大元帅府时的将领，二人于建炎三年（1129）三月五日发动兵变，捕杀王渊及内侍百余人，胁迫高宗将皇位禅让给年仅三岁的皇子赵旉，由隆祐太后孟氏垂帘听政，改元明受。

兵变消息传出，刚刚从杭州返回阳城的韩世忠深感不安，一面被苗傅等授予捧日天武四厢都指挥使等职，一面得到在平江府（今江苏苏州）的礼部侍郎张浚联络勤王的消息。韩世忠自盐城收集散卒数千人往平江与张浚相会，首语"我便去救官家"。不过韩世忠誓杀苗、刘二人的另一个重要原因显然是为了给当年赏识自己的伯乐王渊复仇。韩世忠请求赴行在杭州，竟获得苗傅同意。韩世忠自平江率三十里船队先抵秀州（今浙江嘉兴）营造武器，苗傅派人带走韩世忠妻梁氏及子为人质。右丞相朱胜非对苗傅说，可以让梁氏到秀州劝韩世忠归顺，竟获得苗傅同意。梁氏疾驱一日夜，在秀州与韩世忠相会。这时，明受诏书也到达了秀州，韩世忠直言"吾知有建炎，不知有明受"，斩杀来使，焚毁诏书。事后苗、刘对各路勤王军汇聚秀州感到恐慌。四月初，高宗复辟，韩世忠发兵在临平与苗翊、马柔吉部队正面对抗。韩世忠舍舟力战，张俊继之，刘光世又继之。面对不利的作战条件，韩世忠操戈大喊："今日当以死报国，面不被数矢者皆斩。"

北关门是杭州城的北门，南宋时期改名余杭门，不过人们还是习惯叫它北关门，明代改名武林门，故址在今武林路与环城北路相交处。勤王军队顺利击溃了苗刘军队在杭州外围的防线，韩世忠自北关门入杭州，至行宫朝见高宗，苗、刘等人皆遁走。高宗早已等候多时，君臣相见，百感交集。高宗握着韩世忠的手，说："中军吴湛支持逆贼最积极。他还待在朕的身边，能够先将他杀了吗？"韩世忠听闻，随即去到吴湛家中，亲自斩下他的首级；随后，又到贼臣谋士王世修的家中亲自逮捕，将王世修夫妇二人交给刘光世处置。高宗下诏任命韩世忠为武胜军节度使和御营左军都统制，韩世忠请求朝廷赐地厚葬王渊，并不遗余力地照顾王渊家人，又请求由他继续追捕苗、刘等人。临安行宫陛辞之时，韩世忠义正词严地说道："臣誓生获贼，为社稷刷耻。"

五月，韩世忠降苗傅、擒刘正彦，七月还至建康（今南京）亲斩苗、刘诸人于市。对此，高宗自然非常高兴，除了授韩世忠为检校少保、武胜昭庆节度使之外，他还亲自书写了"忠勇"二字，令人镶在旗帜之上赐给韩世忠，将韩世忠的第二个妻子梁氏自硕人超封为护国夫人，并赐俸禄，由此开创了功臣妻给俸制度。

从建炎三年（1129）平定苗刘之变，到绍兴十一年（1141）放还兵权，这十余年间，韩世忠大多数时间都在外征战。一次在短暂停留临安时，韩世忠到胡舜陟府上喝酒，请求救出因罪下狱的妓女吕小小。后来，吕小小成为韩世忠的第三位夫人，改姓茅。

高宗又开始了仓皇逃亡，甚至这一次还逃到了海上。与此同时，韩世忠正与金兵激战。黄天荡之战，韩世忠功亏一篑，但总体上仍可算作一次大捷。建炎四年（1130）六月，韩世忠赴行在越州，七月罢浙西制置使，八月始以守江之劳起复，迁检校少师，易镇武成、感德。高宗将御书《郭子仪传》赏赐给韩世忠，韩世忠护国有功，自然要论功行赏，但武官兵权在手，高宗不得不有所辖制，而郭子仪正可作一代表：只有谨遵上意，方能善终。韩世忠自然领会到了背后的深意，不久后，他向高宗献马，表示这匹马不是臣子所能乘坐的，以此表明自己对高宗绝对服从的态度。高宗明了，并以深居简出，马匹无用为由，谢绝了韩世忠的献马，但随后不久，补发了护国夫人梁氏久拖未发的俸禄。君臣二人的关系算是平稳过渡。

此后宋金反复交战，绍兴四年（1134）韩世忠获得大仪镇（今江苏仪征）战役的胜利。捷报传至临安，群臣入贺，高宗大喜言道："世忠忠勇，朕就知道他必能成功。"执政沈与求认为："自建炎以来，我朝将士不曾与金人迎面作战，如今世忠连连传来捷报，大挫敌人锋芒，这功劳真是不小啊。"自此，韩世忠驻守两淮，成为宋金防线上的三大主帅之一。

但是，高宗终究只想偏安江南，他无意与金苦战到底，只是想以战求和，以战争作为条件与金和谈。而与金乞和，正是韩世忠无法接受的。绍兴八年（1138），韩世忠听闻金朝将遣使来宋，屡次上书给高宗请求赴临安行在议事，而高宗也明白其意，只是一概不许。为了安抚诸位将领，绍兴九年（1139）四月，高宗在清波门内的临安府治赐宴韩世忠、张俊及随行将士，还特赐韩世忠建康府良田千顷。但此次韩世忠或许心中有苦难言，对于上赐，只有力辞。此前，韩世忠曾向高宗献马，表示和议已定便无战事。高宗回答道，战守之备怎可松弛，和议岂可深恃乎？绍兴十年（1140），高宗先是封韩世忠姜茚氏为苏国夫人，周氏、陈氏为淑人，随后又在韩世忠与张俊来朝时赐宴于临安府。这番赏赐，实际上是为了安抚这些武官，希望他们不要额外滋事，破坏与金人之间的合约。

但是，合约仍然一朝破裂。绍兴十年（1140）五月，就在赐宴两个月后，金人便撕毁合约，分四路进犯南宋。局势如此，高宗被迫允许韩世忠等随机应变，韩世忠率军苦战，取得数次大捷。而在战场上指挥作战的韩世忠不会想到，一场针对他的阴谋正在他所保卫的临安城内，悄悄地密谋着。

鬓发苍浪归湖山

【绍兴十一年至二十一年：临平/九里松/翠微亭】

还朝临安、解除兵权，韩世忠人生中最后的十年是在临安城内外的山林中度过的。

绍兴十一年（1141）四月，高宗听从秦桧密奏，以作战大捷为由，诏令韩世忠、张俊与岳飞三位大将同赴临安，表面上是为了论功行赏；但实际上却是以虚换实，以表面上的升职换取三人手中实际的兵权。秦桧因此前旧事，对韩世忠十分忌惮，因此于这次夺回兵权之际，他劝服高宗将韩世忠留在临安，而遣张俊和岳飞二人前往楚州，以"措置战守"之名义暗中调查韩世忠的军队。岳飞正直，在亲自视察后更被韩世忠的作风所折服，便修书密告，韩世忠收到信后大惊，这才知道背后的阴谋。为求自保，他迅速上奏乞求觐见，跪地不起，向高宗自陈心迹。高宗或许在韩世忠的哭诉中回想起了建炎三年的那场救驾，可能是因为这个缘故，他才没有"天子一怒"，反而亲自搀扶韩世忠起身。在这一起一落之间，韩世忠的生死劫终于过去了。

若说这一次死里逃生，让韩世忠明白了自身险境，那么随后不久岳飞冤死狱中，更让韩世忠清楚了朝廷此时的风向。这个时候，绍兴和议已经议成，抗金之举实无可能，韩世忠深知上交兵权后自己已不可能再领兵打仗，便数次上奏请求除去枢密使之职，接着又请求辞职归乡。

朝廷的答复是冷冰冰的拒绝。十月，韩世忠被罢为醴泉观使、奉朝请，进封福国公，仍为节度使。绍兴十二年（1142），韦太后南归，韩世忠赴临平朝谒。韦太后在金国时就已听闻韩世忠的威名，特意将他召至帘前慰问良久，帘外的韩世忠明白，皇恩礼遇的代价是多么巨大。

自此，韩世忠留居临安，但是整日闭门谢客，绝口不谈兵事，只是时常骑着驴、提着酒，和一二个童仆做伴，以故乡清凉山之名自号，纵游西湖以自乐，连昔日部下都很少能见到他的面。有一天，韩世忠在九里松游玩，远远地看到苏轼之孙苏符在宴请宾客，于是直接入席与宾客畅欢，醉饮而归。次日写信拜谢，并附赠手书二词：

临江仙

冬看山林萧疏净，春来地润花浓。少年衰老与山同。世间争名利，富贵与贫穷。　　荣贵非干长生药，清闲是不死门风。劝君识取主人公。单方只一味，尽在不言中。

南乡子

人有几何般。富贵荣华总是闲。自古英雄都如梦，为官。宝玉妻男宿业缠。　　年迈惜衰残。鬓发苍浪骨髓干。不道山林有好处，贪欢。只恐痴迷误了贤。

据亲眼见过此二词真迹的费衮描述，韩世忠的手书笔迹东倒西歪，但其所言乃林下道人之语。从飞来峰到三天竺之间有长松夹道，据说是唐刺史袁仁敬所植，总长九里，因此得名九里松。苏符在九里松有一座园子——香林园，这便是韩世忠造访之处，韩世忠在这里也有一处别墅，名叫斑衣园。酒酣耳热之间，鬓发苍浪的韩世忠笑看人世间的富贵荣华。自古英雄都如梦，如今，作为景观道的九里松已成为灵隐路的一部分，茂密的林木随风轻舞，好像只有风来过。

绍兴十二年（1142），韩世忠在游山玩水数日后，在灵隐禅

杭州飞来峰景区翠微亭

院正南方、飞来峰的半腰处建起了一座石亭，为纪念昔日的伙伴岳飞，起名"翠微亭"，正照应当年岳飞作战时所写的《登池州翠微亭》。三月五日，韩世忠之子韩彦直为父立石：

> 绍兴十二年，清凉居士韩世忠因过灵隐，登揽形胜，得旧基，建新亭，榜名翠微，以为游息之所，待好事者。三月五日立，男彦直书。

在临安城，韩世忠拥有不少房产：新庄桥处赐第，绍兴二十一年（1151）献给朝廷而成为景灵宫的一部分；清湖桥处赐第，绍兴二十三年（1153）献给朝廷而成为左藏库；前洋街赐第，与岳飞宅相近；江涨桥东处宅第，这处宅第可能并不是朝廷所赐，韩世忠后舍宅为真如寺；此外还有九里松的斑衣园，为韩世忠的别业。

韩世忠对外仍旧谨言慎行。绍兴十二年（1142）十二月，韩世忠上书，请求将所赐田和私购田产三年所产之谷用作军粮储备；绍兴十三年（1143）正月，他上书请求朝廷统计其历年来私产及所赐田产未交税额，以便补交；绍兴十四年（1144）正月，上书请求将背嵬使臣及官兵一百人交还朝廷使用……这桩桩件件，或许是韩世忠审时度势，或许是他心灰意冷，但高宗对韩世忠的举动相当满意。

这样的隐匿锋芒，让韩世忠得以善终。岳飞遇害后第十年（绍兴二十一年，1151）的秋天，韩世忠薨于临安府之赐第，也就是前洋街的那处宅第，在今天杭州市武林路的万寿亭一带。高宗不仅赐朝服、貂冠、水银、龙脑等珍宝，还追封韩世忠为通义郡王，其子孙皆进职，可谓哀荣极显。高宗降旨要亲自到韩宅祭奠，魏国夫人茆氏却以道路窄隘上疏辞免，其实韩宅就在御街所经之地。淳熙十五年（1188），距离韩世忠去世已经过去了三十七年，孝宗在追封蕲王、追谥忠武、御撰碑文之后，更是以韩世忠与吕颐浩、赵鼎、张俊等四人，配飨高宗庙庭。后来在理宗朝，太常寺昭勋崇德阁中也挂着韩世忠的画像。

韩世忠葬于苏州灵岩山西麓，不知为何浙江临安也称有韩世忠墓。或许是临安韩墓所在的清凉峰镇与韩世忠故乡清凉山有缘吧。今天，韩世忠的故事已经淡去很久，但他所驻足的这座城市——杭州，其德胜桥、蕲王路、九里松、翠微亭，仍然记得他的英姿。

张浚：长城万里张魏公

他拥立高宗、从龙有功；他抗击金兵、平定叛军；他以洗雪靖康之耻为己任，虽历经坎坷却至死不渝；他一生力主恢复中原，是南宋王朝的万里长城。他是南宋名臣张浚。从北宋到南宋，张浚实实在在地走过了两宋之间的裂缝，也真真切切地参与了南宋王朝的建立。

高宗曾将张浚比作辅佐司马睿南渡的王导，但是论及张浚屡次兵败时又说：不光朕知道，天下人都知道张浚没什么军事才能，张浚论兵就是没事找事。以至于愤怒发誓"宁至覆国，不用此人"。

朱熹与张浚之子张栻交好，二人俱是名满天下的理学宗师，曾一同在岳麓书院开启了学术会讲的历史。朱熹受张栻之托撰写《少师保信军节度使魏国公致仕赠太保张公行状》，赞扬张浚"忠贯日月，孝通神明，盛德邻于生禀，奥学妙于心通。勋存

湖南长沙宁乡张浚墓

王室，泽在生民，威震四夷，名垂永世"，但是转头又对自己的弟子们表达了相当客观的评价：张魏公才能很低，虽然大义极分明，但完全不会做事。扶得东边，倒了西边；知得这里，忘了那里。

在那个动荡的时代，张浚的每一段人生旅程都已经化为泛黄故纸上的历史字句。唯有在历史长河中找到南宋的位置，在地图简册上圈出东南一隅的临安，才能让这个风流人物的形象重新鲜活于世人眼中。

传檄天下破苗刘

【建炎三年：临平】

临平是杭州的东北门户，也是张浚来到杭州的第一站。两三年前，他还只是东京城中一个小小的太常寺主簿，后他以平定苗刘之乱的功绩升任知枢密院事。从临平直趋临安行宫，张浚力挽狂澜，自此声闻天下。

张浚，字德远，世称紫岩先生，绍圣四年（1097）出生于汉州绵竹县（今四川省绵竹市）。据传，绵竹张氏乃是西汉留侯张良以及唐朝名相张九龄之弟张九皋的后代。张浚的五世祖张璘在唐僖宗时任国子祭酒，黄巢之乱时随从唐僖宗逃亡蜀地，因此定居成都。曾祖父张文矩早逝，曾祖母杨氏带着三个儿子投奔绵竹娘家，因此落籍绵竹。祖父张铉，庆历元年（1041）举茂才异等，后以殿中丞致仕。父亲张咸，中元丰二年（1079）进士，历任州县属官。绍圣元年（1094），张咸中"贤良方正""能直言极谏"制科，因此被称为"张贤良"。

据说有一天张咸在白天睡觉，梦到神人自天而降，对他说："天命尔子名德作宰相。"梦惊醒之后没多久，张浚出生了。在此之前，张咸已经有了四个儿子张瀚、张潮、张潞和张滉，总不能给小儿子取名张德吧。因此，他便给小儿子取字曰德远。

张浚四岁时，他的父亲张咸就去世了。母亲计氏当时只有二十五岁，于是娘家父母劝她改嫁，但计氏坚决不同意，勤苦抚育幼儿，教授他父亲的诗文和言行。因此，张浚自幼便行为端正，亲人、邻居们见了之后都相信他将来必成大器。事实上，长大成人的张浚也的确没让人失望。

及冠之年的张浚来到汴京，进入最高学府太学学习。政和八年（1118），二十二岁的张浚登进士第。靖康年间，张浚被任命为太常寺主簿。靖康之难发生后，张浚拒绝出任张邦昌朝廷伪职，逃入太学之中。听说康王赵构在南京应天府（今河南商丘）即位后，张浚立即驰赴南京，投奔新君，除枢密院编修官，改虞部员外郎，擢殿中侍御史。张浚随着仓促建立起来的南宋朝廷来到扬州，向高宗进言："中原天下之根本，愿下诏茸东京、关陕、襄邓以待巡幸。"张浚认为金人必会进犯，但当时的投降派宰相黄潜善、汪伯彦都对张浚的谏言不以为意，甚至加以嘲笑。高宗也相信了黄、汪二人信誓旦旦的保证，以至于在张浚传来金军南侵的军报时，高宗仍在扬州行宫中幸御妃嫔，在矍然惊惕下丧失了生育能力。

建炎三年（1129）春，金军攻陷淮甸，高宗慌忙南逃至杭州，张浚则受命驻扎平江府，在苏州、嘉兴一带控扼军马。这时，杭州城中发生了一场由扈从统制苗傅、刘正彦领导的兵变。他们割下了奸宦王渊的头颅，在行宫门前高高挑起，声称高宗得位不正，逼迫他逊位于皇子赵旉，并请出隆祐太后孟氏垂帘听政。退位后的高宗被尊为睿圣仁孝皇帝，移居杭州半山的显宁寺，并更名为睿圣宫。当改元明受的制书下发到平江时，张浚大为震惊，命属下藏匿不宣，与张俊、韩世忠谋划带兵勤王。这时，杭州城中得意洋洋的苗、刘二人致书招揽张浚，张浚直笔指斥"废立之事，谓之大逆不道，大逆不道者族。今建炎皇帝不闻失德，一旦逊位，岂所宜闻"。于是，苗、刘二人派遣重兵防御临平，试图污蔑张浚危害社稷，责贬郴州。当刘光世和吕颐浩的军队接踵而至时，张浚遂传檄中外，历数苗、刘之罪，率军奔赴杭州勤王。

张浚抵达临平时，苗翊、马柔吉的军队仍在这里拼死抵抗，最终韩世忠的部队大破叛军，苗、刘二人拿着高宗所敕赐铁券逃出杭州。建炎三年（1129）四月三日，隆祐皇太后宣布撤帘。这一天，张浚和吕颐浩一起进入刚刚从杭州州治升格而成的行宫，拜见复登大宝的高宗，伏地涕泣待罪。

高宗激动不已，慰劳再三："从前在睿圣宫，朕与隆祐太后两宫隔绝。有一天朕在喝汤羹的时候，小黄门忽然传来太后之命，不得已将你贬至郴州。朕不知不觉间竟将汤羹洒在了手上，一想到你被贬，国家大事还有谁可担负啊。"

张浚呜咽流涕："陛下对臣眷遇优厚，擢升臣官至中枢，臣竟不能护卫陛下，以致于金人骑兵进犯，灾祸变故暗中发动。臣犯下如此大罪，怎么敢再论功劳呢？"

高宗再三感慨，又单独留下了张浚，引入内殿拜见即将撤帘的孟太后，道："皇太后知道你是忠义之人，想要见见你，正好还在垂帘，便召你过去聆听教诲。"正说着，高宗解下身上的玉带赐予张浚，又欲拜张浚为相，张浚以年轻晚进、资历浅薄辞让。

重重帘帷之内的孟太后，是当年推行元祐更化的宣仁圣烈太皇太后高氏为哲宗精挑细选的贤内助，于元祐七年（1092）册立为皇后，承载了元祐士大夫理想政治秩序的美好期望。绍圣三年（1096），哲宗废孟皇后，时张浚尚未出生。元符三年（1100），向太后复立孟氏为元祐皇后，崇宁元年（1102），徽宗再废孟皇后，时张浚还在家乡绵竹听母亲讲授诗文学识。靖康二年（1127），张邦昌迎孟氏入延福宫，恢复元祐皇后的尊号，垂帘听政，时张浚已逃入太学之中。

宋哲宗昭慈圣献孟皇后

妇孺亦知张都督

【绍兴七年：径山寺/禅定院】

张浚因强大的主战形象在绍兴年间迎来了政治上的高光时刻，却又因为同一个原因迅速落败于波谲云诡的临安朝堂。苗刘之变平定后，高宗离开杭州，抵达最初的南渡目的地江宁府，驻跸神霄宫，改江宁府为建康府。苗傅、刘正彦二人在福建被抓获后，也被押赴建康处以极刑。这时，复知枢密院事的张浚力主恢复中原，向高宗进言中兴当自关陕始，他担忧金军率先入陕取蜀，那么东南之地就将不能保全。于是，张浚自告奋勇，慷慨请行，受命为川、陕宣抚处置使，得便宜黜陟。张浚一到，便出行关陕，访问风俗，罢黜奸邪赃吏，招揽豪杰，使诸将皆听命。就在张浚经营关陕之时，金军再度南下，高宗又开始了新一轮的逃亡。建炎三年（1129）闰八月二十六日，高宗从建康府出逃，九月至平江府，十月至临安府渡过钱塘江抵达越州。十一月，金军攻陷建康府，高宗逃往明州。十二月十一日，临安府沦陷。高宗在金军的穷追不舍下辗转逃亡海上，一路逃到台州、温州。到了第二年的四月，高宗才勉强返回越州，并且不愿再继续前进以返建康。

这时，远在关陕的张浚错误估计形势，在宋军没有充分准备的情况下决意出兵直捣金人之虚。七月，都统制曲端因与张浚议兵不和被罢黜。八月，张浚命永兴军路经略使吴玠收复永兴军（今陕西西安），环庆路经略使赵哲收复鄜延诸郡，军事上的胜利让张浚冲昏了头脑。九月，张浚调集泾原路刘锜、永兴军路吴玠、环庆路赵哲、熙河路刘锡、秦凤路孙渥等五路四十万大军与金将完颜娄室战于富平县。宋军遭遇惨败，金人所获军资不可胜计，赵哲擅离所部，被张浚下令斩于邠州。至此，张浚退守秦州（今甘肃天水），陕西大震。官军败绩的军报传至越州，张浚上书待罪，高宗只能无奈地以手诏慰勉他。

　　绍兴二年（1132）正月，高宗终于在临安府安定了下来。绍兴四年（1134）二月，张浚因与副手王似屡有矛盾被召至行在，入见高宗，这是他第二次来到临安城。此前也有人上奏弹劾张浚斩杀赵哲、狱死曲端，重用刘子羽、吴玠为非，导致朝廷开始怀疑张浚。不久之后，张浚被罢职，谪居福州。这时，金军与刘豫的伪齐军自淮阳分道来犯，张浚起复知枢密院事，亲临长江督战，极大地提振了前线将士的勇气。绍兴五年（1135）二月，张浚拜为尚书右仆射、同中书门下平章事兼知枢密院事，都督诸路军马。

　　余杭径山寺，始建于唐天宝年间，南宋时期成为江南五山十刹之首。唐僖宗乾符六年（879），改为乾符镇国院。宋真宗大中祥符年间，改名承天禅院。徽宗政和七年（1117），改为径山能仁禅院。绍兴七年（1137），多次往返于临安和江上前线的右相张浚，邀请高僧宗杲主持径山能仁禅院。后来，显仁皇太后、高宗皇帝都曾经游幸于此。宗杲以其鲜明的主战、反秦桧立场，活跃于高、孝两朝政治舞台上。绍兴十一年（1141），张九成因力主抗金而被秦桧远贬，宗杲作为张九成的挚友而被"诏毁僧牒，编置衡州"，绍兴二十年（1150）再贬梅州。绍兴二十五年（1155）秦桧去世，宗杲被解除行动限制，恢复了僧人身份，先往明州阿育王寺，不久后重返径山寺。宗杲与潜邸时期的孝宗也保持着密切的关系，孝宗还是普安郡王时便遣内都监入山求得宗杲述偈，孝宗为建王时曾请宗杲说法，赐号大慧禅师，并亲书"妙喜庵"三字。隆兴元年（1163）八月，大慧禅师宗杲圆寂，谥号普觉。《咸淳临安志》中还载有张浚所撰《大慧禅师塔铭》，而实物早已难寻。不过那时的临安城，已经笼罩在张浚指挥不力而导致的符离溃败的阴影之下，原本踌躇满志欲恢复中原的孝宗开始在战与和之间摇摆不定。宁宗开禧年间，当韩侂胄欲立盖世功名而再度北伐时，朝廷将孝宗御书"径山兴圣万寿禅寺"赐予径山寺，并与楼钥《径山兴圣万寿禅寺记》一并刻石。千年风雨过去，如今所见阳面御书、

径山寺宋孝宗御碑

阴面寺记的孝宗御碑已经是径山寺仅有的地上文物，默默地注视着来来往往的游客。

绍兴七年（1137），问安使何藓传来徽宗皇帝和郑皇后已在五国城相继崩逝的消息。正在平江府的高宗欲服丧三年，张浚连上奏疏表示丧服不可即戎，请求遵行以日易月之制。二月，发生日食之变，南宋朝廷波澜暗涌。当高宗回到建康不久后，张浚辞往淮西督师。张浚为了控制刘光世的军队，蛮横地拒绝了岳飞联合淮甸之兵北伐的建议，以根本不懂军事的吕祉前往庐州节制，以王德为都统制，郦琼副之。结果酿成了郦琼杀害吕祉、裹挟军民十余万人投降伪齐刘豫的淮西兵变，致使宋军对抗金军和伪齐军的前沿重地江淮突然处于防卫空虚的状态，收复故土的希望越来越渺茫。绍兴七年（1137）的冬天，朝堂上的明争暗

径山寺

斗正如刺骨的寒冬,落败的张浚被贬往永州,从此去国几二十载。绍兴九年(1139),张浚短暂地因宋金和议大赦复官,提举临安府洞霄宫,但很快又被排挤出朝,出知福州。绍兴十六年(1146),张浚上奏备战抗金,极论时事,秦桧大怒,将他贬往连州居住。绍兴二十年(1150),再徙永州。秦桧去世后,张浚起复观文殿大学士、判洪州,上疏极言"国家溺于宴安,荡然无备",得罪了新任宰相、秦桧党羽万俟卨、汤思退等人,高宗也极为不满,认为其"今复论兵,极为生事",愤怒发誓"宁至覆国,不用此人",张浚再次被贬往永州居住。

虽然张浚被贬谪在千里之外,但是临安城中的人们永远记得他的名字。武夫健将谈到张浚必定嗟叹惋惜良久,至于妇女儿童亦知有张都督。金人遣使来到临安,必问张浚安在,唯恐南宋朝廷复用此人。

张浚,已经成为南宋抗金的一个符号。

南宋时人崇佛奉道的风气相当浓厚,寺观庙宇遍及全国,与寺观相关的名人逸事流传甚广。距离严州桐庐县治四里的禅定院,当年文人黄裳曾经在这里读书,自号紫元翁,因此院中建有紫元洞堂。绍兴年间,张浚曾经在这里休憩留宿。严州是浙西古驿道的重要关口,从临安出发,自富阳新登翻越白峰岭至桐庐,或沿旧县过娘岭坞,或由浮桥埠经过分水江沿富春江南下,便可通往全国各地。我们不知道张浚是从临安出发前往贬谪地途经此处,还是恢复官职回朝途中在此休息停顿。我们只知道传说在他休憩的地方竟然神奇地长出了芝草,禅定院的僧人又借着张浚之名建起了瑞芝轩,可见名人效应自古皆有。几经起落,严州故土已经变成了今天杭州市下属的桐庐县、淳安县和建德市,遂安县城更是没入茫茫千岛湖之中。

径山寺,禅定院,或许只有在这清净梵音中,一生戎马倥偬的张浚才能获得片刻的宁静。

访旧胡为属老臣

【隆兴二年：严子陵钓台】

"东风知我意，送我到前村"，这是当年张浚从福州被召至临安的路途上所作。那次短暂回京，张浚并没有受到重用，很快又离开了朝廷。张浚忍耐了二十年，终于重新回到了朝堂之上。

绍兴三十一年（1161）正月，金主完颜亮正在积极备战南侵，南宋朝廷放松了对张浚居住地点的限制。到了秋天，完颜亮大举入侵，高宗宣布亲征，六十五岁的张浚起复观文殿大学士、判潭州，又判建康府兼行宫留守。等他到任时，采石之战已经取得大捷，完颜亮已被部下弑杀，一个耀眼的名字——虞允文，将和张浚一起刻在南宋抗金的历史丰碑上。不过，当建康府的军民看到风采依然的老将重回前线，无不以手加额。即将返回温柔乡临安的高宗，看到久违的张浚也动容地说道："卿在此，朕无北顾忧矣。"尽管如此，高宗还是并不信任张浚，直到第二年才任命他专一措置两淮事务兼两淮及沿江军马，全面负责江淮防务。

这时，一位年轻有抱负的君主在临安皇宫紫宸殿登上了御座。孝宗刚刚即位，便召见了大名鼎鼎的张浚："久闻公名，如今朝廷所仰仗的只有您了。"不久之后，张浚拜少傅、江淮宣抚使，进封魏国公，隆兴元年（1163）除枢密使。朝堂之上，张浚和史浩围绕着抗金部署产生了不同的意见。史浩认为北伐时机尚未成熟，应当在瓜洲和采石加强战备防御，张浚则认为不守两淮而守长江是向敌人示弱，不利于我军士气，主张主动出击。孝宗明显偏向了张浚，他向陈俊卿等人谈及张浚时总是说："朕倚魏公如长城，不容浮言摇夺。"然而，刚愎自用的张浚不顾敌强我弱的局势，一意孤行，冒险出击，十三万宋军兵败符离（今安徽宿州）。张浚窘惧无策，竟然解下佩鱼，在未经朝廷许可的情况下派人使金求和，被僚属极力劝阻后乃奏乞致仕，并奏乞遣使求和。孝宗闻之大怒："方才失败就求和，这是什么举动！"主和派势力再度抬头，攻击张浚的言论如潮水般涌来，孝宗在张浚和汤思退之间摇摆不定。隆兴二年（1164）四月，张浚回朝，罢相，朝廷终于决定实行弃地议和的政策。

隆兴二年（1164）五月二十二日，白发满头的张浚途经桐庐县的严子陵钓台，有感于古人，赋诗二首：

（一）

古木笼烟半锁空，高台隐隐翠微中。身安不羡三公贵，宁与渔樵卒岁同。

（二）

中兴自是还明主，访旧胡为属老臣。从古风云由际会，归与聊复养吾真。

孝宗当然是"中兴明主"，而我张浚不过是一羡慕渔樵的老臣而已，陛下为什么要起复故旧呢？还是让老臣归隐天地间吧！三个月后，张浚在余干病逝。孝宗闻讯后震悼，辍朝两日，追赠

严子陵钓台

太保。临终前，张浚对儿子们嘱咐后事："我曾是国家宰相，却不能恢复中原，洗雪祖宗之耻，我不想归葬家乡先人之墓的左侧。我走之后，将我葬在衡山就足够了。"

乾道五年（1169）二月，孝宗从张浚门人陈俊卿之请，追赠张浚为太师，谥忠献。淳熙元年（1174）八月十一日，张浚于严子陵钓台所作的这二首诗由吏部尚书汪应辰书写，中书舍人范端臣题额，镌刻于石，立碑于桐庐县严先生祠中。淳熙十四年（1187），太上皇帝崩于德寿宫。次年，礼官议定吕颐浩、赵鼎、张俊、韩世忠配享高宗庙庭。秘书少监杨万里认为张俊晚年依附秦桧、诬杀岳飞，不应当配享太庙，而张浚"有社稷大功者五：建复辟之勋，一也；发储嗣之议，二也；诛范琼以立国基，三也；用吴玠以保全蜀，四也；却刘麟以定江左，五也"，如果说张浚曾在隆兴年间做过宰相，那么赵普曾经做过太宗朝的宰相，韩琦、曾公亮也做过神宗朝的宰相，这并不妨碍他们配享太祖、英宗，因此张浚理应配享高宗庙庭。但孝宗始终没有同意，并且认为杨万里"未免浮薄"。李心传猜测，这是由富平之战、淮西兵变、符离之战这三场败绩所导致的，而且提出高庙配享议的洪迈曾是汤思退的门客。不过，李心传倒是十分乐观，他认为从前司马光配享哲宗庙庭乃是过了四朝才最终定下，公正必定要经过长久的争议。然而，终宋一世，这位出入将相垂四十年、忠义勋名为中兴第一的张魏公始终没有获得配享太庙的资格。

慈光寺，位于钱塘芝松坊佑圣桥西，始建于后晋，理宗宝庆二年（1226）扩而建之，次年充张魏公府功德庵，这时距离张浚过世已经六十多年了。寺中有一尊铁铸弥勒佛，因而俗称铁佛寺。佑圣桥得名于佑圣观，是孝宗尚为普安郡王时的潜邸。后来，佑圣观随着宋室祀绝渐渐衰败，明人称此桥为铁佛寺桥。如今，旧时的慈光寺也已经荡然无存，唯有铁佛寺桥静静地伫立在杭州中河之上。西连中河路，东出水亭址，河面上的拱桥倒影宛如嘴角弯弯的弧度，平静地诉说着那些前尘往事。

史浩：纯诚厚德帝王师

两宋有三对父子宰相，吕夷简、吕公著父子分别是仁宗朝宰相和哲宗朝宰相，韩琦、韩忠彦父子分别是仁、英、神三朝宰相和徽宗朝宰相，史浩、史弥远父子分别是孝宗朝宰相和宁、理两朝宰相。此外，史浩的从孙史嵩之是理宗朝宰相，故而史家有"一门三宰相"之誉。明人王应麟认为："吕文靖（吕夷简谥文靖）为相，非无一疵可议，子为名相而扬其父之美；史直翁（史浩字直翁）为相，非无一善可称，子为权臣而掩其父之美。"不过，元代史官评价史浩"宅心平恕，而不能相其君恢复之谋"，甚至有人认为史浩是朝廷妥协派的代表，不断阻挠主战派张浚的抗金部署，以主战、主和两派的"二分法"草率地下定结论。

宁波史氏家族墓石像生

史浩开启了四明史氏"一门三宰相"的辉煌家族史，他的是非功过，尽在这临安城中。

足智谋真王府官

【绍兴三十二年：处士桥/水仙庙】

成为皇子的王府老师，是史浩与赵氏宫廷发生关系的开始，也是史浩一生功业的开始。

崇宁五年（1106），史浩出生在明州鄞县一个世无达官的寒微家庭。史浩的祖父史诏是遗腹子，自幼与母亲叶氏过着清贫的生活。面对着萧然四壁，坚强的叶氏昼夜纺织，教授儿子读书。所幸史诏天资聪颖，饱读诗书，对待母亲极其孝顺，闻名于乡里。但他坚决不愿做官，官府来人逼他赴任，他就带着母亲躲起来，说没有我母亲就没有我史氏，因此被称为"八行高士"。史浩的父亲史师仲七岁就能写诗，文采斐然，就是运气不太好，一直考不中科举，从此放意诗酒，不再追求功名利禄。父亲去世时，史浩只有十九岁，下面还有四个弟弟和三个妹妹。青年史浩继承了孝道家风，孝顺祖父，友爱弟妹。后来他曾求学于桃源书院，隐居鄮峰读书，自号真隐居士。

绍兴十四年（1144）是史浩一生中发生重大转折的一年，这一年他三十九岁。传说史浩因为没钱参加这一年的乡试，内心犯愁，绍兴的一个卖饼婆婆慷慨地把自己存下用作后事的一千钱借给了史浩。果然，史浩成功地通过了乡试，最终金榜题名，在做官之后将钱如数还给了卖饼婆婆。据说那年除夕，史浩做了一个奇怪的梦，梦到自己来到一座大殿上，大殿正中坐着一位大王，两旁的几案摆满了金银器皿。殿上的侍从传呼赐史某金器若干，银器若干，总共有四百七十件。醒来之后，史浩便向妻子说起了这个梦，妻子笑道："昨夜大年节，我家没有一杯酒、一块肉，怎么会有这么多的金银呢？大概是鬼怪戏弄欺负你吧。"结果在第二年，也就是绍兴十五年（1145），四十岁的史浩终于登进士第。

登第之后，史浩先后任绍兴余姚县尉、温州教授。以反秦桧著名的郡守张九成非常器重他，推荐他担任太学正，后来又升任国子博士。宋代臣僚每隔数日，都要轮流上殿向皇帝表达自己对时政的看法，这就是所谓的转对。有一次，史浩在转对时向高宗进言："普安、恩平二王，应当选择其中一位符合天下万民的系心期望。"高宗点点头，认为史浩说得不错，第二天又对大臣们说："浩有用才也。"绍兴二十九年（1159）六月，史浩被任命为秘书省校书郎兼普安、恩平郡王府教授。

普安郡王赵瑗和恩平郡王赵璩都是太祖后裔，在幼年时就被高宗抚养于宫中，这时两人都已经成年出阁，但皇储之位却迟迟未定。赵瑗最早入宫，由张婕好抚养，吴才人看着眼热，又向高宗请求领养了赵璩。后来张氏去世，吴氏成为皇后，两个孩子都被挂在了吴皇后名下。在两人之中，秦桧、韦太后和吴皇后更倾向赵璩，高宗则更倾向赵瑗。等到出就外第之后，两位郡王的势力可谓旗鼓相当，号称东、西府。此后三年，史浩的费心与努力将使皇储之位彻底倒向赵瑗。

为了慎重起见，高宗对二人进行了多次细致的考察。有一次，高宗命二人各抄《兰亭序》五百本呈上。过了几天，史浩来问两位郡王抄得如何。赵瑗说已经抄完了，史浩说如果能多抄一些，则能更加表现顺承之意。接着又来问赵璩，结果赵璩说哪有闲暇时间抄书啊，史浩大吃一惊，郡王除了朝参之外，哪天不是闲暇的呢，何至于违背君父之命。最终，赵瑗抄了七百本呈上，赵璩则没有抄。还有一次，高宗赐予二人各十名宫女，史浩认为这些宫女都是平日里侍奉皇帝的，应当以庶母之礼待之。结果过了几天，这二十名宫女又被召回宫中，发现赐给赵璩的十名宫女都已经被侵犯，赐给赵瑗的十名宫女仍是完璧之身。这样，高宗就决定了以赵瑗为皇储。

绍兴三十年（1160），普安郡王赵瑗被立为皇子，改名赵玮，进封建王。史浩为建王府教授，次年迁宗正少卿。完颜亮南侵后，年轻气盛的赵玮抗疏请率师为前驱。当时史浩还在病中，听到了消息立刻换上衣服赶到王府，极力劝阻赵玮："太子不可将兵，以晋申生、唐肃宗灵武之事为戒。"赵玮这才醒悟过来，意识到了问题的严重性，立刻让史浩草拟奏疏请求扈跸高宗，尽到儿子的本分，又给吴皇后上札子，乞求"妈妈圣人周旋保护"，向"爹爹陛下"转达人子的拳拳之意，辞意恳切。高宗一看就明白了这都是史浩出的主意，就跟大臣们赞扬史浩"真王府官也"。既而殿中侍御史吴芾请求以皇子为元帅，先行视师。史浩又提出了反对意见："建王生长于深宫之中，不曾与诸位将领接触过，怎么能做这种事呢。"有人说应该让建王留守临安城，史浩说那也不行，出了这么大的事，皇子应当扈跸皇帝陛下亲临建康，也认识认识带兵的将领们。高宗深以为然，便依史浩之意而行。

绍兴三十二年（1162）五月，建王赵玮被立为皇太子，改名赵昚。六月，高宗宣布禅位皇太子赵昚，是为孝宗。史浩终于和御座上年轻的君主一起松了一口气。在临安大内和王府之间斡旋的这几年，史浩并没有辜负人间天堂的美景，休沐闲暇之时，流连于西湖山水畔。史浩想起了隐居西湖孤山"以梅为妻，以鹤为子"的和靖先生林逋，还有纪念白居易、林逋、苏轼三位西湖先贤的三贤亭，游西湖归来后醉墨淋漓地写下《次韵游西湖》：

宋孝宗赵昚

平生林处士，一叶老波光。坐令西湖名，千古磨苍苍。迩来子李子，

掉鞅出柴桑。官闲到休日，清浅寻幽香。金风度林麓，
野艇生微凉。竹阁寄登览，孤岑水中央。拂石辨奇迹，
哦诗味遗芳。归来笔不停，醉墨翻淋浪。他时三贤亭，
合著君在旁。只恐作霖雨，幽梦通商王。

　　我们并不知道史浩所写的三贤亭在何处。宝庆二年（1226），
临安府尹袁韶在苏堤锁澜桥与望山桥之间修建了一座三贤堂，以
纪念白居易、林逋、苏轼三位西湖先贤，元初堂废。2021年，杭
州市西湖风景名胜区管委会在原址附近重建三贤堂。堂前大石块
上"三贤堂"三字，集的是宋末元初著名书法家赵孟頫的墨宝。
堂上镌刻着三人挥笔赋西湖的名篇，"烟波澹荡摇空碧，楼殿参
差倚夕阳""欲把西湖比西子，淡妆浓抹总相宜"，这些朗朗上口
的先贤诗句让堂前的湖光山色都充盈着美丽神韵。

　　朝堂上的政治斗争总是令人心烦意乱，如履薄冰，唯有"自倚
倾城姿"的西湖，才能洗净史浩心头的纤尘。一个桂子飘香、菊蕊
未羞的秋天，史浩约上三数人同游西湖，寻访林和靖隐居的处士桥，
偶遇供奉钱塘龙王的水仙庙，裁纸吟写《游西湖分韵得要字》。处

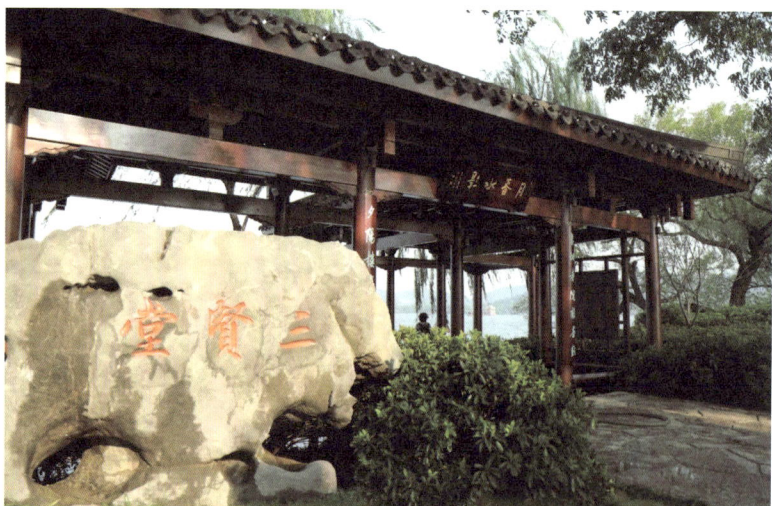

苏堤三贤堂

士桥位于西湖孤山东麓、平湖秋月亭北、涵碧桥西，旁边还有宏春桥，可惜到了清代就已经无迹可寻。孤山上的水仙庙始建于五代，庙额"钱唐广润龙王庙"乃是吴越国王钱镠所题。苏轼《书林逋诗后》有云"我笑吴人不好事，好作祠堂傍修竹。不然配食水仙王，一盏寒泉荐秋菊"，苏轼自注"湖上有水仙王庙"，这是最早记载水仙庙的文字。史浩偶遇的水仙庙与处士桥同在孤山之上，就是当年苏轼吟诗之地，"行行欲问处士桥，路转忽逢水仙庙。未羞菊蕊荐芳馨，一盏寒泉敢先醴"正是在唱和苏轼的诗句呢！"千古游人安在哉，城郭山林归一窖"，千百年来的游人如今都在哪里呢？都要回到城郭外山林上的那一口坟窖里吧。不必说游人了，就连苏轼、史浩停驻游赏的水仙庙，在仅仅百年后的理宗朝也已经荒废不堪。袁韶推测，这大概是因为南宋皇室大兴土木、修建宫室，比如高宗朝就在孤山上修建了四圣延祥观，将孤山搜刮得只剩下一座林逋墓，他实在看不下去水仙庙名存实亡，因此在苏堤第三桥望山桥北重建水仙庙。然而这座望山桥北的水仙庙还是与它的前身一样，无声地消失在了历史之中，至今留存于世的仍是那座孤独的林逋墓和苏轼、史浩他们的乐游诗文。

备守为尚非奸臣

【隆兴元年：三省／枢密院】

史浩是个大孝子，在史浩的家乡有句老话："天下中秋皆十五，唯独宁波在十六。"相传每逢八月十五中秋节，在临安城做大官的史浩总是挂念明州家中的老母亲，总要从临安赶回家乡与亲人团聚。有一年因故在路上耽搁，到了十六日才匆匆回到明州。于是，史家就在这一天共度中秋佳节，渐渐地，明州百姓也纷纷效仿。

孝宗登极后，史浩作为新君的潜邸老师步步高升，以中书舍人迁翰林学士、知制诰，除参知政事。隆兴元年（1163）正月，

史浩拜尚书右仆射、同中书门下平章事
兼枢密使。史浩登列宰执后的头一件事
就是为岳飞平反。史浩向孝宗进言，赵
鼎、李光都是无罪的，岳飞久冤，应当
恢复他们的官爵，恩荫他们的子孙。孝
宗同意了史浩的提议，半生峥嵘、含冤
遗恨的岳武穆终于得以改葬栖霞岭。接

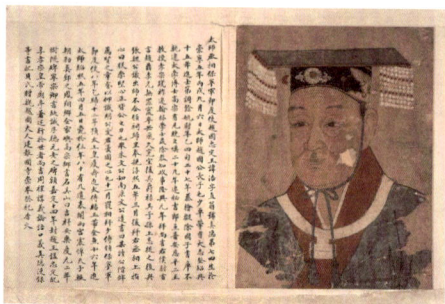

史浩画像（鄞州区档案馆藏）

着，史浩又建议把秦桧党人赶出临安城，
崇岳贬秦的结果使得朝野内外妥协投降的声音大为减弱。

　　燕人刘蕴古是金主完颜亮派来的间谍，假意投降南宋。这时，
北方有一万多游民应召屯田，他主动请求领导这支军队去抗击金
兵。朝中宰执都认为此事可行，唯有史浩坚决反对，史浩认为刘
蕴古必是奸人，于是就让人把刘蕴古叫来堂上问话。史浩当面责
问他："当年樊哙想以十万之兵横扫匈奴，议者犹以为可斩，现
在你那些乌合之众又能干得了什么呢？"刘蕴古大惊失色，脱口
而出："这一万多人的家属都在北方，如果家属不来必定不能为
我朝所用，不如趁他们思想上还没做出去留决定时利用他们一下，
事情要是成了也未可知啊。"史浩当即抓住了刘蕴古话中的漏洞：
"通判所说确是事实，只是不知道通判的家属现在在何处啊？"
刘蕴古自知失言，手中的茶杯也拿不住了，几乎要掉到地上。后来，
朝廷搜出来刘蕴古的家信，内容皆是刺探机密，真相大白，刘蕴
古伏诛。

　　高宗虽然退居德寿宫，不再干涉具体政务，但始终试图维持
其无上尊崇的地位和强大的政治影响力。在俗称北内的德寿宫和
南内之间调解周旋，仍是宰相史浩的重要工作。南宋实行榷酒政
策，不许私酿酒类，可德寿宫偏偏私酿酒水。有个谏官袁孚就参
了一本，高宗震怒，孝宗只能无奈地御批罢免袁孚。史浩知道了
这件事，就劝孝宗刚刚执政不宜立即罢去谏官。孝宗又开始跟史
浩倒苦水：昨日宴会，太上皇帝赐酒一壶，在上面亲书"德寿私

酒"，朕真是无地自容啊。史浩又劝道：这是陛下的仁孝啊，即便如此，也不可以曝光此事，不然一定会引发两宫之间的矛盾。毕竟这时，一件更为重要的事情悬在孝宗君臣的头顶上。在战争阴霾的笼罩下，孝宗的内心写下了一个又一个的"忍"字，忧心忡忡的史浩对往日的西湖乐游再也提不起兴趣了。

史浩不是积极的主战派。孝宗即位便立刻起复老将张浚，宣抚江、淮，共图恢复大计。史浩与张浚在对金战争上产生了分歧。张浚主张主动出击，恢复中原，请求孝宗即日下诏亲征建康。史浩坚持以为不可，又当面诘问张浚："帝王之兵，应当在万全的条件下才能出动，怎么可以尝试且抱有侥幸呢。"在临安皇宫的大殿之上，史浩与张浚进行了一场持久的辩论。张浚认为，中原沦陷已久，如果现在不恢复，当地的豪杰也一定会起义。史浩反驳，中原哪里来的豪杰，如果有，怎么不起义直接灭了金国呢？张浚解释，民间勇士手无寸铁，当然不能自发起义，待王师一到，他们就是我们的内应。史浩冷冷地下了结论，陈胜、吴广拿着锄头、木棍就能灭了不可一世的秦朝，一定要等待王师的必不是豪杰。张浚一看史浩油盐不进，转头就单独向孝宗汇报，说史浩真是顽固，但是再拖下去恐怕要失去了北伐的最佳机会，恳请皇帝陛下圣裁英断。

史浩也不是妥协的主和派。他认为，南宋的军事力量尚且薄弱，轻率用兵具有极大的危险性，另一方面，皇帝御驾亲征、巡边犒师需要大量的财政支出，朝廷没有钱肯定要对老百姓征税敛赋，孝宗刚刚即位，尚未施仁政就加重赋税，恐怕贼人还没剿灭，老百姓就贫穷得活不下去先起来造反了。因此，史浩认为以现在的情势要先做好防御措施，他提出的北伐计划是"惟当练士卒，备器械，固边圉，蓄财赋，宽民力"，十年以后再出兵，则进有恢复故土、报仇雪恨的功绩，退无劳师动众、浪费财力的祸患，倘若听信浅谋之士，起兵不教之师，敌寇一去则邀功请赏，敌寇一来则敛兵逃跑，这难道能恢复中原吗？这其实已经在暗暗指责张浚空谈误国。然而，一心想打开一个新局面的孝宗和抗金呼声最高的张浚一拍即合。

南宋的三省枢密院官署于绍兴二十七年（1157）在皇宫北门和宁门北的显宁寺旧址上修建而成，位置大致在今天吴山脚下万松岭路以北一带。《梦粱录》记载："左右丞相、参政、知枢密院使签书府，俱在南仓前大渠口。"今天的考古学家们在吴山公园云居山下的大马厂巷发掘到南宋官署建筑遗址，并在严官巷发现了三省六部北围墙遗迹，出土了大量建筑构件、瓷器、铜镜、钱币等南宋遗物。三省、枢密院聚议军政之所，是为都堂，又称政事堂。隆兴元年（1163）春夏之交，史浩正如往常一样在官署上班，忽然收到了邵宏渊出兵虹县（今安徽省宿州市泗县）的军报，这才知道原来孝宗绕过了三省、枢密院，直接以御批的形式下达北伐指令。史浩得知了这个情况，就对陈康伯说道："我们几个人都兼任枢密院的职务，结果朝廷出兵了都不知道，这还要我们宰相做什么！不辞官还等什么呢？"于是立即提出辞职。孝宗并没有同意，御史王十朋又上书指控史浩"怀奸、误国、植党、盗权、忌言、蔽贤、欺君、讪上"八大罪状。隆兴元年（1163）五月十五日，史浩罢相，除观文殿大学士、知绍兴府。史浩推辞，得提举洞霄宫。就在史浩罢相七天后，在距离临安城千里之外的符离，十三万宋军溃败，死者不可胜数，委弃的军资堆积如山。

此后十年，史浩一直远离朝廷中央。乾道四年（1168），史浩除知绍兴府。乾道八年（1172），史浩母丧服阕，判福州。据说史浩与一位觉长老关系很好，两人握手一起进入史宅，史浩问："和尚与我谁更好？"觉长老举目望去，只见帘幕绮罗，粉白黛绿，姬妾环列左右，一时间竟被富贵迷了眼，答道："丞相富贵好，老僧怎么敢和丞相比呢。"后来有一天，史浩坐在厅上，好像看到觉长老突然进入堂中，连忙派人去寺中请他相见，结果得到了觉长老圆寂的讣闻。没过多久，史家后院出生了一个小男孩，他就是后来的权相史弥远。

这位觉长老不知是何人，不过，史浩倒是和家乡明州的觉云智连法师关系密切。绍兴二十六年（1156）二月，早在史浩还是地方官的时候，他就受觉云智连法师之邀写下《跋皇宋明州新修保恩院记》。史浩赋闲家乡时，常常与他探讨佛理。不知是否巧合，觉云智连法师于隆兴元年十二月十八日圆寂，正是史浩罢相赋闲之后、史弥远出生之前。

唯尽公道相君王

【绍熙元年：重华宫/广寿慧云禅寺】

当史浩再一次回到临安朝廷时，他已经是七十二岁的老人了。淳熙四年（1177），史浩除少保、观文殿大学士、醴泉观使兼侍读。史浩文集《鄮峰真隐漫录》收有一首《题严陵钓台》，应当是他途经严子陵钓台所作：

> 功名于道九牛毛，无怪先生抵死逃。漠漠桐江千古后，
> 云台何似钓台高。

功名与公道相比，不过九牛一毛，一身轻松的史浩就这样再次回到了临安城。淳熙四年（1177）八月十三日夜晚，史浩作为经筵官留宿翰苑，想起十五年前他以中书舍人迁翰林学士的往事，感慨赋诗《丁酉八月十三日夜以经筵官番宿翰苑予十五年前曾为学士感赋三首》：

> 玉堂夜直看蝇头，烛尽双莲兴未休。檐外忽惊凉月在，
> 正移花影到银钩。
> 忆昔初为鳌禁游，曲拳草制拜公侯。沈思十五年前事，
> 壮志消磨雪满头。
> 青烟漠漠已潜收，但见银潢双派流。白玉一轮尤皎洁，

始知后夜是中秋。

十五年前，正是孝宗即位之年，也正是史浩在临安朝堂上发光发热的时刻。十五年的时间，白了头发，消磨了壮志。御座上的那个人，既是他昔日的学生，也是他永远的君主。淳熙五年（1178）三月，史浩复拜右丞相。孝宗说："朕虚席以待卿久矣。"史浩不卑不亢地答道："蒙恩再相，唯尽公道，庶无朋党之弊。"

淳熙五年（1178）十月，殿前司在临安城中抓百姓以充军籍，掠夺财产，激起群众的反抗。孝宗决定将带头抢夺民财的两个士兵和带头反抗的平民陆庆童处斩，遭到史浩极力反对："掠民财产的士兵固然当以军法处置，但是陆庆童是因为遭遇抢劫而奋起抵抗，怎么可以同等处死呢？况且百姓岂可施用军法？陛下担心士兵有意见就把陆庆童处死，但是果真如此行事，百姓也会内心不平，人言可畏啊。"孝宗闻言大怒："你这不是把朕比作秦二世了吗？"孝宗拂袖而去，直接向枢密院降旨。和上一次罢相经历十分相似，皇帝不听劝告，史浩坚决辞位。淳熙八年（1181）八月，史浩罢侍读辞归。淳熙十年（1183）八月，七十八岁的史浩以太保、魏国公致仕。

史浩与南宋赵氏宫廷之间的故事还没有结束。淳熙十六年（1189），孝宗禅位于皇太子赵惇，是为光宗，皇太子妃李氏册为皇后。孝宗被尊为寿皇圣帝，皇后谢氏被尊为寿成皇后，改德寿宫为重华宫，移居于此。李皇后以悍妒闻名，对待谢皇后非常不恭敬，有时坐着肩舆直接进入内殿，谢皇后便以当年她自己侍奉高宗和吴皇后时的恭敬谨慎为准则训诫之，谁知这李皇后愤愤说道："我是官家结发之妻。"这一下子就戳痛了并非孝宗原配的谢皇后，谢氏当年只是吴皇后宫中的小宫女，后来被赐给孝宗，从嫔御晋升皇后，可吴氏当年也只是个小宫女啊，她也是从嫔御一路晋升上来。孝宗和谢皇后闻言大怒，就想废了李皇后，年迈的史浩被传召至重华宫商议废后。《延祐四明志》记载，史浩当时愀然不知所措，儿子史弥坚说了一句很关键的话："嘉王即位，母子位号必定改正，现在讨论废后的人将来都没有什么好下场。"光宗的独子嘉王赵扩是李皇后亲生，史浩这才恍然大悟，阻止了一场废后风波。不过谁也没有料到，这只是光宗朝波谲云诡宫廷斗争的先声。

重华宫是孝宗退位养老之所，前身是高宗的德寿宫，隔壁是高宗吴皇后的慈福宫。孝宗驾崩后，谢皇后居所称为寿慈宫。吴皇后驾崩后，谢皇后又在此孤独地生活了十年，直到开禧二年（1206）寿慈宫失火，迁居南内。德寿宫的历史就此落幕。岁月流转，巍峨壮丽的临安皇城早已湮灭在历史尘埃之中。2022年，德寿宫旧址上建起了杭州德寿宫遗址博物馆，再现南宋皇家宫殿风貌。

南宋的广寿慧云禅寺，位于杭州艮山门里白洋池一带，号称南湖，这里原是中兴四将之一张俊的别宅。绍熙元年（1190），张俊曾孙张镃向朝廷请求舍宅为寺，光宗赐额"广寿慧云禅寺"，太师史浩为之作《广寿慧云禅寺之记》，其中有云："若夫钟鱼震动，云水鼎来，演上乘而祝帝龄，锡余福以佑黎民，兹念一兴，亘

重华宫正殿

千万祀不能磨灭，如佛氏所谓原力者。"四年后，史浩去世，享年八十九岁，追封会稽郡王。宁宗即位后，赐谥史浩曰文惠，宁宗御书"纯诚厚德元老之碑"。嘉定十四年（1221），史浩以史弥远之故，追封越王，改谥忠定，配享孝宗庙庭。元至正年间，广寿慧云禅寺被毁，明代经多次重修，仍保留了留云亭、白莲池和张俊画像等南宋文物。时光变迁，号称南湖的白洋池已经芳迹难寻，史浩所撰记文碑石更是随着他的一生成败消散于从西湖吹来的缕缕微风中。

虞允文：大忠至诚真将相

　　与岳飞、张浚等人一样，虞允文也是南宋初年的重要人物。宋孝宗对他给予高度评价："虞允文公忠出天性，朕之裴度也。"杨万里认为"维宋中兴，两社稷臣。前张后虞，皆蜀之人"，两个四川人张浚和虞允文可称作南宋的社稷之臣。毛泽东在读《续通鉴纪事本末》时也曾批语称："伟哉虞公，千古一人。"这些赞语无不表明了虞允文的某些特点，但同样，其成败功过，与这座杭州城之间有着千丝万缕的关系。

仁寿虞允文墓

绍兴三十一年（1161）九月，金主完颜亮大举南侵，宋军几乎不战而溃。十月，金军渡过淮河，兵锋推进至长江北岸的和州（今安徽省马鞍山市和县），负责淮西防务的王权节节败退。战败的军报传至临安，朝廷震骇。高宗皇帝在宰相陈康伯的坚决力谏下不得不下诏亲征，又以知枢密院事叶义问督视江淮军马，中书舍人虞允文参赞军事。

此时，已经五十二岁的虞允文按照官员离开朝廷的礼仪规矩，入宫上殿辞别高宗。"你是词臣，本不该派你去的，但知道你洞熟兵事，姑且为朕走这一趟吧。"似乎又想起了什么，高宗又补充道，"朕当然知道签了和议也是不能高枕无忧的。这二十年来宫中积累下来的钱物，就是为了今天而准备的啊。叶义问已经请求支取钱帛，朕已经从内藏库拨给他九百万。你若是要钱，尽管奏来，朕不敢爱惜，朕就怕事情办不到呢！"就这样，虞允文先至镇江、建康，后奉命至芜湖犒师。

采石矶，又名牛渚矶，位于今天马鞍山西南的长江东岸，与岳阳城陵矶、南京燕子矶合称"长江三矶"。采石矶北通建康，南达芜湖，江对岸的和州已经陷于金军铁蹄之下。虞允文来到采石矶犒师才发现，败将王权已经召赴临安，新将李显忠却尚未抵达，道路两旁零零散散坐着的都是解下马鞍、卷起甲衣的败兵。然而，谁也不会想到，就是这样一个年过半百的书生词臣，将指挥这样一群解鞍束甲的败兵进行一场以少胜多的激战，并从此改变了宋、金之间的战略格局。对于虞允文个人来说，他从临安朝廷奉命来到这里，又从这里带着赫赫战功回到临安朝廷，从此出将入相十余年。

锁厅试凡四荐名

【绍兴二十四年：礼部贡院/集英殿】

少年天才虞允文从家乡走向都城临安的科考之路相当坎坷。

大观四年（1110），虞允文出生在隆州仁寿县（今四川眉山）的一个仕宦家庭。据说，虞允文的先祖是唐朝初年的名臣虞世南。虞世南的七世孙虞殷，因为任仁寿郡守，就带领家人在此定居，繁衍生息，这才有了仁寿县的虞氏家族。虞允文的父亲名叫虞祺，政和年间进士及第，官至太常博士、潼川路转运判官。据说，虞祺在还没有儿子的时候，就向梓潼神祈祷。有一天晚上，他梦到自己走进一座府邸，看到一个穿着盛装的大官迎接自己，接待宾客礼仪甚是恭敬。然后府邸的主人又指着旁边披甲戴盔站立的人说道，这就是你的儿子。后来，他的妻子就生下了虞允文。虞允文幼时聪慧，六岁时便能背诵九经，七岁时便能自己写文章，可谓少年天才。

最初，虞允文是通过父荫入仕的。不过，这位天才少年并不想承父荫，但在父亲一句"你是觉得我这个做官的父亲给你的恩荫太薄了吗"的责问下才不得不接受，初仕监成都府榷茶司卖引所，历任监雅州名山县茶场、权四川都大提举茶马司干办公事、四川总领所辟差干办行在分差户部粮料院。母亲去世时，他为母守孝，极度哀伤，形销骨立，早晚在母亲的墓旁哭泣，其孝道赤忱，可见一斑。母亲去世后，他念及父亲孤身一人，且身体不好，因此七年不请调任他职，而只愿在父亲左右，能够时时奉养照拂，直到绍兴十七年（1147）父亲去世。

宋代的科举制度规定，有官爵在身的人可以参加锁厅试。所谓锁厅，意思就是说现任官员锁上他的办公室而去参加科举考试。虞允文也去参加了锁厅试，不过这位天才少年委实运气不佳，"锁厅试凡四荐名"，考了四次锁厅试才得发解，赴礼部省试、集英殿殿试，于绍兴二十四年（1154）登张孝祥榜进士第。虞允文算是赶上了锁厅试的好时候，最初的锁厅试规定省试不中，永不得再考，后来逐步放宽到有两次、三次应举机会，直到仁宗庆历年间宣布文武锁厅试不再限制应举次数。总之，这时已经四十五岁的虞允文总算是实现了少年时的志向。

礼部贡院在观桥西，也就是今天的麒麟街一带。它是临安城最大的贡院，东西两廊各有一千余间考试场，可容纳数千上万士人在此考试。每三年一次的"春闱"，从各地发解试突围取胜的士子们都要到这里报到，参加礼部主持的省试，中试者则赴集英殿殿试。早在绍兴十二年（1142），临安皇宫建成了两座大殿，殿名依然沿用汴京皇宫的旧称。一座名叫垂拱殿，是皇帝常朝所御之殿。垂拱殿左侧还有一座大殿，为临安皇宫的正衙，根据场合需要随时更换殿名匾额，百官听宣布则曰"文德殿"，上寿则曰"紫宸殿"，朝贺则曰"大庆殿"，宗祀则曰"明堂殿"，策士则曰"集英殿"。绍兴二十四年（1154）的春天，虞允文来到礼部贡院和集英殿，从此开启了更广阔的仕途。

这一次科考还发生了一个小插曲。绍兴二十三年（1153），就在虞允文通过了四川当地的锁厅试时，二十九岁的陆游和秦桧的孙子秦埙也通过了临安的锁厅试，分别名列第一和第二。秦桧得知后大怒，于是在第二年的礼部省试，主考官魏思逊、汤思退等人为了讨好秦桧，将秦埙定为省元，陆游黜落。不过最后，状元还是被二十三岁的张孝祥夺得，秦埙是为探花。和万众瞩目的青年才俊陆游、当朝宰相的孙子秦埙比起来，人到中年又多次名落孙山的虞允文在当时根本就不起眼。

黄旗奏报朝野贺

【绍兴二十八年至三十一年：接待院/慈宁殿】

虞允文这个名字在采石大捷后被广为传颂，在南宋抗金的历史上成为传奇。在此之前，虞允文已经在临安为官数年。他登第后，转左奉议郎、通判彭州，不过并未赴任，后改知渠州（今四川省达州市渠县）。虞允文上任渠州后注意到，这里地僻民穷，老百姓的赋税负担又很重，于是他上奏朝廷请求岁减赋敛六万五千余缗钱，百姓闻之欢欣鼓舞。秦桧当国时，特别排斥四川人。后来秦桧去世了，高宗想多收用一些四川人，中书舍人赵逵第一个推荐的就是虞允文。当时的宰相沈该也向高宗推荐虞允文，沈该和虞允文有些渊源，据说虞允文曾经拿着自己校注的《新唐书》去结交秦桧，结果被与他同船的人直接偷去献给了秦桧，虞允文只能呈献其他的文章。在返程的路上，他去拜访了知夔州沈该。沈该问道："和你同舟的那个人为人如何呀？"虞允文笑笑："他人可好啦！"沈该很困惑："他一直在辱骂你啊。"虞允文则答："其所长甚多，但差好骂。"这令沈该长叹不已。绍兴二十五年（1155），秦桧去世，沈该除参知政事，次年升任宰相，便向高宗进言起用虞允文。于是在绍兴二十八年（1158），虞允文被召至临安面见高宗皇帝。这应该是他登第以后再一次来到临安城。

虞允文很可能是沿着长江一路向东，在镇江转入著名的大运河，通过水路来到临安，而后在临安北郭外的接待院休憩，等待皇帝召见。接待院就在今天杭州武林门外湖墅、卖鱼桥一带。这里是大运河的南端，集市商业繁荣，宋代称为湖州市、湖市，明清称为湖墅。据说虞允文在来临安的路上中暑了，腹泻不止，就一直在接待院休息养病。在九月九日这一天，他梦到来到一处神仙居住的地方，有个仙官让他坐下，然后他看见墙壁上有一张药方，上面写着："暑毒在脾，湿气连脚。不泄则痢，不痢则疟。独炼雄黄，烝面和药。甘草作汤，服之安乐。别作治疗，医家大错。"虞允文梦醒之后赶紧把药方记下来，按着药方服用，果然就痊愈了。这个故事虽带有传奇志怪色彩，不过在那个年代，中暑是很容易出人命的，就比如虞允文的同年，状元郎张孝祥，这个人后来也成了虞允文的朋友，他就是因中暑而不幸英年早逝。

虞允文见到高宗皇帝后献言："君道有三：曰畏天，曰安民，曰法祖宗。"当时的舆论都认为虞允文说得太对了，想必以"最爱元祐"为政治导向的高宗也一定非常高兴。于是在绍兴二十八年（1158）十月二日，原知渠州的虞允文被任命为秘书丞，从地方官变成了京官，第二年又进吏部员外郎兼国史院编修官。

慈宁宫，是高宗生母韦太后所居之宫殿。绍兴九年（1139），高宗为迎接生母韦氏从金国归来，将临安皇宫中的直笔内省事务承庆院改建为慈宁宫，高宗亲书匾额"慈宁宫殿"。慈宁宫殿建筑巍峨高大，南望皇城南门丽正门，东望滔滔不绝的钱塘江，位置大概在今天杭州馒头山上。韦太后自绍兴十二年（1142）南归至去世，一直住在这富丽堂皇的慈宁宫中。绍兴二十九年（1159）九月二十日，皇太后韦氏崩于慈宁宫。次日，百官班慈宁殿听宣大行皇太后遗诰，皆着吉服，唯独吏部员外郎虞允文易服。有人就提出质疑：这算怎么回事？虞允文也坚持不改。很快，高宗就诏令百官更换丧服。原来宋室南渡以后记载典礼章程的籍册零散混乱，丧礼这部分又隐讳不录，于是就出现了群臣失礼的场面。

不过，那时的虞允文还只是个普通的中级官僚，真正让他在临安朝廷大放光彩的是那场著名的采石大战。在完颜亮侵宋的前一年，虞允文应召入殿议政，力言金人必将败盟毁约，朝廷应当有所准备。后来，他被任命为贺大金正旦使，为避金太祖完颜旻之讳，暂时改名虞允，出使金国。在金朝廷期间，虞允文与金国接待使者比试射箭，一发中的，令在场的金国君臣大为惊异。虞允文归来时又转述了金主完颜亮"我将看花洛阳"的嚣张之语，极力申言淮海地区应当加强战备。在都堂议政时，他反对在襄汉地区屯聚重兵，主张保留兵力拱卫两淮，却并没有被当时的执政采纳。在军无统帅、兵如散沙的危急时刻，虞允文挺身而出，指挥一万八千宋军击败四十万金军。采石大捷不久后，完颜亮被部下弑杀于扬州，虞允文等人黄旗奏报临安府，朝野相贺。虞允文回到临安，高宗慰劳赏赐甚丰厚。

元代史官在《宋史·虞允文传》的论赞部分高度评价采石之战："昔赤壁一胜而三国势成，淮淝一胜而南北势定。允文采石之功，宋事转危为安，实系乎此。"不过金人对此予以否认，战败方自然会有所避讳，但也有宋人对虞允文的战功提出质疑，比如赵甡之依据虞允文所上三封报捷奏札认为这不过是张大声势，不可取信。有人认为赵甡之的父亲赵哲是南宋初年将领，为张浚所杀，因此赵甡之非常仇视张浚，而虞允文和张浚都是四川人，都是主战派，从而他对虞允文也有所偏见。不过大部分南宋文人都大力褒扬虞允文的采石战功，比如他的门客蹇驹就写了《虞尚书采石毙亮记》，四川家家户户都争相传抄这位大英雄的事迹。于是，就有了开头高宗皇帝让虞允文奏报所需钱物的戏剧性一幕。也有人说，采石之战可不是虞允文一个人的功劳，力谏高宗亲征的宰相陈康伯就是力谏真宗亲征澶渊的寇准再世呀！朱熹就高度评价陈康伯"谢安之与苻坚，如近世陈鲁公之于完颜亮"。据顾宏义先生考辨，采石之战是宋、金两方一次规模不大的遭遇战，其重大意义在于粉碎了完颜亮自采石渡江的企图，扭转了宋军节节败退的战局，埋下了完颜亮部下发动兵变的导火索。无论如何，虞允文儒生督战，极大地提振了宋军士气，就连名将刘锜也拉着虞允文的手感叹道："朝廷养兵三十年，什么本领也施展不开，如今竟然由一个儒生建立了大功，我们这些人真是惭愧啊！"采石战功成为虞允文此后仕途中的重要进身之阶，以至入参大政、官拜宰相。

好事皆是丞相做

【隆兴二年至乾道八年：垂拱殿/玉津园】

采石一战后，虞允文的目光回到了临安朝堂内政和宫廷秘事。金人北撤后，虞允文被任命为川陕宣谕使，主要工作是招兵马，与四川宣抚使吴璘共同议事。但是由于在边事上的政见不同，虞允文很快又罢知夔州。这时，临安皇宫中举行了盛大的内禅之仪，皇太子赵昚即位，是为孝宗。高宗被尊为太上皇帝，退居德寿宫。孝宗在即位不久后，就召主战派老将张浚入朝，共商恢复河山的大计。隆兴元年（1161）正月，虞允文尚未赴任夔州，应召入见孝宗。在大殿上，他坚决地表示"今日有八可战"。当孝宗问起弃地之策如何时，虞允文激动地用手中的朝笏画地，陈述其中利害，孝宗感叹道："此史浩误朕。"后来，虞允文一直在地方上任职，先知太平州，又充湖北、京西制置使，后知平江府。隆兴北伐失败后，孝宗动摇不定，罢黜老将张浚，以主和派汤思退为宰相，遣使与金议和。但金军又再度挑起战事，临安朝野上下强烈指斥汤思退等奸邪误国。孝宗感到非常后悔，罢黜汤思退之后就接受了主战派陈俊卿的建议，起用虞允文为同知枢密院事兼参知政事。

虞允文第一次执政的时间非常短暂，不到一年就被宰相钱端礼收受李宏玉带一事牵累而罢政，以端明殿学士提举江州太平兴国宫。当他再一次奉诏至临安阙下，已经是乾道三年（1167）二月。虞允文在皇宫内殿接受孝宗召见，宣坐赐茶，拜端明殿学士、知枢密院事。不久之后，四川守将吴璘去世，孝宗命虞允文宣抚四川。虞允文受命离开临安时，高宗赐御书《圣主得贤臣颂》，孝宗为之制跋。在大殿辞别之时，孝宗又将自己的鞋履和甲胄赐予虞允文，宠渥可见一斑。

终于到了乾道五年（1169），花甲之年的虞允文又回到了临安朝堂，正式拜相。这时，摆在虞允文面前的首要问题就是立储之事。孝宗有三子长成，皆是原配郭皇后所生：长子赵愭，乾道元年（1165）立为皇太子，乾道三年（1167）因医官误投药而病逝，谥号庄文；次子庆王赵恺；三子恭王赵惇。问题是庄文太子还留下了一个儿子赵挺，是孝宗的嫡皇孙，也有资格继承皇位。乾道六年（1170）五月，虞允文独相。六月，庄文太子妃钱氏和皇孙赵挺就从东宫搬迁到了由知枢密院府改建的庄文太子外第，相当于皇孙赵挺首先被排除在皇位继承人之外。之后，发生在虞允文和孝宗之间的对话更加令人玩味。

八月三日，孝宗如往常一样御垂拱殿听政，结束之后虞允文请求留下继续奏事，说："有一件大事就算臣身万死、冒犯雷霆之威也要请求陛下。"孝宗问什么事，虞允文表示："太子是国之根本，现在没有比立太子更重要、更急迫的事情了，陛下应当早

宋光宗赵惇

早做出圣断呀！"孝宗很高兴："朕早有此意，事情一直都是定了的，就怕立了太子却骄纵了其品性，不好好学习了，做出失德之事就追悔莫及了，朕还是想再历练历练他，免得将来后悔啊。"虞允文又把话堵了回去："依臣之愚见，若是太子常常在陛下身边学习听政，何患不光明？何患不历练？"孝宗表示丞相说得极是，"但此事却有些迁次"。这其实已经在暗示要越过老二立老三了，虞允文当即下拜谢恩，又提醒孝宗此事应当早早决定。孝宗满口答应："甚好甚好，不过旬日间。"

八月二十五日，虞允文又获准留班奏事："臣之前请求早建太子，陛下欣然应允，现在已经过去旬日了，但还没有接到圣旨，臣实在是忧惧啊。"孝宗表示："这件事已经决定了，只是最近事务太多，来不及和你商量呢。"君臣二人又开始讲起唐太宗立储的故事，孝宗还对唐太宗处置家事嘲笑一番，最终商定在郊天庆成日降旨。

南郊祭天是大礼，临安的南郊坛大致在今天的南宋官窑博物馆。可是到了这一天中午，在青城门下马处，孝宗又把虞允文叫来说："立太子这件事，朕只想和丞相商量，如何？"虞允文连忙表示："此陛下家事，臣不当与，只是臣记得本朝太宗皇帝立储之时，寇准进言立储不可问后妃、不可问宦官、不可问大臣，只能由陛下独断，最终太宗英明果断地立了老三，是为真宗。"这就赤裸裸地明示老三恭王赵惇将被立为太子。但孝宗又开始拖延：这件事没有疑问，上两宫尊号、立太子的典礼在春天举行也不算晚吧？虞允文只好说道："陛下想要在春天册立太子，臣谨奉诏，希望陛下到时候不要再改变主意了。"孝宗微微一笑："朕家好事数件，皆是丞相做了。"据晁公溯《箕山日记》记载，乾道七年（1171）正月末，李道的儿子李范托人给父亲带话："三大王言，丞相遣腹心来报，储议已定，大人差遣可无虑。"李道是恭王夫人之父，三大王即恭王赵惇，丞相就是指虞允文，可见虞允文早已深度参与孝宗朝的储位之争。

　　乾道七年（1171）二月八日，孝宗诏立第三子恭王赵惇为皇太子，第二子庆王赵恺进封魏王，出判宁国府。三月四日，孝宗命宰执在玉津园为魏王赵恺饯行。玉津宴罢，赵恺登上了前往宁国府的车驾，回头看向人群前头的虞允文，意味深长地说道："更望相公保全。"见证了南宋王朝兴衰的临安玉津园，建于绍兴十七年（1147），位于临安城南嘉会门外往南四里的洋泮桥侧。每年金国使臣来到临安，一般都会有玉津园燕射的节目安排。后来，韩侂胄也是在这里被杨皇后和史弥远谋杀。不过，旧时宋桥如今已经荡然无存，现在的洋泮桥重建于明万历二十年（1592），是一座由青石板铺就的单孔石拱桥。2000年，洋泮

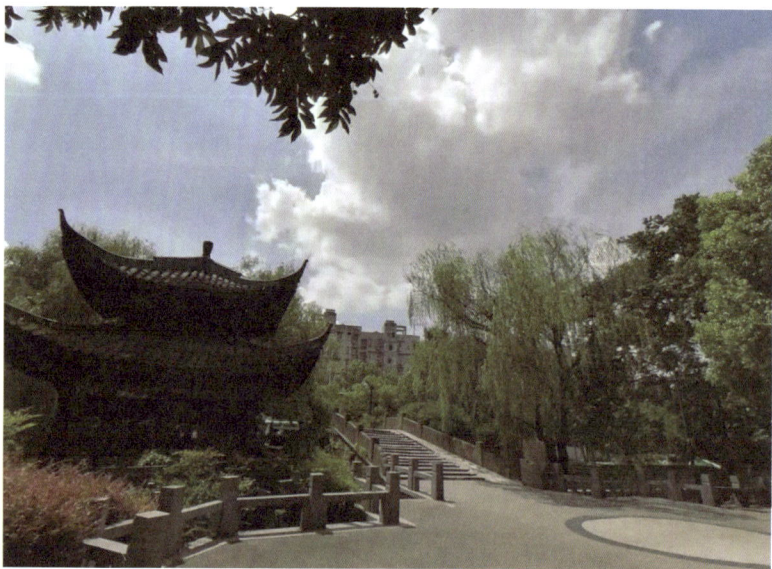

洋泮桥

桥以中河南段古桥及古泉之名被列为杭州市文物保护单位。现在的洋泮桥旁有座盼月亭，上有楹联"清风明月本无价，近水遥山皆有情"。或许，我们可以在这里感受清风明月，品味近水遥山，凭吊风韵迹忆。

临安，对虞允文来说意味着什么呢？他在这里金榜题名，他的名字和长江上那场著名的战役被人们歌颂传扬。他在这里立下定策之功，他在这里维护了宋朝的国体颜面。乾道七年（1171）十月，金国遣使乌林答天锡入贺会庆节。在大殿之上，傲慢无礼的天锡要求孝宗降榻问金国皇帝起居，孝宗当然不同意，天锡长跪不起，朝臣纷纷错愕失措。虞允文当机立断，请孝宗移驾还内，智却金使。后来，孝宗似乎对久居相位的虞允文产生了不满。乾道八年（1172）九月，虞允文罢相，再次宣抚四川。虞允文陛辞之时，孝宗在皇宫正殿酌酒赋诗，向其透露亲征的决心，令他在四川练兵，希望将来会师河南，孝宗说道："如果你出兵了而朕这边迟了，那就是朕负了你；如果朕已经出兵而你那边迟了，那就是你负了朕。"

然而虞允文经营四川一年，并没有如孝宗所愿出兵北伐，引起孝宗不悦。淳熙元年（1174）二月，六十五岁的虞允文在四川去世，归葬家乡仁寿县。三年后，孝宗来到艮山门外的白石教场阅兵，看着十余万骁勇精锐之师，想起了当年在军中实行拣汰之法的虞允文，这都是虞允文的功劳啊。又过了两年，终于有人提出，虞允文去世已久，至今仍无赠谥，得到孝宗许可后草拟制辞"虞允文采石之功，未经显赏，久在相位，实著勋劳，可特赠太师，谥忠肃"。不过，孝宗提笔抹去了"久在相位，实著勋劳"八个字，并更改为"虞允文旧于采石有劳，未曾显录"，又改赠太傅。孝宗对曾经共商恢复大计、相约洗雪靖康之耻的故人的这番举动，个中深意就请读者们细品吧。

直到宁宗庆元元年（1195），朝廷才下诏赠虞允文为太师，这时距虞允文过世已经二十一年了。又过了七年，他的子孙到庐陵请求

杨万里撰写神道碑铭。杨万里洋洋洒洒的文章让所有人都回想起了
四十多年前那个身先士卒、冒死督战的忠诚儒生。

文天祥：一身清白留人间

在杭州钢铁厂，天祥大道旁有一处丹心坪，内有一座文天祥的雕像；在半山森林公园，随着铺满落叶的小径一路寻觅，便会发现"丹心映照"景点有一座丹心亭和文天祥全身塑像；在秋实高架路和运河的交界处，文天祥的塑像正对着南面的古桥衣锦桥，相传当年文天祥就是通过这里到皋亭山上的元营去谈判的。元大都的冬天那样冷，文天祥依旧昂首瞻望着南方。南方是临安的方向，是他仕宦的起点，也是他固守不弃的危城。

杭州文天祥雕像

丞相就义，面南而拜，一揖即是永别。南宋的历史终止于临安城下献表降元和厓山畔的波涛汪洋，而文天祥的历史伴随着那首耳熟能详的"人生自古谁无死，留取丹心照汗青"永垂青史。

天祥宋瑞状元郎

【宝祐四年：礼部贡院／集英殿】

文天祥在临安摘下状元桂冠时才二十一岁，那也是他第一次来到临安。

端平三年（1236），文天祥出生于吉州庐陵县（今江西吉安）。庐陵富田文氏，是西汉蜀郡太松文翁的后裔，唐末五代时期由四川成都迁居至江西吉州的永新县，随后又迁至庐陵县永和镇，最后往南到淳化乡的富田，在此定居繁衍。文天祥的父亲名叫文仪，号革斋，同乡的人称他为"君子长者"，因为文仪喜读书，以藏书为乐，同时学问品行均出类拔萃，并在乡里教书。由此观之，文天祥幼时的生活环境应当富足，在父亲的言传身教下一心向学。此外，文天祥自幼便喜欢读忠臣传记，他做乡校童子时，曾在学宫乡贤祠中看到欧阳修、杨邦乂、胡铨等人的挂像，想到此三人的谥号中均带有"忠"字，不由得从内心生出了钦慕和向往之情，为国尽忠的种子埋在了文天祥的心中，并在随后的年月中生根发芽。

文天祥出生时南宋已是风雨飘摇。端平元年（1234），曾经为患一时的金朝在蒙古与南宋的合击下灭亡，但继之而起的蒙古对南宋同样虎视眈眈。灭金不久后，蒙军便基本攻占了山东，而后又南下攻宋，"端平入洛"一战宋军不敌蒙军，遣使通好却遭蒙古拒绝，蒙军随即加大了攻宋的力度，定于临安的南宋朝廷动荡不安。出生在这个年代，文天祥没有选择。自二十一岁科举入仕至四十八岁以身殉国，除去为父守丧，文天祥一直在宦海中沉浮，一直为家国命运奔走。

宝祐三年（1255），文天祥二十岁，已成功通过乡试的他与二弟文璧获得了到临安参加礼部省试的资格。此前不久，文天祥的三弟文霆孙突发疾病去世，其父文仪内心极度悲痛，身体大不如前。为了开解父亲，两兄弟便请父亲一同赴京。于是，在宝祐三年十二月十五日（1256年1月14日），文天祥与父亲、弟弟三人从庐陵出发，半个月后终于抵达了临安。

进京不久后，文天祥便和弟弟文璧一同前往位于观桥西的礼部贡院参加省试。二月初一日，礼部放榜，文氏兄弟二人的成绩都很不错，均有资格参加殿试，文天祥的试卷更是被列为首选。殿试定于五月初八日，兄弟二人都在临安认真准备。不料殿试前几天，父亲文仪突然生病，兄弟二人非常着急。为了照顾父亲，文璧主动告诉哥哥自己要留下来，不去参加殿试；无奈之下，文天祥答应了弟弟，决定一人前去参加殿试。

五月初八日，殿试的日子到了。当日凌晨，文天祥醒来，却发现自己无力行走。原来，这两日来他身患腹泻病，无法进食，因此体虚力竭。为了赶上殿试，他雇了一顶轿子，抱病匆匆赶往皇宫。

黎明时分，宫中侍从高声宣布考生进场。文天祥随即跟着大批人流进场，经此一动，他感到头脑清醒许多，身体也不那么疲惫无力。进宫以后，文天祥在宫内侍从引导之下进入作为考场的集英殿南廊，并按照前一日宫门前张贴的座位号对号入座。万事准备好以后，考试便要开始了。

殿试的试题紧扣朝政。理宗素以朱熹理学为重，但过分强调尊君，因而治理朝政期间，效果寥寥。这次殿试，他希望以试题为砖，抛砖引玉，引起各位举子们的思考，从中获得真知灼见，化解当前朝政的困局。文天祥看完试题，心下已经有了答案，他挥笔作答，写就一篇上万字的《御试策》，不仅切实回答了皇帝的问题、提出了合理的建议，而且思想性和实用性兼而有之。因为挂念卧病的父亲，他交完卷后就匆匆离开考场赶往住处，不敢在外停留。

　　这段时间，文父的病情日益严重，文天祥便和弟弟文璧二人一同照料父亲，不敢有丝毫懈怠。二十四日，殿试放榜，文天祥再次前往集英殿，和考生们一起等待最终的结果。按照惯例，考官王应麟将弥封后的试卷呈给理宗亲阅，由皇帝给出最终的名次。文天祥的答卷深入理学，同时主张剿灭国内"盗贼"，与理宗所思所想一拍即合，便被理宗亲自提升为头名状元。理宗看到文天祥的名字，高兴地说道："此天之祥，乃宋之瑞也！"

　　唱名开始，在集英殿中的文天祥欣喜地听见自己的名字，他被侍从领往御前，向理宗躬身行礼。随后，他又向理宗进呈了一首谢恩诗，表明了自己希望为国尽忠、报答皇恩的心志。这次放榜，与文天祥同时中榜的还有谢枋得与陆秀夫，二人都是坚决忠义之人。殿内仪式结束后，新科进士们便要进行光荣无比的游街活动，这倒真是"春风得意马蹄疾，一日看尽长安花"。文天祥作为状元身骑骏马、披戴红花，与侍从、新进举子们一行浩浩荡荡，从皇城的东华门一路慢行，路过临安城内繁华的商业街，最后到达新科进士们聚会的期集院。

　　这次状元及第对文天祥可说是天大的好消息，但第二天却传来了噩耗——文父的病情复发，卧床昏迷不醒。文天祥听说这一消息，立刻向朝廷告假，匆匆赶回客栈照料父亲。然而，五月廿八，文仪病情加重，药石无用，他自知大限已到，便给身边的儿子们留下了最后的嘱托。尤其是对文天祥，他说道："现

宋理宗赵昀

在你是状元郎，我去之后，你更要尽心报效国家。"

次日天亮，临安府将文父去世的消息上报给朝廷，朝廷随即派人前来治理丧事，同榜的进士们也纷纷前来劝慰。六月初一日，文天祥便与文璧二人扶棺回乡，七月二十四日，兄弟二人终于带着父亲的灵柩回到了故乡，文仪魂归故里，家人和乡亲们都非常悲痛。

忠鲠直言讽奸佞

【开庆元年至咸淳八年：常朝殿门／学士院】

仕宦临安，文天祥报国心切，讽斥奸佞，却屡屡对朝廷失望。尽管他是宝祐四年（1256）殿试的状元，但由于父亲去世，文天祥回乡守丧三年，直到开庆元年（1259）守孝期满时才重新出任官职。这年正月，因为文璧上京赶考，文天祥便亲自陪同前往临安。与临安一别，已是三年。三年前，文天祥文父在此因病离世；三年后，陪同二弟赴京赶考。在这三年之中，作为家中长子的文天祥接过了父亲留下的担子。这次在临安期间，他还与当年的同榜进士多有联系，以此对过去三年的朝野内外局势有了更加深刻的了解。

又是五月放榜之际，文天祥得知弟弟考中进士，欣喜非常。而他也已守孝期满，按规矩朝廷要授予他官职。五月二十八日，文天祥接到朝廷授命，出任宁海军节度判官。但三年前因父亲突然去世，文天祥并未来得及行门谢礼，因此他向朝廷上书，请求在补行门谢礼后再去就职，得到了朝廷的批准。门谢礼是南宋进士登科后向皇帝拜谢的礼仪。太史局择吉日，向皇帝和皇太子进笺表，表中只写前三名的名衔。门谢礼当日，文天祥自和宁门入皇城，在常朝殿门外面北而立，随着赞者引唱拜谢如仪。

不过，文天祥尚未行门谢礼，就又发生了个插曲。此时的朝局形势已经不容乐观。忽必烈率军围攻鄂州，长江中游数次传来军事警报。此前，蒙军兵分三路，对南宋发起了全线进攻，而此时忽必烈率军直逼长江。一旦长江失守，南宋对于蒙古来说便是手到擒来。文天祥有感于时事艰难，更痛恨朝中丁大全等奸臣执政，为害天下。所以当文天祥得知丁大全的相位已被吴潜取代时，他非常兴奋，接连给吴潜写了两封贺信，表达了自己的喜悦与恭贺之情。吴潜与丁大全不同，堪称贤良忠杰之士，有这样一位宰相处理朝政，文天祥对自己接下来的仕途充满希望。他顺利地参加了门谢礼，还向理宗上了《门谢表》，不仅表示了自己的感激之情，还向理宗表明了自己为官的志向。他坦承，自己读书做官，不是为了一人温饱谋求生计，而是要建言献策，为国尽忠。然而这时又发生了一件事，使得即将上任的文天祥最终没有就职。

当时忽必烈进击鄂州的消息传到京城，朝野上下无不愕然。为了做好抗敌准备，宋廷下令招募新兵，同时组织防御工事。但是董宋臣却心惊胆战，听闻蒙军到达鄂州便上书理宗建议迁都四明（今浙江宁波）。文天祥听闻此事非常愤怒，在他心中，皇帝是天下之主，更应当在此危急时刻主持大局，而不是思索怎么逃跑。于是，十一月间，他在还没有任职宁海军节度判官的情况下，以一介"敕赐进士及第"的身份向理宗上书。在上书中，文天祥提出了数条建议，向理宗阐明了他在政治和军事方面的主张，并且还直陈当时朝野腐败的现象及其根源。此外，他还写了一封札子给左丞相兼枢密使吴潜，希望吴潜能执掌好宰臣之职，使朝野恢复清明。

理宗对于文天祥的拳拳爱国之心视若无睹，没有做出任何表态，而朝中大臣更是无人敢对董宋臣提出反对意见。理宗虽然没有迁都，但也没有处置朝中奸佞。这次上书让文天祥明白了朝廷的昏暗，他大失所望，再不愿就职。随后，他便自请弃官离开临安，回到了家乡庐陵。

自开庆元年（1259）辞官离京后，文天祥一直不愿再赴临安，对于朝廷几次下达的诏书，他也坚持推辞不肯上任。直到景定二年（1261），朝廷再次催促他入朝任秘书省正字时，文天祥才接受了这个职务，但因家中外祖父病重，他直到次年三月才离家奔赴临安。这年四月，文天祥到达临安，任秘书省的正字官。秘书省位于天井巷东、故殿前司寨，位置大约在今天吴山北麓杭州市公安局附近。当时，贾似道因伪造的"援鄂之功"晋升少师，颇受理宗器重。贾似道则借机排除异己，朝中吴潜、皮龙荣、江万里等耿直之人，都遭到了免职，何梦然却因为阿附贾似道晋升为参知政事。不过此时文天祥对于贾似道也心怀佩服，因为鄂州之事尚未被揭发，贾似道仍然是再造宋室的功臣，而理宗皇帝则已疾病缠身，数日无法上朝。

文天祥在秘书省正字职上任职不久，又受命兼任了景献太子府教授。五月，文天祥做了一次考官的工作，不拘旧格选拔人才。当时，一位考生的试卷中因一字触犯了皇帝，按照规矩，这份文章再好也不会录取该考生。但文天祥参考了别的考官的意见，最终上报请求网开一面，随后发榜时，这位考生被赐予进士出身，而这个考生，竟是他年少时的老师王国望。这一巧合也算成就了一段师徒佳话。任职期间，文天祥还发现了科举制度的其他弊病，如童子科选仕，诸位考生年龄过小，不应过早烦于政事，这不仅不利于解决问题，而且也不利于人才自身的培养与发展。

这次出任京官，文天祥主要埋首案头，执着于书本，这向来是他的长处，因此仕途发展颇为平顺。景定四年（1263）正月，文天祥晋升为著作佐郎，负责编修国史、日历等事。二月，文天祥受命暂代刑部郎官，他为人正直，办案力求认真公允，在刑部胥吏间逐渐积累起了自己的威信。好景不长，当年七月，理宗不顾群臣反对，执意将董宋臣召回宫中。文天祥深知董宋臣回朝只会败坏朝政，此前他曾上书理宗，请求将董宋臣斩首，可谁知理宗如今竟然一意孤行，对朝臣们的反对之声置若罔闻。七月底，文天祥再次上书，向理宗弹劾董宋臣，指出董氏为官凶猛残暴，非良善之臣，若任由他为祸朝堂，其后果将不堪设想。然而，此时的理宗已经年老，他纵情声色，只在乎董氏为他带来的娱乐，对于大臣们的忠言进谏不予理睬，文天祥的上书迟至八月也毫无回音。沉默就是态度，文天祥明白理宗的意思了，他不能苟同，只能离开。如此，他再一次离开了临安，但这一次贾似道让他出知瑞州。

自上次离京外调后，文天祥先后在瑞州、宁国府任官，政绩出色。但其间所发生的一些事情，让他对朝廷更加失望了。景定五年（1264）理宗驾崩，其养子赵禥即位，是为宋度宗。咸淳四年（1268）正月，文天祥除学士院权直，兼国史院编修官、实录院检讨官，没过多久又出知宁国府。咸淳六年（1270）正月初一，文天祥在宁国府任官刚满一月，朝廷便催他回朝任军器监兼右司。

这时的南宋朝廷，度宗登临大统，却无君主之风，他没有为君的仁德与贤明，整日只知消遣娱乐，对于侍从劝谏其读书、理政等全然不听，而朝政大事则仰仗贾似道一人主持。文天祥刚回临安时，面对的就是这样的环境。而江万里请辞去职、告老还乡，对于文天祥来说更是雪上加霜。四月九日，朝廷任命文天祥兼任崇政殿说书、学士院权直和玉牒所检讨官，分别负责为皇帝讲学、起草文书、编写皇室家史。《咸淳临安志》记载，学士院在和宁门内，盖沿唐北门之制也。在临安任官的这段时间，文天祥充分利用了自己作为近臣的身份，多次向度宗上书，并利用给度宗讲学的机会直言劝谏，但是度宗依旧我行我素，毫无改变。六月，贾似道再次向度宗请

宋度宗赵禥

辞，此前他自恃为度宗的"师臣"，在蒙古进犯之际屡次请求辞官，文天祥心中早就不满。且不说蒙古入侵，身为朝中重臣不应当意气用事；更何况贾似道屡屡请辞，根本不是因为真的生病需要休养，而是为了彰显自己在度宗心中的地位、在朝中的权柄。因此，在轮到文天祥代拟诏书之时，他便越过贾似道，直接向度宗上呈了两篇诏书，不同意贾似道请辞。这两篇诏书中不仅毫无溢美之词，还处处充满了嘲讽，贾似道事后知情，对文天祥怀恨在心。

在贾似道的干预下，文天祥起草的两份诏书被撤换了。文天祥或许早有预料，同时他还感觉到贾似道并非宽大容人之辈，于是便屡次上书请去。七月，在贾似道的唆使下，文天祥遭到了御史张志立的弹劾，官职全部被罢免，连维持生计的祠禄也不发放了。文天祥再次对朝廷感到失望，他从临安收拾行李，于九月回到家中闲居。

儒生投笔请长缨

【德祐元年至二年：独松关／皋亭山】

当国家危难之际，文天祥挺身而出，回到临安，请缨抗敌。咸淳十年（1274）六月，忽必烈发布"平宋诏书"。七月，左丞相伯颜率军南下，兵分三路，希图一举攻破临安、剿灭南宋。十二月，元军攻下鄂州，长江防线随即崩溃，临安陷入危局之中。此时，正在赣州任官的文天祥接到消息，无法安坐。

当德祐元年（1275）二月收到朝廷勤王诏书时，文天祥的内心百感交集。一方面，在临安朝中的数次起复、去职，使他知晓了朝廷的黑暗，但他仍然秉持着一丝希望，认为南宋还有可能保存恢复。国家面临此等大难，文天祥作为南宋臣民做不到置身事外、明哲保身，于是接到勤王诏令之后，他立刻开始准备，招募义士、储备军粮，而临安朝廷只给了他江西提刑的头衔，更没有人马钱粮的补给。

文天祥知道自己作为一介文官，在军事方面威信不足。在赣州当地州县官吏陈继周的帮助下，文天祥迅速了解了当地部落武装的情况，又与陈氏父子商讨起兵方略，号召亲朋好友前往各处招募义兵。就这样，文天祥很快聚集了上万的勤王兵士。宋廷得到消息后，随即任命他为右文修殿修撰、枢密副都承旨、江西安抚副使兼知赣州，随后又晋升他为集英殿修撰和江西安抚使，并催促文天祥率军前往京师以作防卫。接到诏令，文天祥迅速率兵从赣州北上，与吉州的各路勤王义兵会合，最终汇集三万之众。途中，因家中祖母去世与朝中奸臣谗言，直至八月，他才率军到达临安。朝廷之所以如此催促文天祥，就是因为临安遇险，本该保卫京城的贾似道擅权滥用，而各地响应的勤王军队寥寥无几，在此情况下，文天祥是临安为数不多可以依靠的力量之一。

到达临安以后，文天祥驻军西湖之畔，朝廷授命他任权工部尚书，兼都督府参赞军事。当时朝廷唯一的宰相是留梦炎，他与陈宜中、黄万石交好，主张与元和谈甚至投降。因此，文天祥刚刚进入临安府之时，他的亲兵就被撤换，而所谓的"都督府参赞军事"，实际上就是让文天祥去做一个参谋，至于领兵打仗，则根本不让文天祥过问。

文天祥识破了朝廷阴谋，他此番赴京，就是为了勤王与抗元。因此，他主动上书抗议，并以免职为条件，要求朝廷正视他的要求。八月二十六日，朝廷妥协，同意了文天祥的部分诉求，但却调任文天祥出知平江府，并且不顾文天祥的再次抗议，只是一味地催促他率军动身。十月初，陈宜中回到临安，与留梦炎共同都督各路军马、主持朝政。陈宜中刚一回京，便立刻部署求和的各项安排，重用兄长投降元军的吕师孟。而文天祥则是他们求和路上的绊脚石，因此他们迫不及待地想将他推出临安。此时常州军事告急，出师平江不仅仅是朝政之争，更是为了保卫山河。于是，文天祥最终下定决心，率兵赶赴平江。在出发前，他在辞行之时向皇帝上书，直陈投降无用，更乞求斩首鼓吹投降的吕师孟，还上呈了一份挽救朝政的具体方案。

独松关

度宗早在咸淳十年（1274）时便已崩殂，在位的是其年仅五岁的次子赵㬎。幼帝无法主政，文天祥此次上奏自然不是寄希望于年幼的宋恭帝，而是希望能够警醒背后真正掌权的太皇太后谢氏与诸位宰执大臣。然而，他们并无文天祥的忠贞肝胆，于他们而言，南宋偏安一隅、保全自身即可，何必要与元军大动干戈呢？果不其然，当文天祥率军在平江与元军主将伯颜苦战时，主和派的走狗张全竟然从中阻挠。而后朝廷又下诏令文天祥率兵奔赴独松关，而令距离独松关更近的张世杰前往平江。独松关是临安城的西北关隘，南宋时属于余杭县，今在浙江省安吉县境内，相传因关侧有一颗千年古松而得名。独松关两侧有高山深涧，地势险要，守住了独松关，就是抵挡住了南下的兵锋。然而，就在两军调离期间，独松关、平江双双失守。南宋之亡，实亡于内！

平江、独松关失守的消息传回朝廷，陈宜中、留梦炎二人下诏，令文天祥弃守平江、退守余杭。无奈之下，文天祥领兵回到临安。平江失守，元军便可轻易夺下临安。朝廷受困，朝中大臣纷纷遁逃，连作为宰相的留梦炎也逃回了衢州，朝议时文官只余六人。谢太后遣使与元议和，试图重现当年绍兴和议时的场面，且不说各路勤王将士不可能答应，此时的南宋，也没有与元和谈的条件了。兵临城下，文天祥看到谢太后乞和的卑微，更加觉得悲愤不止。谢太后和陈宜中固执己见，遣使到伯颜帐中议和，不仅每年向元朝进献二十余万的银钱布帛，还要向元朝称臣，恭称忽必烈为"仁明神武皇帝"。文天祥想不到，他在赣州领兵勤王，到头来却换得一个俯首称臣的结果。接到消息以后，他立刻前往陈宜中家中夜谈，劝阻陈宜中不要前去和谈。

德祐二年（1276）正月十八日，元军三路大军在临安北郊的皋亭山相会，陈宜中因害怕背负卖国罪名，拖延数日不去。宋廷派遣了监察御史杨应奎前去投降，但元朝主将伯颜仍要求宰相出面洽谈相关事宜。陈宜中连夜逃走，宋廷无法，只得求助于如今仍坚守京城的文天祥。十九日，文天祥拜右丞相兼枢密使，但辞相印不拜。而这就是为了让文天祥有一个身份，能够前去皋亭山与伯颜洽降。

文天祥临危受命，于正月二十日赴皋亭山元军军营谈判。作为一个坚定的拒绝投降派，文天祥不可能来乞降。面对伯颜，他临危不惧，抗辞慷慨，指明元朝发于草原，区区游牧国家根本不具中华正统，元朝若想统治长久，唯有与大宋成为友邦，这样各地豪杰不会引发叛乱，宋元友好，方为上策。伯颜大惊，询问文天祥前来是否是为洽谈投降事宜。文天祥回答说，投降之事，是前任宰相所负责的，而他刚刚受命前来，并不知情。他还告诉伯颜，虽然刚刚太皇太后命他为相，但他不敢拜相，此次前来军中商议，不能代替宰相洽谈投降事宜。伯颜听了，更觉糊涂，便引用忽必烈诏书，称若宋朝投降，元军必定不动社稷、不杀百姓。

文天祥心中根本不相信元人的话。他接着说，此前元军约我宋朝使者，多次失信，现在两国交好，元军应当退兵平江或嘉兴，将和议情况奏明北朝。伯颜深知这是文天祥的缓兵之计，并未多加争辩。文天祥进一步力争说，若如此，两国交好可谓幸事，若不然，战火连连，元军也得不到什么好处。在伯颜看来，南宋已经到生死存亡的关头了，兵力颓败、国势无依，根本不是元朝的对手。然而，文天祥正气凛然，毫不退让，他直说，我是南宋的状元宰相，与宋朝誓要共存亡，以死报国，何惧一死？伯颜听此大怒，但同时对于文天祥的忠心赤诚，也深感佩服。为了不让这一位赤诚之士回去报效南宋，伯颜竟将文天祥扣留军中，而将其余人放回。

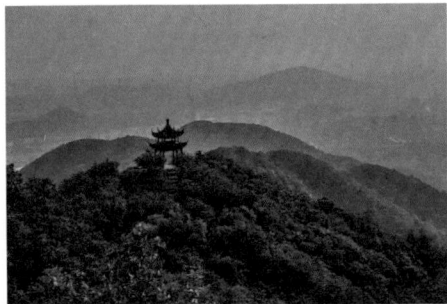

皋亭山

层峦叠嶂的皋亭山上，凛冽的冬风吹透文天祥的心底，他看着山下的临安城，他坚守不弃的临安城，心中感慨万千，赋诗《自叹》：

> 正月十三夜，予闻陈枢使将以十五日会伯颜于长堰。予力言不可，陈枢使为尼此行。予自知非不明，后卒自蹈，殊不可晓也。
>
> 长安不可诣，何故会高亭？倦鸟非无翼，神龟弗自灵。
> 乾坤增感慨，身世付飘零。回首西湖晓，雨余山更青。

伯颜没有说错，南宋兵败如山倒，文天祥的努力无法挽救南宋的颓败。不久，谢太后率群臣献城投降。

皋亭抗辩以后，伯颜随即北上，并要求带走文天祥。文天祥假意答应，在北上途中借机逃走，重新筹谋恢复宋室之事。世事难料，太皇太后谢氏、皇太后全氏、恭帝等人被元军押往大都，而本被囚于元营的文天祥却一路坎坷，最终南渡觐见二王。和二王会师后，文天祥主张积极北上，开府永嘉（今浙江温州）。

南宋小朝廷在东南逃亡三年，景炎三年（1278）六月，恭帝的庶长兄赵昰去世，庙号端宗，恭帝庶弟卫王赵昺即位，成为南宋最后的一支血脉。当年十二月，文天祥在五坡岭兵败被俘，被敌军押至潮阳。不久，厓山海战一役，陆秀夫身背赵昺跳海而亡，南宋彻底覆灭。得知此消息的文天祥悲痛不已，此时的他身在敌营，而世上再无他的皇宋，他的妻子和女儿被元军掳去，在宫中为奴为婢；他的弟弟文璧为保家人，无奈降元；他的母亲支持他保卫国家，但他辗转抗元的时候却无法保护好自己的母亲……万般心事，涌上心头，文天祥心中痛苦难以自遣，但他始终无法做出投降的决定。或许，在他的心里始终有杆秤，国家大事于他而言，始终大于个人小家。

　　终于，至元十九年（1282）十二月初九，在元朝大都的土牢中待了三年的文天祥被士兵押往柴市，文天祥无惧死亡。他从容地走上刑场，深情的眼神望向遥远的南方，为天地留下了一片浩荡忠烈之气。

名冠京华

李清照：易安心事何人知

杭州古清波门外的水杉林处，有一座为纪念宋代著名女词人李清照而修建的小亭。周围参天树木诉说着她清雅无双的风骨，匾额"清照亭"三字集的是她最喜爱的米芾体。楹联"玉润珠圆文苑长兴易安体，山明水秀词魂永客武林春"点明她客居杭州的经历，另一副"清高才女流离词客，照灼文坛点染湖风"则精妙地藏头"清照"之名。

李清照像

有人说，李清照后半生就居住在清波门附近。南宋时，这里是皇家园林聚景园，高、孝、光、宁四朝帝后常常来此游赏；这里也吸引了不少名人雅士，作绘《中兴四将图》的画院学士刘松年就居住在此。如今，这里是游人如织的柳浪闻莺和学士公园，相传有宋学士居于此，故而得名。也有人说，李清照居住在余杭门（武林门）外。其实李清照在杭州的具体居处已经无法考证，不过无论如何，我们或许可以乘

85

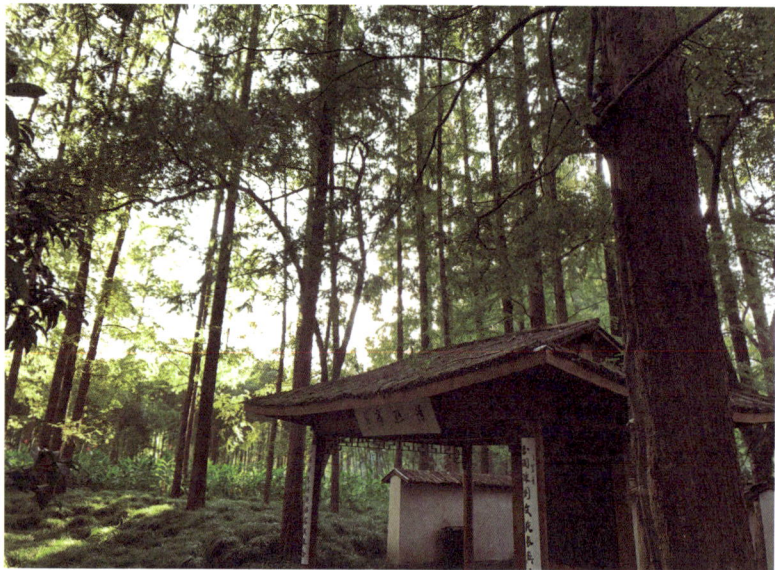

清照亭

着清照亭的西湖微风，拂开李清照与杭州的半生纠葛。

汴京才女过江东

【绍兴二年三月：清波门】

　　名动汴京的才女李清照不会预料到，她的余生将一路颠沛南渡，最终落脚于江南岸的都城临安。李清照出身官宦世家。父亲李格非，登熙宁九年（1076）进士第，曾以文章受知于苏轼，官至京东路提点刑狱，先娶宰相王珪长女，续娶宣徽使王拱辰孙女。建中靖国元年（1101），十八岁的李清照与礼部侍郎赵挺之的幼子太学生赵明诚结为夫妇。而当时的北宋朝廷在短暂的折衷调和之后，进入了彻底否定元祐政治而继承熙丰事业的崇宁时期。赵挺之力倡绍述，步步高升至宰执；李格非被打入元祐党籍，罢官出京。崇宁元年（1102）九月，蔡京炮制元祐党籍120人，徽宗御书刻石端礼门。后来，全国各地州郡刻石立碑，想必当时的

《元祐党籍碑》拓片

古涌金门碑

杭州也不出例外地竖立起刻有李格非之名的元祐党籍碑。据说，李清照曾上诗赵挺之"何况人间父子情"以救其父。不过后来，赵挺之在与蔡京的反复斗争中败下阵来，赵明诚和李清照也因此离开京城，从此屏居青州十余年。

靖康之难后，李清照的个人命运和王朝兴衰交织在一起。她收拾行装南下江宁，青州故居不得已留下的十余屋书册物什在战火中灰飞烟灭。南宋文人周辉从李清照的族人那里听闻，在赵明诚夫妇居守建康的那段时间里，李清照每到大雪天就顶笠披蓑，循城远眺，寻觅诗句，得到了佳句就邀请丈夫与之唱和，而赵明诚每每为之苦恼。心系中原的李清照闻知朝廷议和既定后作诗以诋"南来尚怯吴江冷，北狩应悲易水寒""南渡衣冠思王导，北来消息少刘琨"。高宗建炎三年（1129）八月，赵明诚病逝于建康。李清照在安顿完丈夫的后事之后先赴洪州投奔赵明诚的妹婿，又随着高宗的逃亡路线一直撤退到温州。丰厚的私人收藏不仅拖累她一次又一次的逃亡，而且还招致不少觊觎，军阀和地方豪强劫掠之，高宗的御医王继先以黄金三百两欲买古器，"颁金"谣言更是令她胆战心惊。

传说临安城涌金门内的法慧寺中有一口泉井"虽旱不竭"，因此这里成为朝廷官员的祈雨之地。高宗驻跸临安之后，法慧寺及周围空地都用于陈设摆放皇家礼乐之器，内廷承旨撰制法律条例的敕局也在这里。李清照的弟弟李远曾任敕局删定官,应当就在这里工作。绍兴四年(1134)正月,法慧寺又成为掌经籍书史的秘书省。三个月前,前参知政事谢克家在这里惊讶地看到了当年表弟赵明诚常常与他品鉴的蔡襄真迹《进谢御赐诗卷》。令他深感惋惜的是,赵明诚弃人世不过数年,而其夫妇二人的珍藏已经成为宫廷收藏品。后来,这里又辗转变成了南宋的太常寺,寺中建有绘赵普、曹彬等二十四位配享太庙之功臣的昭勋崇德阁,不知这些画像上的功臣们看到破碎的半壁江山会作何感想。

终于到了绍兴二年(1132)三月,李清照随着高宗銮舆也来到了临安府,可能与她的弟弟李远居住在一起,相传就住在清波门附近。不久之后,李清照又在临安出名了。

讼离后夫张汝舟

【绍兴二年九月:临安府】

李清照到达临安后不久嫁给了一个叫张汝舟的人。宋代有两个张汝舟,一个是知明州的张汝舟,另一个是李清照的后夫张汝舟,一个地位卑微的武官,是为右承奉郎、监诸军审计司。在李清照后来的追述中,她以极度羞愧的语气强调当时的自己疾病缠身、孤苦无依,和弟弟被上门的追求者欺骗了,这才"忍以桑榆之晚节,配兹驵侩之下才"。寡妇再嫁是这个时代的寻常之事,士人之妻再嫁虽然不受男性精英称许却也有不少实例。但是这段婚姻不过百日便以离异告终,李清照的追述暗示张汝舟是因为觊觎她的个人收藏才骗婚,甚至对她实施家庭暴力。

李清照并不能直接提起离婚诉讼,因为根据宋代法律的规定,主动离开丈夫的妻子将受到两年徒刑。绍兴二年(1132)九月,李清照指控张汝舟的罪名是"妄增举数入官"。宋代科举制度有一种特殊规定,考进士多次不中者可以通过"特奏名"来谋得官职。而张汝舟谎报应举次数从而步入仕途,自然要受到严厉的处罚，"诏除名，柳州编管"。然而宋代法律又规定，妻子控告丈夫，即便对方有罪，妻子也将被判处两年徒刑，李清照因此身陷囹圄。不过在九天之后，李清照在赵明诚的亲戚、翰林学士綦崇礼的帮助下得以无罪释放，事后重获自由的她特意写了一封篇幅极长的书信表达感激之情。这封书信原称《投内翰綦公启》，收录于赵彦卫的笔记《云麓漫钞》，对于李清照再嫁之事提供了许多细节。然而，明清时期的文人出于维护贞节观念而极力为李清照再嫁辩诬，论证宋人有关再嫁的记载皆属伪造，这些都是后话了。

杭州州治本在凤凰山麓，南宋升杭州为临安府并定为"行在"，州治只能无奈地让位给皇宫大内。临安府治最初迁到城北祥符寺，但距离皇宫和朝廷官署实在太远，于是在绍兴二年（1132）正月又迁到原来的州学，地址在今天的河坊街一带。大约在绍兴八年（1138）以后，临安府治又迁到清波门内净因寺故址，今天的考古学家们在清波门荷花池头发掘到南宋遗迹，出土了建筑构件、木制仕女俑和瓷器碎片等大量南宋遗物。如今的河坊街商铺林立，热闹繁华，八百多年前，或许就在这里，李清照宁愿承受牢狱之苦和世人非议，也要坚决地终止不幸的婚姻。

欲将血泪寄山河

【绍兴三年至二十年：易安室 / 米友仁宅】

李清照的词学成就固然辉煌，但她在诗文上的才华也不容忽视。离异后的李清照迎来了她创作诗词的高产期，甚至频繁地宣扬政治立场。绍兴三年（1133）的夏天，宋、金持续军事对峙，偏居临安皇宫的高宗急切地希望与金议和，决定派出枢密使韩肖胄和工部尚书胡松年出使金国。韩肖胄的曾祖父韩琦、祖父韩忠彦都是北宋宰相，据说李清照"父祖皆出韩公门下"。李清照听说了两位使臣即将去执行重要的外交任务，洋洋洒洒地写下长诗，以进谏的姿态直接献给两位使臣。

　　李清照积极地投身于宋金关系的政治争论中，直言表达对朝廷软弱政策的批评。在《上枢密韩公工部尚书胡公》的开头，她首先对高宗派遣使臣的圣旨歌功颂德一番，"凝旒望南云，垂衣思北狩"极力强调高宗对俘困于迢迢北方的父兄的挂念之情，"勿勒燕然铭，勿种金城柳"又明确指出了高宗弃战求和的态度，"币厚辞益卑"则直接指责丧权辱国的和议。对于两位使臣，她也先表示赞赏，"中朝第一人，春官有昌黎。身为百夫特，行足万人师。嘉祐与建中，为政有皋夔"，韩肖胄出身显赫，韩琦定策嘉祐，韩忠彦辅政建中靖国，接着又劝说他们听取低微之人的建议："巧匠何曾弃樗栎，刍荛之言或有益。"在诗歌的最后，她开始倾诉颠沛流离的个人遭际，"嫠家父祖生齐鲁，位下名高人比数"，她的父祖当年都是与博学之士纵谈交往的，而现在"子孙南渡今几年，飘流遂与流人伍。欲将血泪寄山河，去洒东山一抔土"，她和她的同胞们，出使金国的韩肖胄和胡松年，包括深居皇宫大内的高宗皇帝，哪个不是流离他乡的逃亡者呢？

　　韩肖胄和胡松年并没有如高宗所愿取得和谈的实质性进展。在金军再次入侵前夕，李清照未雨绸缪地收拾行装，前往金华避难。在金华期间，李清照创作了以一种名叫"打马"的游戏为主题的诗赋，自许"木兰横戈好女子"，影射当时的宋金战争局面，抒发希望宋军不懈奋战、收复失地的豪情壮志。然而这时，三百多里之外的临安又传来一道诏令，"取索故直龙图阁赵明诚家藏《哲宗皇帝实录》缴进"。实录是嗣皇帝即位后命史官根据前一朝皇帝的起居注、时政记、日历等编修政务大事的编年体史书。哲宗是北宋第七位皇帝，蔡京等人修撰的《哲宗皇帝实录》修成于徽宗大观四年（1110），李清照的公公赵挺之就曾参与编修。汴京朝廷旧藏《哲宗皇帝实录》在靖康之难中被毁，我们难以想象，李清照在避居金华时竟然携带着多达一百九十四卷的《哲宗皇帝实录》。事实上，三年前朝廷就已经向居住在泉州的赵存诚、赵思诚兄弟索取《哲宗皇帝实录》，无果之后终于成功地"缴进"

李清照的收藏。不久之后，南宋朝廷认为当年蔡京积恶诬谤，变乱是非，在"最爱元祐"反变法的政治导向下重修《哲宗皇帝实录》。

绍兴四年（1134），李清照终于完成了亡夫赵明诚效仿欧阳修《集古录目序》体例撰写但在生前尚未完成的《金石录》，并写下了唯一一篇叙述个人身世和曲折遭遇的《金石录后序》，在绍兴年间一并进呈给朝廷。《金石录后序》被完整地抄录在南宋文人洪迈的笔记《容斋四笔》中，即便是对李清照及其再嫁行为抱有极大敌意的南宋文人们，读到此文也为之动容伤感。李清照与赵明诚的婚姻，不同于其他人，年轻时的李清照与丈夫展玩书画，有时两个人会因为买不起高价的珍品而惋惜惆怅，有时两个人会比试一番记忆力，"言某事在某书、某卷、第几叶、第几行"，说对了便举杯大笑，茶盏倒翻在怀中不得再饮才起身。

那段美好的时光随着靖康之难和赵明诚早逝戛然而止。在《金石录后序》中，李清照自称她几十年间珍藏的典籍字画屡屡遭人劫掠，"所谓岿然独存者，乃十去其七八"，剩下的只有"一二残零不成部帙书册，三数种平平书帖"而已。然而，除了上贡朝廷的《哲宗皇帝实录》之外，我们还可以注意到在绍兴二十年（1150）前后，李清照带着两幅米芾的字帖造访敷文阁直学士米友仁的临安家中，请他认证字帖确为其父米芾真迹并请求题跋，米友仁看到先父的墨迹不胜感泣。其实对于孤苦伶仃的寡妇李清照来说，夸大真实的损失情况是一种保护自己的策略。

临安的生活随着宋金和议渐渐归于平静，李清照可能在临安度过了她生命中最后的二十多年。有南宋文人曾讥笑李清照"不终晚节，流落以死"，这并不符合事实。相反，李清照试图强调她作为赵明诚遗孀的角色，重新恢复才女名誉和命妇身份，积极地活动于社会。《四六谈麈》成书于绍兴十八年（1148），作者谢伋是赵明诚表兄谢克家之子，其中谢伋称李清照为"赵令人李"，"令人"是南宋五品外命妇的称号。绍兴十三年（1143），李清照有亲联在宫廷为内命妇，于是为皇帝和后妃进献《端午帖子词》。

晚年的李清照又曾教授一位宦官之后、迁居钱塘的陕西女子韩玉父写诗。不过，并不是所有女子都愿意成为李清照那样只身闯入男性文人精英圈的女子。陆游《夫人孙氏墓志铭》记载"故赵建康明诚之配李氏"，也就是已恢复官眷身份的李清照，欲将平生所学传授当时才十余岁的孙氏女，孙氏是仁宗朝大臣孙沔的玄孙女，但是出身官宦世家的孙氏却谢绝这位大才女："才藻非女子事也。"

没有人知道李清照在何年何月去世，也不知道她葬在何处。绍兴二十六年（1156），朱熹在赵明诚次兄赵思诚的泉州家中，看到了赵明诚、李清照夫妇共同撰写的《金石录》稿本，可以推测李清照应当在这一年之前就已经离开人世。令人感到奇怪的是，这位大才女在杭州居住生活了二十多年，却从来没有为西湖风光留下只言片语。现代词人夏承焘的诗句提供了这样一种答案："过眼西湖无一句，易安心事岳王知。"

张九成：南渡衣冠望横浦

"露花倒影柳三变，桂子飘香张九成"，这是绍兴二年（1132）寓居临安的李清照听说这年的状元郎张九成廷策中有"桂子飘香"之语后所撰写的一副嵌名联。张九成是浙江海宁第一位也是唯一一位状元，他饱读经史，著述宏富，一生汲汲有为，在朝思致君于尧舜，为官期济民于涂炭，落职赋闲则又著书立教，流芳后世。正如岳飞之孙岳珂所赞叹："先生道德风谊，文章气节，卓为南渡冠冕。接中朝诸老之派，开终学典型之宗。富贵不淫，流落无悔，正谊自信，全名烂然，炎兴而来一人而已。"

张九成一身傲骨卓然，因得罪秦桧而谪居南安军（今江西大庾）长达十四年。在他身后，朱熹批评他的学说"阳儒而阴释"，这致使张九成这个名字无论是在南宋政治史还是儒学史上往往处于边缘的位置。然而，无论是在车水马龙的浣纱路底下，还是在径山寺悠扬绵长的钟声中，无论是凤凰山麓的皇宫大内，还是已被划入嘉兴市的海宁童儿塔桥，历经千年风雨的临安永远记得那个立一生清白无垢、令举世衣冠齐望的横浦居士。

桂子飘香状元郎

【绍兴二年至八年：清湖河/讲殿/般若台】

　　临安是张九成的家乡，也是他科考的起点。张九成的祖先是涿郡范阳（今河北省涿州市）人，后徙居开封，所以张九成有时会署名"范阳张子韶"。张九成的祖父张士寿淡泊名利，乐钱塘湖山，遂以为家。元祐七年（1092），张九成生于杭州，其《谪居赋》有云："嗟余之生兮，西湖之滨。烟云为家兮，风月为邻。"张九成曾居住在杭州清湖河畔，后来迁居盐官县（今浙江省嘉兴市海宁市盐官镇）。清湖河是临安城内四河最西边的"西河"，自清波门引入西湖水，经临安府治与涌金池合流向北出武林门，清代以来又称浣纱河。1972年，浣纱河被隐匿到地下成为备战、备荒的防空洞。如今杭州上城区的浣纱路是消失的浣纱河的中间段，陪伴杭州千年的河水在地下继续承担着城市防洪排涝的功能。

　　张九成六岁受训读书，八岁默诵六经，父亲张伸积书坐旁，让客人提问考校，张九成对答如流，辞气不群，诸客皆惊叹"真奇童子也"。张九成十岁已经能写出漂亮文章，显现其聪颖天赋，为时人所称。十四岁入乡校，闭阁读书，好学不倦，"寒折胶，暑烁金，不越户限"，看书必至达旦，意有所得则看之尤力。张九成十八岁即为人门客，博学之名闻于乡里，教书授徒，孝亲持家。北宋的杭州州学在子城通越门外，徽宗政和年间，黄珪在杭州任教，当时的张九成正是在他座下学习。宣和年间，张九成负笈汴京，从程门弟子龟山先生杨时求学问道。好景不长，北宋这个庞大帝国在靖康之变中轰然倒塌，张九成迫于生计，回到盐官家中继续做起了教书先生。

　　江南岸，王朝又现，只是兵荒马乱的局势使得各地的举子们难以如和平年代一样赴礼部省试。高宗君臣仓皇南渡，为了招揽人才中兴宋室，迅速恢复了科举考试，自建炎元年（1127）起命各路转运司所在州府举行类省试，顾名思义就是类似省试的考试，直到绍兴五年（1135）恢复省试。绍兴元年（1131），张九成来到两浙路治所杭州，参加了类省试。当时的考官刘一止秉持着"欲文学之外通时务尔，凡言涉浮靡者皆黜之"的选拔标准，将张九成定为第一名。

北宋的殿试在集英殿举行，然而刚刚结束海上逃亡的高宗于绍兴二年（1132）正月才在临安府安顿下来，何来宫室供殿试举人呢？于是，万般无奈的高宗就对辅臣吕颐浩、秦桧等人表示，将来殿试只需在举行经筵的讲殿之前造一席棚便好，不必大兴土木修建别殿。这年春天，四十一岁的张九成就是在讲殿之前的席棚廷对试策，被高宗钦点为状元。

张九成大概是南宋最有个性的状元郎。他的廷策对答可谓鲠亮切直，以"臣闻祸乱之作，将以开圣人也"开篇，紧紧围绕"陛下规模远大"，痛陈宋金形势，"金人有必亡之势，中国有必兴之理"，至于那伪齐刘豫素来没有什么勋德声望，天下之人都看到他背叛君亲、委身夷狄，不过是小儿把戏罢了，有什么值得忧虑呢？张九成慷慨激昂，极陈恢复大计，上及徽、钦二帝，下至阉寺宦官，皆直言不讳，纵论得失，劝谏高宗勤谨纳谏，广开言路，褒扬正直之士，远离宦官，亲近儒臣。而李清照所谓的"桂子飘香张九成"则出自这段话：

> 澄江泻练，夜桂飘香，陛下享此乐时，必曰："西风凄劲，两宫得无忧乎？"

高宗深受感动，擢张九成为第一名。宰相吕颐浩却认为，第二名余杭人凌景夏的文词比张九成更好一些。但是高宗坚持此番廷策是为了寻求直言之士："张九成的对策，文辞虽然不是非常工整精巧，但是上自朕躬，下到百官臣民，无所回避。把他定为第一名，谁能有反对意见呢？"就这样，这位状元郎的策文迅速传遍了大江南北，被时人称为中兴策。杨时也写信祝贺张九成，伪齐皇帝刘豫看到之后暴跳如雷，下令在汴京康庄大道张榜，征召刺客南下刺杀张九成。

由于在类省试和殿试中张九成均为魁首，因此朝廷为他特进一官，以左承事郎转左宣教郎，签书镇东军节度判官厅公事，赴越州（今浙江绍兴）上任。绍兴三年（1133）十月，张九成与浙西提刑张宗臣就卖盐不法事量刑而相争，投檄回到家乡盐官，授徒讲学。在这段悠闲的时间里，张九成曾与好友相约游山玩水。据《咸淳临安志》记载，盐官县东七十里的真如禅院，始建于后周显德二年（955），旧名菩提院，治平二年（1065）赐额真如禅院。院中有般若台，台上有北宋画家郭熙画山水，还有灵泉井。张九成和盐官县丞刁文叔来这里游玩，在这里写下了《游南路菩提寺次刁文叔韵》：

> 高僧居物外，有户昼常扃。海阔知天大，泉甘识地灵。
> 一帘春月静，数点别山青。便卜归欤计，移文休勒铭。

刁文叔是张九成的好友、盐官县令刁廱。刁廱，字文叔，丹阳人。绍兴五年（1135）十一月胡理所撰《盐官县学之记》便记载"时丹阳刁廱令盐官"，刁廱极为推崇状元郎张九成，重修盐官县学，鼓舞当地儒生磊落相望。淳熙十六年（1189），陆游在仁宗第十女秦鲁国大长公主与驸马钱景臻之孙钱端忠处看到了绍兴十三年（1143）随陈康伯出使金国的僚属所撰的《出疆行程》。钱端忠说这是刁廱所作，但在陆游的记忆中，刁廱颇善文辞，而这书稿写得如此鄙浅，恐怕未必是他所作。不过刁廱的确曾出使金国，归朝后凭此功劳转官的制文写道："朕睦邻遣使，率属在涂，肆畴万里之劳，特懋三官之赏。一更华秩，两进美阶。兹谓异恩，勉思报效。"不过刁廱和南宋许许多多的普通官僚一样消失在历史中，张九成却被临安记住了。

绍兴五年（1135）正月，因左相赵鼎大力举荐，张九成被召为太常博士。当时，高宗时常议论王安石之非，认为是王安石改革导致北宋灭亡，因此朝堂之上对于王学一时大加攻击。宰相赵鼎则醉心二程的洛学，重用洛学士人。张九成曾师从程门弟子杨时，大概是因为这个缘故得到赵鼎的推荐。不过到了六月，张九成还没有到临安上任，皇宫之内的高宗却听说了一则流言。有一天早朝，高宗问辅臣："近日有老百姓从汴京来，说张九成已经投靠了伪齐，有这事吗？"赵鼎觉得太不可思议了："九成还在盐官老家呢，焉有此事！必是谄媚小人迷惑圣听。"沈与求也附和道："陛下召用九成，谗言就会平息了。"高宗倒认为这不是谗言，只是北方来的民众不审传言而已，不过若是晚一步召用张九成，大家一定会说他是不被伪齐所用才回来的。于是，张九成被任命为著作佐郎，参与重修《神宗实录》。

这一年，张九成的两位学生樊光远和汪应辰分别取得了省试第一名和殿试第一名，高宗在九成转对时夸奖他："朕妙选天下之士，而省试和殿试的榜首都是你的门人。"一时传为美谈。张九成出任朝官，升职颇快，绍兴六年（1136）三月便因重修《神宗实录》完成升著作郎。八月，张九成上奏父亲已经七十岁了，常苦心气不宁，乞求侍养老父，除直徽猷阁、两浙东路提点刑狱公事。又过了两个月，改除直秘阁，张九成认为自己升官太快了，不敢紊乱朝廷纲纪，固辞不受，在次年正月领得主管江州太平观的祠职，归还家乡盐官。

绍兴八年（1138），临安已为都城，张九成第二次奉诏入都，在常同的举荐下出任宗正少卿，权尚书礼部侍郎。不久后，张九成兼任侍讲，进侍经筵，进讲《春秋》，又兼权刑部侍郎。《横浦集》中保留了数条《春秋讲义》，应该是当年张九成侍讲经筵时的一小部分讲稿。

六年前，意气风发的张九成在讲殿廷对献策，慷慨磊落，令人叹服。六年后，入朝为官的张九成在讲殿大展身手，纵古论今。

安能委曲事权佞

【绍兴九年至十年：童儿塔/荐福寺/径山寺】

　　张九成鲜明的主战立场使他不可避免地深度卷入了临安朝堂政治斗争的漩涡。起初，张九成曾对他的推荐人宰相赵鼎表示：金人易反复伪诈，讲和应以我朝为主，不可受制于人。绍兴八年（1138）十月，赵鼎在秦桧的攻击和高宗的怀疑下罢相。秦桧趁势想要来拉拢张九成赞成和议，张九成坚决地表示了拒绝，面对秦桧"立朝须优游委曲"的威胁也不为所动，"未有枉己而能直人！"张九成还劝谏高宗，认为金人狡诈，即使签订和议也于事无补，将来必会撕毁盟约，再度侵犯。但是高宗一心想议和，早已听不进他的意见。秦桧又听说张九成在经筵讲书时提到了西汉灾异罢免三公之事，讥讽他这个当朝宰相，当即勃然大怒。而张九成也听说了很多人在议论指控他与赵鼎结为朋党，因此连续上章辞官。这年十一月，入朝一年多的张九成罢为秘阁修撰，提举江州太平观，再一次离开了临安朝堂，回到了盐官家中奉祠闲居。

　　远离了政治斗争的纷扰，张九成一边养病，一边读书。若得闲暇，要么就与当地佛寺的僧徒往来，要么就去周遭湖山游览一番。绍兴九年（1139）三月，张九成还应去年新上任的盐官县令胡㒟邀请撰写《盐官县续题名记》，将崇宁以来盐官县令的名衔刊刻立碑。张九成与归老海昌童儿塔的惟尚禅师私交甚好。惟尚禅师俗姓曹氏，也是临安盐官人。从前张九成寓居盐官时，遇到风和清美的日子，便访寻惟尚禅师于茂林修竹之间。那时，张九成指着童儿塔询问此塔的来历。惟尚禅师将二十年来童儿塔如何从影灭迹绝的一片废墟变成鼎鼎一新的兰若窣堵一一道来，询问张九成是否有兴趣为其撰记。张九成笑而不答。后来他被召入朝修史，进讲经筵，自然就没有时间如惟尚禅师所请撰文以记。至于再次奉祠归乡，张九成仍是埋首书卷。十月里的一天，惟尚禅师又派人来催请笔墨，张九成呼而告之："千圣虽往，此心元不去；万变虽经，此心自有余"。可见张九成与释门交往时的自信洒脱，既深谙佛学义理，又大谈儒道人心。

童儿塔在盐官县淡塘北，旧有灵塔院，唐末毁于兵火，北宋时有僧重修，邑人章玮撰记刻石，后来又渐渐废弃。绍兴年间再度重修，惟尚禅师归老于此，邀请来访的张九成撰记属文。隆兴二年（1164）移额净居院。

盐官县西还有一座荐福寺，旧名安善，始建于南齐永明二年（484），废于唐会昌五年（845），重建于唐大中十三年（859），北宋大中祥符元年（1008）改额荐福寺。晚年的惟尚禅师禅居于此，绍兴十年（1140）七月三日圆寂，葬于荐福寺，张九成为这位相识多年的好友撰写塔铭，刻石于此。岁月如梭，净居院已经无迹可寻，荐福寺在原址上重建，只有童儿塔，还有那相传因童儿塔而得名的童儿塔桥，穿越时光存活到了现在。

径山寺旧山门

绍兴十年（1140），张九成与五年前摘得状元桂冠的学生汪应辰登余杭径山，拜访自绍兴七年（1137）应张浚之邀住持径山能仁禅院的大慧禅师宗杲。张九成赞叹宗杲的佛教造诣："击石扬沙，驱雷逐电。一触其锋，神飞胆战。未及领略，火蛇烧面。此是阿谁？径山老汉。"此前，张九成已识宗杲，但并未深交，至此谈禅论事，心会道契，结成莫逆。径山寺中还建有无垢轩，因张九成号无垢居士而得名，可惜在民国时便已经废弃。

即便张九成身居盐官，临安朝堂上的政治斗争终是又将他卷入了漩涡。绍兴十年（1140），张九成和其他反对议和的人一同被贬，秦桧还单独提到张九成家在临安之外邑，应当贬斥远地，故而以九成谪守邵阳。仅仅数月，张九成又遭到御史中丞何铸的中伤，言其"矫伪欺俗，倾附赵鼎"，并因此落职。直到第二年父亲张伸去世，张九成才得以归乡守丧。绍兴十一年（1141）四月，张九成再往径山与宗杲相会，并上书何铸期望能许以暂住径山寺，希望宗杲能抚慰他丧父的痛苦。

当时的径山寺香火缭绕，僧徒来赴宗杲者竟达两千余众，宗杲敞千僧阁以居之，盛况空前。然而，张九成和宗杲都没有想到他们人生中最大的打击会来得如此突然。

白发满面意犹扬

【绍兴二十六年：盐官县状元坊/净居院】

最先倒霉的是宗杲。一直以来，宗杲便以坚定站在主战派一边且反秦桧而闻名。起初，张九成在径山拜访宗杲时曾问道："圆悟说张浚的兄长张昭远为铁划禅，有山僧说他为神臂弓，这是何意？"宗杲答以偈曰："神臂弓一发，穿过千重甲。子细拈来看，当甚臭皮袜。"神臂弓是当时宋军主要的远程射杀武器，威力巨大。这话不幸地传到了秦桧的耳中，秦桧认为宗杲和张九成是在讥讽议和、谤论朝政。很快就有言官上奏，指控所谓对朝廷有异意的人，鼓倡浮言，诓惑众听，像张九成这样的人就是祸首，宗杲是从犯，恣意妄为，诽谤朝廷，想要摇动军政来满足私心，请求朝廷严厉处分这些人。绍兴十一年（1141）五月，朝廷下令丁忧人张九成在家持服，等待丧期结束取旨发落，这说明九成此前可能长居径山寺，引起了秦桧等人的忌惮，又令宗杲还俗，送衡州编管。

《咸淳临安志》记载，张九成家在盐官县状元坊。绍兴十三年（1143），寓居盐官的张九成已然服满二十七个月父丧期，秦桧急忙向高宗取旨处置张九成。高宗对张九成可没有什么好印象：此人最是交结赵鼎之甚者，自古以来臣下结党都畏惧主上知晓，只有张九成这个愣头青天不怕地不怕，给他个宫观官即可。秦桧连忙拍马屁："陛下知人之明如此，诚帝王之大德也。"不过秦桧对此处理结果并不满意，他又指使司谏詹大方进言张九成与宗杲鼓倡浮言、谤讪朝政，宗杲不过是个附和的，都已经穷窜远地了，罪魁祸首张九成岂可置而不问？于是这年五月，张九成被下令编置南安军居住。据说张九成寓居盐官时曾做了一个梦，梦到自己行至一小城郭，寓居小刹，悒悒不乐，果然就预示了他贬居南安的生活。而他的好友宗杲此前已被窜于衡阳，绍兴二十年（1150）又被指控长恶不悛、不思悔改，在贬谪之地还敢聚众诽谤，窜临江军。

此去经年，南安一谪长达十四年，张九成在大庾岭下偏僻蛮荒之地度过了人生中五十二岁至六十五岁的时光。敝屣墨巾，秃笔劣纸，粗袍粝食，张九成甘之如饴，发愤读书，研究经学，著《横浦集》传世。六十岁时，初心不移的他还写了一首自咏诗：

> 余性寡所谐，平生惟自得。谈名颈深缩，论利面作赤。文不贵雕虫，诗尤恶钩摘。粗豪真所畏，机巧非予匹。所以常闭门，千载求知识。黄卷有可人，为之忘寝食。亦复爱山水，策杖无与适。看云独忘归，听泉常永

日。内乐万事休，中虚众妙入。欲以语斯人，此事吾无力。
道丧亦久矣，无言三叹息。

诗文、书卷、山水、云泉，这就是张九成的世界。

绍兴二十五年（1155）十月，秦桧在高宗亲临宅第探病之后
的第二晚停止了呼吸，一个时代从此落幕。次年正月，朝廷以秘
阁修撰知温州召回张九成。张九成收拾行囊，离开横浦，归途中
与蒙恩北还、重入僧籍的宗杲重逢，两个年过花甲的老友相别已
十七年矣，契阔感慨，赋诗道别：

　　相别十七年，其间无不有。今朝忽相见，对面成老
丑。人生大梦耳，是非安足究？欲叙惓惓怀，老大慵开口。
公作湖南行，南北有奔走。已歃相过盟，长沙不宜久。

一个曾经是意气风发的状元郎，一个曾经是千僧来赴的大禅
师，十余年的时光仿佛过了一生那样长久。回朝的这一年，张九
成还颇为自嘲地写下了《自画像赞》：

　　不务寻常，惟行怪异。经术不师毛、郑、孔、王，
文章不法韩、柳、班、扬。论诗不识江西句法，作字不
袭二王所长。参禅则不记公案，为政又不学龚黄。贬在
大庾岭下十有四年，归来虽白发满面，而意气尚是飘扬。
咄，其没转智底汉阴丈人，而无用处底楚狂接舆也欤！

"归来虽白发满面，而意气尚是飘扬"，张九成复出的心情可
见一斑。绍定二年（1229），盐官县令赵汝腾将张九成《自画像赞》
刻石立碑于邑庠学，供后人学子凭吊感怀。知温州期间，张九成
向朝廷推荐了温州州学教授史浩。后来，史浩辅赞孝宗，两度拜相，
开启了史家一门三宰相的辉煌家族史。自谪居南安时，张九成便

得了眼疾，赴任温州不到一年，他便以丧明求去，提举江州太平兴国宫，奉祠还乡，从此再不出仕。

辞官后，张九成曾借道明州，拜访移居阿育王寺的老友宗杲，这是他们最后一次见面。他回想起童儿塔下的秀美风光，和那些年与得道高僧们的交游神往，盐官附近的佛寺也就成了他理想的安居所在。回到盐官不久后，张九成罹患风疾。有一天，他的风疾和眼疾突然都好了，亲人旧友都很高兴。结果张九成读书时看到了真宗东封泰山、丁谓取玉带一事，忽然发了脾气：丁谓这个奸邪小人，主上的东西竟也以术谋取。这一发怒就不幸地使旧疾又发作了，五日后，张九成病逝，享年六十八岁，葬盐官县净居院之侧。

朝廷闻讣，复张九成为敷文阁待制，赠左朝请大夫。淳熙年间，当年受恩于张九成的丞相史浩请盐官县令陈恕奉祝辞祭先生。宝庆元年（1225），史弥远进言理宗"褒表老儒"，特赠张九成为太师，封崇国公，谥文忠。次年，知临安府袁韶奏报朝廷，在西湖苏堤第一桥映波桥边为历代杭州名贤三十九人立祠，张九成就在其中。而他所得赞语正是："关洛正传，表微继绝。道扶中兴，大义昭揭。谗波稽天，何伤日月？扬光于今，益畅忠烈。"绍定年间，盐官

浴鹄湾

县令赵汝艁重建张九成墓亭，又于净居院建祠，至清雍正年间尚榜庭楣。

张九成少年时求学汴京，师从程门四大弟子之一杨时，对于理学颇有研究。此后讲学读书，尤其是在谪居南安军的十余年间，终日读书，没有一日偏废。此外，他多年与僧人交往，谪居江西之时也借住在城西宝界寺之中，使得九成在理学之外，对于佛教伦理也非常精通，由此开创了兼通儒、释之学的横浦学派。然而，当时的学者名儒，诸如朱熹等人，皆认为儒学自有其纯粹精要，不应当与其他学说交互杂糅。因此，混合了儒佛两学的横浦之学不为时人所重。

斯人已逝，历史的尘烟不知掩去了多少细节，但是跨越千年的临安永远记得张九成。几经起落，如今的西湖浴鹄湾景区在昔日故址上重建起了先贤堂，重现当年衣冠文物流传盛、花柳亭台曲折通的风韵之境。

辛弃疾：城头无限今古

铅山辛弃疾雕像

一个是西汉大名鼎鼎的天才将领，一个是南宋文武双全的豪放词人；一个鲜衣怒马地喊出"匈奴未灭，何以家为"，一个斗志昂扬地吟唱"了却君王天下事，赢得生前身后名"；一个名唤"去病"，一个叫作"弃疾"，这样一组对仗的名字，难道不是有意为之？"辛弃疾"这个名字确实寄托着祖父辛赞对他的殷切期望——希望他可以像十七岁封冠军侯、漠北之战封狼居胥、六战匈奴未曾一败的一代战神霍去病一样，为南宋收复河山，建立不朽的功勋。

而辛弃疾担得起这份期待。尽管生长在金朝，但在祖父的谆谆教诲之下，辛弃疾心中始终抱着匡扶宋室、收回故土的想法。绍兴三十一年（1161），刚及弱冠之年的辛弃疾便组织了两千人，参与起义军抗击金朝，他的英勇表现得到了高宗的认可。绍兴三十三年（1163），高宗下诏，令辛弃疾为江阴（今江苏江阴）签判。自此，辛弃疾弃绝北地，回归赵宋，开始了他在南宋的仕宦生涯。而这座与他故乡相隔千里的临安城，也因此得以见证他一生的盛衰起落。

千军万马一将在

【绍兴三十二年：临安府】

辛弃疾出生时，北方已经落入金人之手，其祖父辛赞在靖康之变、宋室南渡后"累于族众"，遂仕于金国。但辛赞的内心一直希望能够拿起武器和金人决一死战，常常带着辛弃疾"登高望远，指画山河"。得益于此，自出生到少年长成一直生活在北地的辛弃疾知道，在长江的南面，在那座临安城中，有他的国、他的根。

绍兴三十一年（1161），宋金之间战事再起，金海陵王完颜亮撕毁绍兴和议，率数十万大兵南侵攻宋。这一年，宋高宗在宰相陈康伯等人的力劝之下，与皇子建王赵玮一同北上建康，御驾亲征，督师抗金。也同样是在这一年，辛弃疾所在的起义军首领耿京决定派遣手下的都头领贾瑞渡江，与南边的宋廷取得联系，并表示自己的归附之意。贾瑞临行之前对耿京说："这次奔赴朝廷，宰相恐怕会有所询问，我担心自己不能回答，还是邀请一个文人同行。"于是，在耿京的安排下，辛弃疾得以跟随贾瑞共同南行。

虽在建康督师，但高宗的心中始终惶惶不安。正值用兵之际，得知有起义军愿来归附宋朝，共图恢复大计，高宗心中的喜悦不必多言。他当即下令，授耿京天平军节度使、贾瑞敦武郎阁门祗候，两人皆赐金带；授辛弃疾右儒林郎；其余诸人，为统制官者授修武郎，将官则授成忠郎。此外，高宗还立刻令枢密院派遣两位使臣，要他们与贾瑞一行回到北地回访耿京。枢密院接到诏令，随即派出了吴革、李彪两位官员。正当辛弃疾一行人北上复命之时，却突然横生变故——耿京被部下张安国所杀。原来，金朝为了安定国内政局，招安起义士兵，张安国就顺从金朝诏谕，杀害耿京，向金朝投降。此时，辛弃疾一行正在从海州取道返回山东的路上，突然得到这个消息，一行人都束手无策。

一方面，辛弃疾跟随贾瑞渡江附宋，是遵循耿京的命令，但此时耿京意外被杀，难以向宋廷交代；另一方面，经此一事，起义军内部必然分裂，又该如何唤回军心，如何讨论恢复大计？辛弃疾绝不愿像张安国一样在金人手下苟且偷生，既然已经起义，他就绝不会再次回头。于是，他立刻与贾瑞、王世隆、马全福诸位将领共同商议，最后大家一致决定，首先回到山东，趁敌不备生擒张氏为耿京报仇；随后再率众南归，向宋廷复命。

就这样，辛弃疾等人在当地召集了五十名义士，快马加鞭直击济州金营。乘其不备，在五万人的金军军营中一举抓获张安国，并成功动员上万士兵一同归宋。等金兵发现时，张氏早已在辛弃疾与王世隆等人的押解之下看不见踪影了。似乎带着那么一丝"初生牛犊不怕虎"的气势，以五十敌五万；又凭借惊人的勇气和果断，生擒张安国。之后，辛弃疾等人不敢耽误片刻，一路马不停蹄，昼夜南奔。二月，即在接见辛弃疾一行不久之后，高宗车驾已从建康迁回临安。于是，辛弃疾等人渡淮过江，奔赴朝廷。在直抵临安的第一时刻，辛弃疾便前去面见高宗，将手中叛贼张安国交由朝廷处置。这一年，他年仅二十三岁。

一战成名！朝野上下无不轰动，没有哪一位朝臣不会为这个少年的胆识、谋略动容。连阅尽千帆的高宗，都不由得对这个少年"一见三叹息"。临时组建的将士、千倍的人数差距，生擒敌方首领、策反近万敌兵！真可谓"千军万马一将在，探囊取物有何难！"这个与一代战神霍去病类似的名字，似乎真的给了他类似的命运——年少成名，如日中天。辛弃疾晚年回首这段往事时，忆及当时"壮岁旌旗拥万夫，锦襜突骑渡江初"的自己，也不由钦佩起当年自己的果敢与热血。

就这样，绍兴三十二年（1162）的闰二月，辛弃疾与临安之间的缘分，借由这次献俘缓缓拉开了序幕。

众里寻他千百度

【乾道六年至绍熙四年：延和殿/冷泉亭/招贤坊】

辛弃疾的临安仕宦之路并不顺畅。南归宋廷之后，辛弃疾以右承务郎出任江阴军（今江苏江阴）通判，他所带来的起义军也被朝廷收编，散入各路军队。就这样，第一次来到临安的他，在朝廷的任命之下，很快离开了临安，也离开了曾经并肩作战的战友。直到乾道六年（1170），受孝宗召见入朝奏对，辛弃疾才第二次来到临安。此时，虽然朝中仍然存在反对抗金的意见，但是毕竟作为天子的孝宗极力主张抗金，练兵防御等方面的事宜都在积极准备中，采石英名传朝野的虞允文于乾道五年（1169）拜相，总体主战态势良好。

这次来到京城，辛弃疾期望能够得到朝廷重用，以成全自己数十年来的抱负。没过几日，辛弃疾接到朝廷诏书，孝宗将在延和殿中召见他。沿着御街一路北进，凤凰山上春意绵绵；而凤凰山麓，便是天子所居的南宋皇城。辛弃疾进入城门，在侍从的引导之下行至殿中。这是八年来他第一次入见孝宗。当孝宗问他对于恢复之事的意见时，他便直抒胸臆。辛弃疾认为，两淮对于保卫长江战线而言具有十分重要的军事意义，因此建议孝宗，应当在东镇、中镇、西镇这三镇上严加守卫，屯重兵防御。此外，他还进言称守城以兵，养兵以民，两淮民少，因此更应当聚之于三镇，这样集中供给、防御，定能力阻金人。这些进言的内容，都保存在他的《论阻江为险须藉两淮疏》和《议练民兵守淮疏》两封奏疏中。

辛弃疾的奏对得到了孝宗的认可。所以召对之后，辛弃疾便留在朝中任司农寺主簿，负责掌管朝廷仓廪、籍田等事务。虽然官职不高，但是得以留任朝中，辛弃疾仍然颇受激励。所以在朝中除了本职工作之外，他在朝廷的恢复大计上更是尽心尽力。乾道七年（1171），辛弃疾写就一篇《九议》，上呈给当时在朝中担任宰相的虞允文。在这篇文章中，辛弃疾将用人、持久、宋金各自的优劣长短、用计惑敌、使用间谍、夺取山东之重要性、富国强兵与条理财赋、迁都之论、团结上下等九个方面的问题，都做了一番分析。

出任宰相的虞允文虽然同为抗战派人士，对辛弃疾提出的种种意见却并没有力促实施。原因可能在于，虽然都意在恢复，但双方所提出的方向及谋略相差太远，难以调和。比如在《九议》之中，辛弃疾就对虞允文入相后采取的种种措施提出了尖锐的批评。这些分歧只是辛弃疾的建议难以实施的部分原因，更为重要的可能出于南宋朝廷对他的忌惮，毕竟辛弃疾从北地而来，他的祖父还曾在金朝任职。饱受猜疑、郁郁不得志的辛弃疾只好寄情于临安胜景，并在此留下了许多诗句。其中，不仅有描写西湖风光的《念奴娇·西湖和人韵》及《好事近·西湖》，还有游览灵隐飞来峰下冷泉亭的《满江红·题冷泉亭》：

直节堂堂，看夹道冠缨拱立。渐翠谷、群仙东下，佩环声急。谁信天峰飞堕地，傍湖千丈开青壁。是当年、玉斧削方壶，无人识。

山木润，琅玕湿。秋露下，琼珠滴。向危亭横跨，玉渊澄碧。醉舞且摇鸾凤影，浩歌莫遣鱼龙泣。恨此中、风物本吾家，今为客。

一句"恨此中、风物本吾家，今为客"，一语双关，不仅道出了他想早日北上抗敌、收复河山的心志未成，也道出了他在宋廷受到排挤、献策无用的英雄末路。在失意之中，乾道八年（1172）正月，辛弃疾离开了临安，出知滁州。

飞来峰冷泉亭

　　两年后的淳熙元年（1174），辛弃疾受刚刚升任宰相的叶衡举荐再至临安，得诏任仓部员外郎，稍后又升为仓部郎中。仓部，是六部中户部下面的一个职能机构，负责全国的仓储出纳。当时宋廷上下最为关注的是会子的问题，会子，是绍兴末年时所创用的一种纸币，又称为楮券。初时，由于会子发行量还不多，而且轻便易于携带，不像铜钱银两等金属货币一样沉重，因此在市场上流通较好。到了乾道九年（1173）时，会子出现了较大幅度的贬值，因而引发了一次危机。于是，在仓部任职的辛弃疾及时上呈了《论行用会子疏》，将自己的意见上呈天子。在这篇奏疏中，辛弃疾直抒己见，认为危机根源在于有司滥发会子，导致钱少而会子多，是以会子大幅贬值，引起民众抱怨。朝廷应当立刻停止会子印发，让现在民间通行的会子继续流通、交易，那么在政策调整的情况下，会子将会相应升值，随着民间会子需求的增大，到时候再视情况增印会子。这些见解应当是得到了孝宗的肯定，因为随后宋廷所采取的政策与辛弃疾提出的见解基本一致。后来的情况也与辛弃疾所料想的大体一致，经过淳熙二年（1175）的治理后，会子之用在此后的十余年间都没有发生什么大问题。这件事的解决，可以看出辛弃疾个人的素养，他不仅在军事方面有独到看法，而且在财政方面也能解决实际问题，确实是可以任用的人才。

　　除了会子，淳熙二年（1175）朝中还有一个问题颇为值得关注，这便是茶商军。宋代的茶商军是一支反抗官府的武装军队，其起因在于国家垄断茶叶，禁止贩卖私茶，由此将贩卖茶叶的厚利收归国有。这自然会引起茶叶商人的不满，上有官府垄断，下便有民间走私。孝宗即位后，茶叶走私问题更加严重，为了抵抗官府，他们甚至自发组织了武装军队，这便是茶商军。淳熙元年（1174），有大批茶商军从湖北转战到湖南，但被当时兼任湖南安抚使的刘珙瓦解了。淳熙二年（1175），茶商军的余部重新集结，在常德府（今湖南常德）一带活跃起来，再度举行了武装起义。不久，他们进入湖南，在击溃驻扎在当地的官军后，又进入江西，朝廷随后派遣老将贾和仲讨平此事。贾和仲自恃官军数量众多，且为人自负，凡事喜好自作主张，在他的指挥之下，宋军不但吃力不讨好，反而处处陷入掣肘之中，丝毫没有平定茶商军的希望。正当朝廷为茶商军之事烦忧时，辛弃疾主动请缨，想要接下这个"烫手山芋"，他还向朝廷立誓，说自己必将在一个月内讨平茶商军。叶衡也大力支持他，为他做了担保。在宰相的大力推荐下，辛弃疾终于成功得到了朝廷的任命。六月十二日，朝廷下诏，令辛弃疾出任江西提点刑狱，节制诸军，全权负责讨平茶商军之事。曾经于千军万马中生擒敌军首领的少年将军，如今只能在多重担保之下以区区茶商军为对手，其中辛酸可见一斑。但是这一次离开临安，辛弃疾的内心大抵是满足的，毕竟此行前去江西，他至少可以有所作为。至今唯一存世的辛弃疾手书墨迹便是写于此时的《去国帖》。

淳熙五年（1178）三月，正在江西任职的辛弃疾接到来自朝廷的通知，要他入朝接受召见。从江西出发，乘舟沿江路行进，此时正是春夏之交，沿途江水碧波，两岸风光不由得在辛弃疾的心中投下了一丝丝涟漪：

> 聚散匆匆不偶然，二年历遍楚山川。但将痛饮酬风月，莫放离歌入管弦。
>
> 萦绿带，点青钱，东湖春水碧连天。明朝放我东归去，后夜相思月满船。

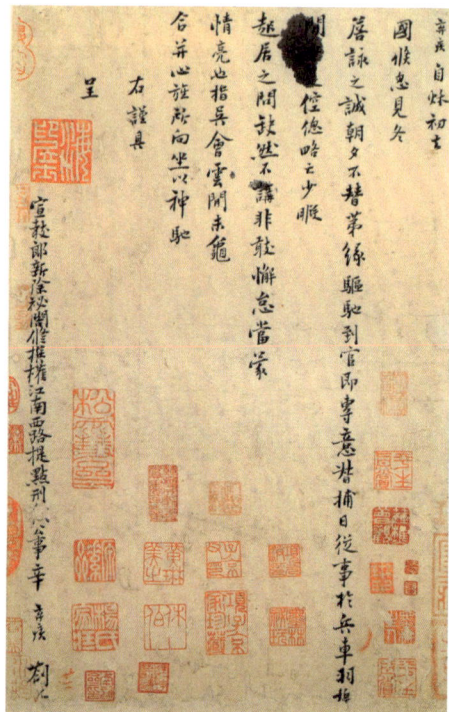

辛弃疾《去国帖》（故宫博物院藏）

这几年的聚散悲欢都在这一刻付诸路途所见的山川风月。不久，辛弃疾到达临安，出任大理少卿，负责处理刑狱等事。在任期间，辛弃疾须到招贤坊的大理寺，距离礼部贡院和万寿观都不远。他任大理少卿时，任职大理卿的是一位名叫吴交如的官员，其人为官清廉。两人共事后不久，将大理寺中需要处理的案件公事全部勘断完成，大理寺狱中空无一人，受到孝宗奖誉。然而，由于孝宗即位以后，好用近臣，起用了一批登极之前的门客如曾觌等人，这些人利用与孝宗之间的亲近关系，暗中操纵朝政，使得许多大臣自请出外。辛弃疾性格刚直，不愿曲从，遂决意离职，在朝不满五个月便离开了临安。

从淳熙五年（1178）离朝后的十余年间，辛弃疾的仕途可谓坎坷，先后转徙两湖、江西、福州等地任职，中间还经历了一次罢黜。这次再受天子召见，他已经五十余岁了，绍熙四年（1193），辛弃疾第五次来到临安。前一年的十二月，在福州任职的他接到朝廷旨意，要他奉诏入朝。次年正月，在解决好任上公务之后，他从福州出发，赶赴临安。在途中经过建阳，前去拜访朱熹，留宿一夜与朱熹谈。十六日经过婺州，又去拜访了当时正在永康准备省试的陈亮。在入朝得到光宗召见时，他再次向皇帝表明了自己在军事方面的意见。他向光宗进奏了《论荆襄为东南重地》的奏札，不仅提出荆襄二地的稳固是保卫东南的重要条件，而且以史为鉴，回顾历史上各个王朝的分合盛衰，指出当今之计理应从大局出发，早日收复失地、一统天下，希望光宗以国家大计为重。

辛弃疾的意见很有道理，但光宗此时正在为另一件事情而忧愁。淳熙十六年（1189），孝宗退居于重华宫，尊号寿皇圣帝，光宗即位。按照礼制，儿子应当时常前去探望父亲，这是为人子的孝道，而光宗作为天子，更应作天下人之表率。然而光宗即位后，却称病迟迟不愿去见父亲，一方面是身体抱恙，另一方面却也是受制于皇后李氏。而光宗自己的心里，对于孝宗怕是也有怨怼之意。朝廷上下对此无不议论纷纷。随着孝宗生病，众多大臣多有上书，请求光宗前去面见孝宗，光宗对此烦不胜烦。于是辛弃疾的抱负再一次被皇帝忽视了。入对后不久，辛弃疾被任命为太府卿，是五寺之一太府寺的长官，负责财货、库藏、出纳等方面的事宜。因此，在这段时间中，人们常常称之为"辛卿"，或"辛大卿"。

可怜英雄白发生

【嘉泰四年至开禧三年：垂拱殿】

辛弃疾的北伐恢复梦终于还是在临安破灭了。绍熙五年（1194）夏，辛弃疾离开临安，以集英殿修撰出知福州，并兼任福建安抚使。同年秋七月，宋光宗禅位于嘉王赵扩，即宋宁宗。宁宗即位后不久，辛弃疾先后遭右司谏黄艾和御史中丞谢深甫的弹劾，官职被罢，回到上饶的家中闲居。随后便是更大的风波——

庆元党禁。虽说辛弃疾与理学无涉，但是他与理学要人朱熹过从甚密，在此期间也多次受到弹劾，官职一贬再贬，最后连主管建宁府武夷山冲佑观这样一个祠官之职也被罢去。直到嘉泰三年（1203）的夏天，他才被朝廷再次起用，知绍兴府兼浙东安抚使。

也是在这一年的岁末，辛弃疾接到了朝廷的通知，要他赴行在临安。接连失意，时年六十四岁的辛弃疾，已经心生无力之感。接到通知以后，他前去拜访陆游，与陆游商议此事，陆游劝他既然多年执着北上抗金，如今虽然老去，但机会难得，应当抓住。于是，辛弃疾于十二月下旬赶赴临安，并在次年正月接受了宁宗的召见。此时党禁已停，韩侂胄任宰相，主理朝政，计划用兵北伐。而宁宗对此事也颇为在意，这一次召见辛弃疾，就是为了让辛弃疾提出对付金国的意见。皇帝问策，且还是用兵之事，辛弃疾自然知无不言、言无不尽。他不仅在入对时为宁宗分析了金朝政局形势，还明确地指出金国国势已衰，此时我宋朝积极备战、筹谋恢复大计，将是一个好时机。此外，他还谈及了盐法一事，与韩侂胄的意见不谋而合。召对之后，辛弃疾加宝谟阁待制提举佑圣观，得以随朝参加集议、早晚面见宁宗。这时的他，南归四十余年，历任高、孝、光、宁四朝，是朝中名副其实的"元老大臣"，而宝谟阁待制、皇帝从官，对他来说，确实是一份晚来太久的荣誉。

浮名终究是虚物，天子近臣虽然难得，但辛弃疾更挂念北伐大计。"元嘉草草，封狼居胥，赢得仓皇北顾。四十三年，望中犹记，烽火扬州路"，忧国忧民的辛弃疾终究无法警醒上位者，不久，他就因为与韩侂胄等人的抗金路线相左，而被迫停止了在镇江的职务。开禧元年（1205）秋，罢去镇江之职的辛弃疾提举武夷山冲佑观，回到上饶铅山。虽然已经离朝，但韩侂胄欲立盖世功名，一意孤行，冲动北伐，让罢职家中的辛弃疾非常忧心。他知道韩侂胄的计划实现不了，而且这样的失败对宋朝来说会造成严重的打击。

果然，开禧二年（1206），韩侂胄北伐不利，面对金军的追击，

南宋名人园陆游（左）、辛弃疾（右）雕像

他又想到了辛弃疾。于是，这年的秋天，朝廷下诏令辛弃疾知绍兴府兼两浙路安抚使。辛弃疾对于朝政之事已经沮丧至极，遂上书辞免。秋冬之际，又接到朝廷诏书，这一次却是以宝文阁待制，进封历成县开国男。面对高官厚禄，辛弃疾早已无动于衷，他上书表明致仕之意，并且对于入临安的诏令也多次辞免，但是朝廷却迟迟不准。无奈之下，辛弃疾还是来到了临安，这是开禧二年（1206）的年末，是他第七次也是最后一次留在杭州。临安的深冬是严寒的，一如辛弃疾的心情，他已经多次辞去朝廷任命，但却仍然不能离开临安。直到开禧三年（1207）的夏天，六十八岁的辛弃疾因病上书，坚持要求免去在京宫观的祠官职务，这才得以顺利离开临安，回到自己在铅山的家中养病。回到家中仅仅六个月的时间，他便因病重辞世了。

辛弃疾一生与临安的缘分，从他抱志南归那一刻起便结下了。但是，二十三岁于五万金兵之中获俘的他，怕是未曾想到，此后的四十余年他的志向都在一次一次出入临安之间磋磨了。他曾看过那么多临安的景，在临安写下过那么多词，却未能让天子赠与他一次实现夙愿的机会。后来，南宋挺过了金朝，却败于蒙元的铁骑之下。而今，岁月淘洗，杭城依旧，在城中清泰街南宋名人园，这位老将的塑像，傲立于天地之间。

陆游：小楼一夜听春雨

　　他的内心永远充满着收复中原的壮志和报国无门的悲愤：壮的是"臣身可屠裂""誓当函胡首"的剑客豪情，悲的是"只凭天地鉴孤忠""太阿匣藏不见用"的壮志难酬；志的是"玉关雪急传烽火，青海云开见戍楼"的云开见日，愤的是"白发萧萧欲满头""但悲不见

杭州孩儿巷陆游纪念馆

九州同"的英雄末路。而这位爱国诗人陆游的一生，同样与杭州有着千丝万缕的联系。

　　虽然陆游每次在杭州停留的时间都不算长，但是其足迹恐怕已经覆盖了杭州的大部分地区：从皇城之中的延和殿，到武林坊中的军器所；从御街北段的枢密院，到御街南段的百官坊；从西湖东面的灵芝寺，再到西面的灵隐寺……

　　如今的杭州市拱墅区武林街道孩儿巷98号民居，是杭州陆

游纪念馆。在其《渭南文集》中有他居住在孩儿巷的记载，"小楼一夜听春雨，深巷明朝卖杏花"就创作于此。当年，陆游正是居住在保和坊的一栋小楼里，凝视着春雨如丝、杏花繁丽的小巷，写下了这句千古绝唱。千百年的时光如白驹过隙，那栋小楼早已消失，而陆游当年所居的保和坊砖街巷，因为巷内多有制售泥孩儿的店铺，又称泥孩儿巷。如今，这个孩儿巷之名，倒是迈过时间的门槛，一路传承到今了。就让我们顺着这个不变的名字和始终见证着孩儿巷变迁的春雨，穿越千年的城市记忆，寻找陆游与杭州的故事。

三试不第遭不平

【绍兴十年：灵芝寺；绍兴二十四年：礼部贡院】

陆游其实在很早的时候就与杭州产生了联系。山阴陆氏是江南世家，藏书丰富，家学渊源颇深。陆游的高祖陆轸和祖父陆佃，都入朝为官，分别官至吏部郎中与尚书右丞。他的父亲陆宰，学行兼备，北宋末年曾任京西路转运副使。陆游第一次来到杭州，还是在建炎元年（1127）至二年（1128）之间。当时，金人入犯，宋军节节败退，朝中上下，人心惶惶。面对金兵的攻势，朝中以李邦彦和张邦昌为首的投降派坚持与金乞和，陆游的父亲陆宰则因为长期在抗金前线任职，被投降派官员视为阻碍。不久，陆宰因为御史徐秉哲的弹劾而遭遇贬职，太原随即失陷。值此乱世，朝政黑暗，失去职位的陆宰知道北地已无法久居，遂决定带家人南归。于是，靖康元年（1126）的深秋，陆宰打点行囊，带着妻儿一路南归，此时的陆游才一周岁左右。陆家南归时，正值金人大举南侵，沿途上总能见到避难的流民。历经艰辛，一家人先是来到了寿春（今安徽寿县），陆宰有意久居于此，但金兵铁蹄南下，战火迭起，陆宰只能再次率众南归，回到山阴（今浙江绍兴）老家。大抵正是在从寿春南归绍兴的途中，陆家一行经过了杭州。乱世之中，一家人仓促南归，为避战祸而已，对于杭州风光只怕是无心观赏。而陆游此时年纪尚小，对于杭州更是没有什么印象。不过长大之后，他通过长辈的描述对这一段经历有过想象：

　　　扶床踉跄出京华，头白车书未一家。宵旰至今劳圣主，泪痕空对太平花。

　　绍兴十年（1140），高宗下旨定临安府为行在已有两年，当时陆游以家世的原因得到恩荫，补任登仕郎。登仕郎不是一个实职，只是一个文散官。朝廷规定，因荫补初出官者，按法应当参与铨试。于是在这一年，十六岁的陆游与陈公实以及族兄伯山、仲高等五人一同来到杭州。在杭州应试的这段时间，陆游借住在西湖边的灵芝寺，每日与寺内弟子一般晨昏定省。对于这一时期的生活，他印象深刻："我年十六游名场，灵芝借榻栖僧廊。钟声才定履声集，弟子堂上分两厢。灯笼一样薄腊纸，莹如云母含清光。还家欲学竟末暇，岁月已似奔车忙。"灵芝寺在涌金门外，原为吴越国王的临湖别墅，后来园中生长出珍贵的灵芝，这临湖别墅便舍园为寺，成为灵芝寺。再后来，吴越纳土归附宋朝，灵芝寺也拥有了御赐的匾额"灵芝崇福律寺"，香火不绝。建炎初，灵芝寺毁于战火，仅存师塔和败屋残僧。绍兴二十二年（1152），在泥马渡康王的传说影响下，朝廷下令在灵芝寺空地之上修建供奉崔子玉的显应观。除了显应观之外，灵芝寺旁边还有皇家园林聚景园和著名酒楼丰乐楼，不过这些都已不复存在。明嘉靖年间，浙江督抚胡宗宪将玉皇山上供奉吴越钱氏国王的表忠观迁建至灵芝崇福寺旧址。灵芝寺渐渐地衰落，渐渐地被世人遗忘，今天人们在这里看到的是柳浪闻莺公园、西湖博物馆和重建的钱王祠，只有那些写着"灵芝"字样墨书的瓷器残件还在无声地提醒人们那个庙宇林立、高僧云集、梵呗空灵的年代。

　　这次考试，陆游还结识了一群少年友人。同赴临安府应试，

钱王祠

"灵芝常住""灵芝"字样瓷器标本（南宋官窑博物馆藏）

又都是少年心性，切磋学问之余，陆游与朋友也常常结伴出行游玩，是以街坊灯火、湖柳风烟无不观赏，甚或兴致顿起，又去岩壑搜奇；而若是有时胸中愁闷郁结，那么酒楼买醉又有何不可？备考的日子很快过去，应试之日终究要到来。初次应试，陆游的心中虽然紧张，但是他自小读书，数年来在父祖、老师的教导之下也算学有所成，或许也无需太过担心。不过，看到经义题目的陆游还是十分愕然——《王者不治夷狄》，何为王者不治夷狄？王者治理天下，偏偏不治夷狄，是何道理？陆游少年聪慧，他不难想到，考题映射着现实。但是，陆家家风清正，他也决不会为了所谓的前程而蒙蔽良心。所以，试题之下，他选择直言自己心中所想：王者应治夷狄，河山理应恢复。此时，正是由秦桧为首的主和派把持朝政，陆游的文章宣称抗金，在秦桧等人看来，无疑是在挑衅他们的权威。结果可想而知，这次考试，陆游自然是失意而归。少年毕竟是初出茅庐，虽然对于考取功名心怀热切的希望，但未曾考上，却也无需过分苛责自己。并非自己才学不足，只是主持考试之人心胸狭隘。陆游不再为此心烦，在与好友一一告别之后，便与族中兄弟等一同返回了山阴老家继续读书，后来又师从曾几学诗。曾几是当时南宋最为有名的诗人，而且坚持抗金，誓不乞和，遂与秦桧不和。

绍兴十三年（1143）秋，陆游再遇考试的机会，这便有了第二次赴临安赶考。这次在临安城的经历，加深了陆游对这座新都的了解。若说上一次在友人陪伴之下游赏山水，了解了临安的自然风光；那么此次在临安度过春节与上元节，便让陆游知道了这座都城的内里繁华与人文景观。上元节后不久，便是考试的日子了。师从曾几学诗的陆游，更不可能假意乞和。再次落榜而归，回到山阴老家。

此后陆游再赴杭州，已是十年之后的绍兴二十三年（1153）了。这一年，陆游二十九岁，参加的是针对现任官员而设的锁厅试。陆游的才学，在这十年之中益发增进。负责这次考试的主考官名叫陈之茂，为人正直，在阅卷过程中发现陆游的文章诗词都很优秀，便将陆游选为锁试第一。但偏偏事不凑巧，秦桧的孙子秦埙也参加了这次考试。当时秦埙也是以门荫入仕，因此只能参加锁试。秦桧见陆游名列第一，自己的孙子屈居人下，因此找到陈之茂处理此事。但陈之茂为人刚直，不为权势所屈从，仍立陆游为第一名。秦桧对此恼怒万分。次年礼部省试，因为秦桧的安排，陆游没有取得任何名次。不仅如此，秦桧还要处置陈之茂，不过似乎天有不测风云，秦桧不久去世，此事遂不了了之。就在陆游被黜落的那一年，来自四川的虞允文终于在考了四次之后金榜题名，若干年后，身份地位不同的他们都将一致地以身许国。

年少轻狂，书生意气，遭遇此等不平之事的陆游满心愤懑无处宣泄，化为"病夫背俗驰，梁甫时一咏。奈何七尺躯，贵贱视赵孟"的痛斥。这件事对陆游的影响颇大，不仅是因为不平，还因为陈之茂的刚直。陆游晚年时整理旧时书稿，偶然间翻阅起当年陈之茂所赠的手贴，遂运笔成文，以记此事：

陈阜卿先生为两浙转运司考试官，时秦丞相孙以右文殿修撰来就试，直欲首选，阜卿得予文卷，擢置第一，秦氏大怒。予明年既显黜，先生亦几蹈危机，偶秦公薨，遂已。予晚岁料理故书，得先生手帖，追感平昔，作长句以识其事，不知衰涕之集也。

冀北当年浩莫分，斯人一顾每空群。

国家科第与风汉，天下英雄惟使君。

后进何人知大老？横流无地寄斯文。

自怜衰钝辜真赏，犹窃虚名海内闻。

回首过往的陆游心中似乎已经恢复了平静，文字简要，当年的不平愤懑之气尽数褪去。但是，时隔数十年仍将其事记于纸上以传后世，又何尝不是多年耿耿于怀的表现呢？当下的陆游心中，显然是难以平静的。临安于其而言，是一个让他屡遭不公的黑暗之地，可也是在这里，他得到陈之茂的知遇之恩，也在三次应试中结识了一批志同道合的友人。绍兴二十四年（1154），应试不第的陆游怀着复杂的心情，离开了临安。

位卑未敢忘忧国

【绍兴三十年至绍熙元年：西百官宅/保和坊】

三试不第、屡遭不平之后，陆游对于科举一途已不再抱有希望，数年之间只是接受朝命，辗转地方任职，不过州县主簿之类的小官而已。直到绍兴三十年（1160），陆游在福州任上接到朝廷诏书，前去临安任职。陆游这次得以入朝，可能受多方面因素的影响。一是秦桧早已去世，虽然余党仍在，但是势力早已大不如前。其二，朝中的政治风气有所改变，一些主战派的大臣得到起用，陆游的老师曾几就得朝廷复用，并向高宗举荐陆游。其三，陆游出任福州宁德县主簿时，结识了当时任福建路提点刑狱公事的樊茂实，樊茂实非常赏识陆游，屡次上书举荐陆游。

不管原因如何，陆游终是第五次前往临安。当年正月，他打点行囊，整装从福州走海道，在温州处登陆，再经括苍（今浙江台州）、东阳（今浙江金华）北上临安。五月，陆游抵达临安，受命出任敕令所删定官。这个官职品级不高，所处理的工作主要是整理皇帝诏令之类的文书。但是，毕竟是作为朝官在临安任职，这意味着陆游不仅可以见到师友，也可以更多地与天子、士人来往。到任不久后，陆游选定了临安西百官宅的一处屋子作为家居。西百官宅在石灰桥一带，石灰桥在钱塘门内的枣木巷，也就是后来的嘉树巷，大致在今天的浙大医学院附属妇产科医院学士路院区附近。西百官宅出行便捷，但与陆游的官署距离却相隔甚远，不过与众多文人雅士比邻而居很好地弥补了通勤之苦。其中，周必大与陆游隔墙为邻。他们二人既为邻居，而且年岁、性情、爱好都很相近，可谓是一见如故，常常一同出外游玩谈天、交流学问。后来，陆游在回忆这段时光时，还能记起当时两人的亲近：

> 某绍兴庚辰（三十年），始至行在，见公于途，欣然倾盖。得居连墙，日接嘉话，每一相从，脱帽褪带。从容笑语，输写肝肺。邻家借酒，小圃锄菜，荧荧青灯，瘦影相对。西湖吊古，并辔共载，赋诗属文，颇极奇怪。淡交如水，久而不坏，名谓知心，绝出流辈。

倾盖如故，白头如新，君子之交，永志难忘。绍兴三十一年（1161）七月，官居临安一年的陆游由原来的敕令所删定官迁任大理寺直兼宗正簿，负责为皇家纂修玉牒。不久，又任枢密院编修官。这一年，南宋君臣偏于江南的安宁也被金人的铁骑踏破了。金主完颜亮不满以淮河为界，遣使来谈，要求宋朝割让长江以北的全部土地。金人的入侵，深深激发了陆游的爱国情感。为了促进抗金一事，陆游多次联系朝中要人。黄祖舜当时出任同知枢密院事，官居中枢，非常赏识陆游，曾经推荐过他。得知这个消息，陆游连忙上书，表明他已做好一切准备，只待有人任用他，便能为国分忧。此外，陆游还曾经拜访过时任宰相的陈康伯，听到陈康伯与杨存中议论兵事。

任枢密院编修官后不久，陆游得到了高宗的亲自召见。入京一年有余，陆游官职低微，鲜有机会面见天颜，所以十分珍惜这次机会。入对之时，他向高宗力陈自己的抗金主张，建议高宗不再施行妥协政策，而应当励精图治、积蓄力量，尤其是应当移驾建康，在军事上做好准备，为北伐收复失地创造条件等。这些看法很是符合当时主战派人士的意见，但是高宗心头仍有隐忧。不久，陆游因为论事时意见不合被罢职，回到山阴老家。同年十一月，陆游以史官之职起复，再次回到了杭州任职。虽居文官之职，但他对前线的军事战况非常关注。一日，听闻果州团练使武巨挥师北进，收复洛阳，陆游心中难掩激动，遂提笔写下一首《闻武均州报已复西京》：

白发将军亦壮哉，西京昨夜捷书来。胡儿敢作千年计，天意宁知一日回。列圣仁恩深雨露，中兴赦令疾风雷。悬知寒食朝陵使，驿路梨花处处开。

其兴奋之情跃然纸上。随后高宗移驾建康，督师征战。在高宗车驾离开临安的那一天，陆游跟随百官一起，目送着高宗车驾渐渐远离，心中激情澎湃。

绍兴三十二年（1162），高宗退居德寿宫，皇太子赵昚即位，是为孝宗。起初，孝宗锐意恢复，起用了一批主战派的大臣。在史浩和黄祖舜等人的推荐下，陆游得到孝宗的召见并获得垂青。孝宗下令，赐陆游同进士出身，并令其出任编类圣政所检讨官。此时，宋金之间的战事仍在继续，南宋方面因为抗金大将刘锜战死，劣势突显。陆游在任时，曾代中书省和枢密院起草《与夏国主书》和《蜡弹省札》。前者写给西夏国国主，希望与西夏之间结为邦交，联合起来共同抗金。后者则是写给沦陷地区的武装力量首领，希望他们能够坚持本心，不向金国屈服。这些诏书文件的背后，显现的正是陆游心怀国事、希望早日恢复故土的情怀。

然正当陆游为国事兢兢业业之时，却迎来了官宦生涯中最沉重的一次打击。据说这件事的起因很小，当时陆游因为和宰相史浩相熟，两人谈话间，史浩告知陆游一件宫内琐事。说的是孝宗一次内宴之时，史浩在场，见到曾觌受一宫女所请，在其手帕上题词。陆游听闻后，又在闲聊间告知了张焘。后来，孝宗想要重用近习曾觌和龙大渊，可是给事中和中书舍人都持反对意见。孝宗就去询问张焘，张焘觉得曾觌有些无礼，并向孝宗说明了此事。孝宗追问，张焘无法，便只能实话实说，他是从陆游那里听来的。因无法重用近习而压抑着怒气的孝宗，在听到张焘的回答后当即说："陆游，这个反复小人，早就应当离开临安了。"就这样，绍兴三十二年（1162）五月，陆游因为一件小事，触犯了孝宗的逆鳞，被迫离开待了三年的临安城。

其后陆游再和临安产生联系，已经是淳熙年间的事情了。淳熙五年（1178）和淳熙十三年（1186），陆游两次出入临安面圣，但都只是短暂停留，一直到淳熙十五年（1188），时年六十四岁的陆游才再次应召回到杭州任职。这一次，他出任军器少监——一个从六品、专门管理武器制作的军器监的副职。耳顺之年，再入朝中，细细算来，距离他上一次入朝任职，已有二十余年的时光。淳熙十六年（1189）的初春，孝宗禅位于光宗之前，亲笔批示诏书，任陆游为正六品的礼部郎中。光宗即位后，陆游上奏提出以百姓为念的请求，认为只有轻徭薄赋、藏富于民，方能实现真正的国富民强。这一观念，离不开他多年任职地方的观察与对百姓生活的同情。除了礼部侍郎，陆游不久后还兼任了膳部检察和实录院检讨官，参与了《高宗实录》的修撰工作。然而，或许是因为政事上的不合，次年十一月，陆游因为谏议大夫何澹的弹劾再次落职。

从绍兴三十年（1160）至绍熙元年（1190），陆游虽多次入临安任职，所任却多是芝麻小官，在任时间亦不长久。然而，无论其身处何方，总是尽职尽责、忧国忧民、心怀收复故土的豪情壮志，以至于自己亲上战场英勇抗敌的场景频繁入梦："夜阑卧听风吹雨，铁马冰河入梦来""江湖送老一渔舟，清梦犹成塞上游""忽梦行军太行路，不惟无想亦无因"……收复中原的豪情壮志和报国无门的悲愤难已，最终只能化为"位卑未敢忘忧国"的悲吟。

以史致仕功未成

【嘉泰二年至三年：秘书省/西湖双塔/灵隐寺】

其实早在淳熙十五年（1188）时，陆游便有了退居家中的想法，只是他的心中还残存着一丝希望，觉得仍然能够报效国家。离朝多年，陆游终于又获得了回到临安的机会。只是这一次，陆游再也看不到王师北定中原的日子了。

宋宁宗嘉泰二年（1202）五月，陆游以七十八岁的高龄，接到朝廷诏令入朝任职。当时，朝廷正在准备编修孝宗、光宗两朝实录及高宗、孝宗、光宗三朝国史，在宰相韩侂胄的推荐之下，宁宗决定起用历仕三朝的陆游。不久，陆游便出任同修国史、实录院同修撰，与傅伯寿一同负责史书编修工作。十二月，陆游兼任秘书监一职。在朝廷的允许之下，陆游得以一心修史。这次入仕朝中，陆游的心境发生了很大的变化。

南宋的秘书省最初选址在涌金门外的法慧寺，后来宫廷藏书渐渐多起来，便于绍兴十三年（1143）重建于天井巷东、故殿前司寨，高宗亲书右文殿、秘阁二榜，位置大约在今天吴山北麓杭州市公安局附近。当年，陆游的父亲陆宰家藏图书便被命令上缴。

不知相隔一甲子的时光之后，陆游是否会在这里再见到父亲的藏书，他的内心又会有何感想？伤心六十余年事啊，嘉泰三年（1203）的春天，陆游带着儿辈们泛舟游西湖，看着西湖双塔——保俶塔和雷峰塔依旧，伤感写下《与儿辈泛舟游西湖一日间晴阴屡易》：

保俶塔

逢著园林即款扉，酌泉鬻笋欲忘归。杨花正与人争路，鸠语还催雨点衣。古寺题名那复在，后生识面自应稀。伤心六十余年事，双塔依然在翠微。

雷峰塔

在香火旺盛的灵隐寺，在绿树翳映的冷泉亭，白发龙钟的陆游发出了无限感慨：

> 灵隐前，天竺后，鬼削神剜作岩岫。冷泉亭中一尊酒，一日可敌千年寿。清明后，上巳前，千红百紫争妖妍。冬冬鼓声鞠场边，秋千一蹴如登仙。人生得意须年少，白发龙钟空自笑。君不见灞亭耐事故将军，醉尉怒诃如不闻。

陆游心如明镜，他已年老，已经过了人生得意之时，朝堂只会是年轻人的天下。这次奉诏修史，一方面是韩侂胄的举荐，另一方面则是因为朝中无人，而他历仕三朝，恰好适合罢了。嘉泰三年（1203）四月间，陆游将修好的史书上呈朝廷，随后立刻上书乞请退休。为表决心，他的《乞致仕札子》上了两篇。终于，五月十四日，陆游离开了临安，提笔赋诗八首，回到了会稽石帆别业。

从嘉泰二年（1202）六月十四日抵达临安，直到嘉泰三年（1203）五月十四日离开，其中有一闰月，前后相隔恰好一年。陆游没有想到，这短短的一年，让他此后遭受了数百年的非议，而元人所修《宋史·陆游传》给予了盖棺论定性质的评价：

> 游才气超逸，尤长于诗。晚年再出，为韩侂胄撰《南园》《阅古泉记》，见讥清议。朱熹尝言："其能太高，迹太近，恐为有力者所牵挽，不得全其晚节。"盖有先见之明焉。

陆游此次入临安任职，出于宰相韩侂胄的推举。此前，其已经为韩侂胄撰写《南园记》，又于嘉泰三年（1203）四月在临安史局时为之撰写《阅古泉记》，遂惹来"交游非类""为韩侂胄之党所利用"甚至是"阿谀奉承"的非议。陆游的"晚节"问题历史上争论纷纭，正反两派壁垒分明。然而，其根本不在陆游。对此，清人袁枚在《小仓山房集》中已有较为理性的评价：《宋史》成于理学兴盛的时代，所以尽管杨时受到蔡京推荐，胡安国受到秦桧推荐，史书工笔都没有对他们有任何讽刺之词；蔡京和秦桧的奸邪远远大于韩侂胄，陆游的过错远远小于杨、胡，为什么人们反而对陆游指责不休呢？是因为陆游不是理学家。张浚和韩侂胄都主张北伐，张浚符离之败可比韩侂胄开禧之败，为什么士人不议论要诛杀张浚呢？是因为张浚的儿子和朱熹交好，而韩侂胄讨厌朱熹这群理学家。

陆游作二记的目的至今说法不一，但可以想见，如果其确是阿谀奉承之徒、趋炎附势之辈，恐怕绝不会有三试不第、终年位卑的坎坷境遇。最为公允的说法，应当是因为韩侂胄发起北伐，陆游出于国家大义而忠诚献身。然而，这位长寿的诗人，最终亲眼见证了北伐的失败。嘉定三年（1210）六月二十四日，八十六岁的陆游在会稽石帆别业溘然长逝，只留下"死去元知万事空，但悲不见九州同。王师北定中原日，家祭无忘告乃翁"的绝笔，凝聚着诗人毕生的心事。

楼钥：攻媿词翰冠朝野

西湖南岸的南屏山，峰峦奇秀，怪石玲珑，有多处摩崖题刻和佛教古迹留存至今。莲花洞上方便有一处刻有"少林"两个大字的摩崖题刻，落款"攻媿"表明了题字者正是攻媿主人楼钥，传世文献《两浙金石志》《武林金石记》都对这方题刻有明文记载。相传这里是嵩山少林禅师云游至南屏光孝净慈禅寺面壁入定之地。净慈寺始建于五代，鼎盛于两宋，寺中旧有一口大钟，敲撞大钟时整个山谷都会响起久久的回声，响入云霄。这便是"西湖十景"中的南屏晚钟。

楼钥才华横溢，生平推崇贺知章、白居易、欧阳修、苏轼等大家，在南宋文坛上享有盛名，《宋史》称赞其"文辞精博""浑厚正大"。他历仕孝、光、宁三朝，官至参知政事，见证了临安朝堂的权力交接、风云变幻。他长于词翰，经常主持朝廷诏令制文的撰写。闲暇时光，他也记录了临安府南宋人日常生活的点点滴滴，在西湖山水名胜间留下足迹。总要来一次深秋

南屏山"少林"摩崖题刻

季节的杭州,就在林木繁茂、石壁如屏的南屏山下,看看云沉雁影、渡水僧归、投林鸟聚,伴随着悠扬的钟声在暮色苍茫的西湖上空回荡,穿透千年云烟,听听楼钥的故事。

少年初试临安城

【隆兴元年:礼部贡院;乾道五年:六和塔/三茅山/丰乐楼】

隆兴赶考,乾道使金,青年楼钥在临安留下了足迹。绍兴七年(1137),楼钥出生在明州鄞县的一个书香世家。南宋时期,明州经济、文化发达,楼氏家族是当地著名的士人家族,良好的家庭教育和成长环境使楼钥掌握了丰富的文化知识。绍兴三十二年(1162),二十六岁的楼钥在家乡明州参加了解试,名列前茅。在孝宗即位、谋恢复的政治大背景下,他兴奋地致书启感谢当时的主考官,表达了为国效力、济世安民的雄心壮志。隆兴元年(1163),楼钥赴临安赶考,参加礼部省试。这一次省试的知贡举为洪遵,参详官为胡铨等人。楼钥的策文辞艺极佳,学问渊博,议论切中,被评为魁选。但非常遗憾的是,楼钥的策文触犯了哲宗旧讳"佣"。洪遵和胡铨十分爱惜人才,便将此事呈报孝宗定夺。最终,楼钥被降为第五甲第一名。无独有偶,乾道五年(1169),有一个叫勾龙京的人又触犯了哲宗旧讳,原本的处理结果是授下州文学。不过勾龙京倒是自己解释道:"佣"这个字有两个读音,其一音为"余封切",意为受雇为人劳动,是为哲宗旧讳;其二音为"痴容切",意为均、直。音义皆不相同,因此他被置于第五甲末。虽然留下了遗憾,但是年轻的楼钥仍然十分感激洪遵和胡铨两位先生的知遇之恩,胡铨还特地接见了楼钥,并称赞:"此翰林才也。"很多年以后,楼钥的记忆中虽然有少年命途多舛的遗憾,但丝毫没有忘记洪遵和胡铨的恩情,仍自称是两位先生的门下士。

隆兴二年(1164),楼钥参加了礼部组织的教官试,获得了

温州教授一职，不过待阙时间却长达七年。这时，楼钥的父亲楼
璩和二舅父汪大猷都在外地任官，楼钥随侍左右，游历当地名山
大川，感受风土人情。乾道五年（1169）十月，汪大猷被任命为
贺大金正旦国信使，曾觌为副使。汪大猷出于关爱提携外甥的考
虑，便将楼钥征辟为书状官，一道北行出使金国。后来，楼钥将
一路沿途所见按日记录，写成了《北行日录》。

接到二舅父的书信时，楼钥正在处州照顾知处州任上的父亲。
得到父母的同意后，他便收拾行装前往临安。这一年十月二十八
日，楼钥经钱塘江舟行终于到了临安城：

> 二十八日庚戌。微雨，辰巳间晴。早作饭了，同周
> 君行数里，三憩方到渡头，装载既毕，潮落舟胶，监渡
> 厉君以小舟般剥，已又加一舟，荡兀波间久之。大舟既
> 前，复挈行李装载，劳扰良甚。又舣棹食顷，挽縴徐行，
> 近庙山始用橹。潮上方急，篙橹努力欲进，为山石所激，
> 进寸退尺，舟人失色，少纵复上，久方得过。又挽行十
> 余里，雨霁风静，一波不兴。至六和塔下登岸，已薄暮矣。
> 驱驰至嘉会门，闭关已久，宿俞家店。是日又有松阳一
> 士人姓叶同渡。

虽然经了些风浪，总算是平安到达了临安。楼钥的第一站
是六和塔。六和塔位于龙山月轮峰上，始建于北宋开宝三年
（970），智觉禅师在吴越钱王的南果园开山建塔，造开化寺，
以镇江潮。六和塔共有九层，高五十余丈，直插云霄，方腊起
义时遭废弃，据说从此江潮汹涌、激荡石岸，直到绍兴二十三
年智昙禅师重建改为七层的六和塔，江潮为之退却。南宋时期，
六和塔是钱塘江口航行的灯塔，是大小船只停泊的港口，海泊
大舰、公私渔捕、客贩船只、仕宦往来都要停靠此地，楼钥自
然也是要从这里登岸。后来，六和塔屡经风雨摧残、兵火劫难。

明嘉靖年间，倭寇入侵杭州，六和塔遭到破坏。明清重修之后，乾隆南巡曾登塔游览，于塔身七层各题匾额诗联。太平天国运动时期，六和塔再遭兵燹之灾。如今的六和塔已经被立为全国重点文物保护单位，塔身底层的《尚书省敕赐开化寺牒碑》是南

六和塔

宋遗物，记录了南宋朝廷批准建造六和塔的一系列流程。

　　楼钥自六和塔登岸后，驱驰至临安城南门嘉会门，可惜为时已晚，城门关闭，只得第二日再入城。从十月二十九日进入临安城，到十一月十日登舟起行，这十来天里，楼钥一直住在汪大猷家中，其间还随着舅父拜访了不少朝臣。入城当天，楼钥随着汪大猷拜谒了副使曾觌，此人是孝宗的潜邸旧人。接着楼钥登上了三茅山，来到步司教场，观摩舅父练习射箭。作为贺正旦使的汪大猷，到时要在金中都参加射弓宴，和金人的押宴官下场比试射箭。这可是关系到国家荣誉的大事，汪大猷自然不敢松懈。金人这边也是一直以来以武力傲视南宋，在后来的射弓宴上，楼钥便注意到押宴官完颜仲雄言谈举止十分粗鄙，手上有雕青文身，这说明他是金人专门挑选出来对付南宋使臣的射手。

　　三茅山即今天吴山景区的七宝山，上有三茅宁寿观和通玄观两处宋代遗迹。三茅宁寿观建于绍兴二十年（1150），供奉的是高宗的神仙朋友三茅真君。金主完颜亮曾妄言"提兵百万西湖上，立马吴山第一峰"，高宗就祈求他的神仙朋友三茅真君保佑。《咸淳临安志》记载："右军潜火二寨教场，在三茅观后。"右军潜火兵隶属于步司，这应该就是当年楼钥观摩汪大猷习射的地方。步司教场已然难寻遗迹，但《宋三茅宁寿观尚书省牒碑》

摩崖石刻仍留存至今，通玄观造像也是杭州极少见的道教造像，被列为浙江省重点文物保护单位。

十月三十日，楼钥又去拜访范成大，谁知他竟然不见客，不过又遇到了后来成为宰相的留正。经历了几天的礼仪学习，楼钥随汪大猷出发使金的日子也快到了。十一月七日这天，楼钥和三舅父在丰乐楼吃早饭。丰乐楼是临安城著名的大酒楼，位于丰豫门（涌金门）外，政和七年（1117）在众乐亭旧址上临湖而建，旧名耸翠楼。北宋汴京城也有丰乐楼，原名白矾楼，就是著名的樊楼。南宋临安城的丰乐楼也是相当豪华壮观，据西湖之会，旁有灵芝寺、显应观、聚景园，楼北柳洲之侧的环碧园是后来的宁宗杨皇后宅园，千峰连环，一碧万顷，所谓"山外青山楼外楼"的西湖歌舞之景便是这里。因此，这里是许多文人雅士聚会交友、品诗论画之处，楼钥自然也要来见识见识临安的繁华。

仕宦台阁翰林才

【淳熙孟春：景灵宫 / 敕局小楼】

对楼钥来说，淳熙仕宦或许是他在临安最安稳的一段岁月。乾道六年（1170）二月，楼钥随着使团回到了临安，在舅父家停留了几日便又从六和塔起行，三月回到了处州与父母团聚。乾道七年（1171），楼钥正式赴温州出任州学教授。在温州的三年期间，楼钥潜心学问，激励温州士人诚心向学，闲暇时又与好友结伴游山玩水，倾慕古代名士的山水之乐。淳熙元年（1174），素有才名的楼钥在权吏部尚书龚茂良的推荐下，入朝任敕令所删定官。敕令所隶属于枢密院。在接下来的四年里，他参与了《淳熙法》的编修活动，还兼任玉牒所检讨官，呈进《仁宗皇帝玉牒》。丰富的文化知识和坚定不移的品质使得楼钥在临安朝堂初现光芒，比如修《淳熙法》时，有人主张降太学释奠为中祀，楼钥却认为："天子驾临，于先圣则拜，武成则肃揖，所行礼仪不同，难道可以混为一谈吗？"

　　景灵宫是两宋原庙，宋室南渡后在刘光世、韩世忠旧宅的基础上修建而成，位于新庄桥之西，大致在今天的武林路西侧。每年四孟时节，皇帝都要带着庞大的队伍朝献景灵宫。应该是在淳熙某一年的孟春，楼钥和其他官员一道随着孝宗车驾祭祀景灵宫，盛大的朝献典礼令他记忆深刻。富丽堂皇的景灵宫恍如蓬莱仙境，回到敕局官署，楼钥看着窗外的雪景，不顾春寒料峭，登上敕局小楼，眺望吴山、西湖，为脚下的临安城赋诗：

　　　　去年岁丰登，雨旸应时须。所欠惟一雪，祈禳遍精庐。晚亦粗飘瞥，六花舞空虚。雪气不待族，风伯随驱除。残春寒尚深，忽见云模糊。撒盐压衡茅，晨兴粟生肤。随班上廊庙，恍若登蓬壶。嵯峨宫殿深，朱扉黄金铺。百神卫灵居，半天散琼琚。又疑守护严，宝网络明珠。参差鸳鹭行，簪笏皆沾濡。退归冷局中，窗间竹扶疏。为思此绝景，往往终年无。不应惮凌寒，闭门守红炉。为君登危楼，深杯泛醁酥。崔嵬瞻吴山，莽苍望西湖。琼枝宿饥鹰，玉阶走韩卢。酒兴万里远，容我歌且呼。坐欲研五言，所愧李与苏。君与工属联，灞桥去骑驴。

　　随着龚茂良罢政去国，楼钥为避嫌力求去职。淳熙五年（1178），楼钥离开临安，通判台州。不到两年，他就又被调回了朝廷，先后出任宗正寺主簿、太府寺丞、宗正丞。南宋宗正寺是掌管皇族宗室事务的机构，主要负责档案记录与管理。针对国家财政入不敷出、百姓生活贫困的问题，楼钥提出皇帝应当施行仁政，节省皇室开支，停止新建土木。针对士大夫党争的问题，楼钥建议孝宗执中用之，孝宗很是赞同，还嘲笑了一番前代：唐朝皇帝说除去河北藩镇盗贼容易，除去朝廷朋党艰难，这有什么难的呢，不过是当皇帝的人听不到正确的意见罢了。

岁月匆匆，楼钥已年过不惑。应该是淳熙某年的一个冬去春来之时，楼钥和同年袁说友同游西湖，看着生机勃勃的湖山风光，感叹红尘来去：

> 同年紫陌再寻春，力主斯盟赖尹京。山外斜阳湖外雪，夜来阴霭晓来晴。平波滟滟新添绿，冻木欣欣欲向荣。此日此身清洁甚，软红何苦太忙生。

寒雪之后，冻木欣欣向荣，仿佛寄托了楼钥立身清白的志向。在临安工作期间，楼钥还结识了年轻的才子李璧。李璧，字季章，为史学大家李焘之子，早年以父荫入仕，绍熙元年（1190）登进士第。淳熙年间的李璧还是一个小小的监簿，一个暮色夕照的傍晚，两人一起泛舟湖上。酒醉归来，楼钥挥笔写下《次韵李季章监簿泛湖》：

> 仙舟共泛沧波去，且向苏公堤下住。西风吹就芙蓉城，青镜闲妆两呈露。皇家家法崇俭素，宸心但欲乘商辂。离宫别殿无兴作，天以西湖供一豫。吾侪公退得清赏，酒盏棋枰不知暮。深知夕照恋狎鸥，又恐昕朝追振鹭。自怜三入凤凰城，岁月黄尘等闲度。湖光正欲卷帘看，风色更烦褰幕护。孤山不见处士庐，司马空寻苏小墓。酒干人醉欢有余，联骑还趋涌金路。归来健倒浑不知，睡觉灯前袅香雾。丈人公子真冰玉，曾为出遨挥妙句。匆匆借韵仅成章，敢诧樽前鹦鹉赋。

偌大的西湖并没有被赵氏皇室独占，苏堤西风向闲适的楼钥和李璧吟唱岁月旧梦。"自怜三入凤凰城"，楼钥第一次来到临安是隆兴赶考，第二次是乾道使金，第三次是淳熙仕宦。十余年的

苏堤

时光如潮水一般汹涌而过，仿佛就在楼钥卷帘看西湖风光的抬手起落之间定格，同那难寻踪迹的林逋隐居处和苏小小墓一起匆匆被尘封。

淳熙九年（1182），楼璩去世，楼钥辞官回乡。服除，楼钥出知温州。在治理温州期间，楼钥关心民生疾苦，重视农业生产，减轻百姓负担，还阻止了可能发生的暴乱，得到了宰相周必大的赞赏。这时的临安城中，高宗驾崩，孝宗以为高宗服丧为由宣布禅位皇太子赵惇，是为光宗。

宁为玉碎志不移

【绍熙元年至五年：重华宫】

光宗即位，远在温州的楼钥开启了人生中一个新的篇章。这年八月，楼钥离开温州，赴行在临安府奏事。随后，他被任命为考功司郎中，考功司隶属于吏部，是负责文武官员叙迁、磨勘、资任、考课的机构。短短两三年时间，楼钥又改国子司业，擢起居郎兼中书舍人，他性格坦荡，正直严明，自掌制诰起便颇受赞誉。禁中或有人私下请求恩典，光宗却说："楼舍人朕也害怕他，不如就别求恩典了吧。"

当楼钥在吴山脚下的官署中勤勉工作时，南面凤凰山脚下的大内（南内）和北面的重华宫（北内）却彻底陷入了决裂状态。然而，重重宫墙禁锢了永无止境的斗争，楼钥和其他人一样，也根本想不明白宫中究竟发生了什么。在即位之初，光宗恪守孝道和祖宗家法，延续了五日一朝重华宫的传统，南内与北内其乐融融。转变起于绍熙二年（1191）十一月，悍妒的李皇后趁光宗祭祀太庙之时杀死了得宠的黄贵妃，又兼风雨大作，光宗惊惧之下得了重病。孝宗和谢皇后本来就不喜欢这个儿媳妇，出言斥责了李皇后，李皇后也就更加仇恨孝宗。第二年光宗身体有所好转之后，断断续续地赴重华宫问安。然而先是光宗缺席了绍熙三年（1192）的会庆节（孝宗生日），又屡屡更改将已经修成的玉牒、圣政、会要呈送重华宫的日期。楼钥便上疏请求光宗朝重华宫："臣每年随班，见陛下上寿重华宫，两宫都极为欢欣。嘉王每天都朝谒陛下，恪勤不懈，臣料想寿皇希望陛下朝谒的心情应该也是这样的。"在群臣的力谏下，光宗还是赴重华宫问安，李皇后也跟着去了，临安城中的人们都非常高兴。

但是这其乐融融的局面并没有持续太久，到了绍熙四年（1193），大内和重华宫的关系再次紧张。先是九月四日重明节（光宗生日），百官上寿，请求光宗朝重华宫遭到拒绝。又过了几日，光宗宣布即将朝见重华宫，刚刚走出御屏就被李皇后阻拦了下来，中书舍人陈傅良直接拉着光宗的衣袖痛哭流涕。朝重华宫的日期一改再改，楼钥上疏表示天子无戏言，何况过宫是彰显天子仁孝的美事，他实在想不明白为什么光宗不肯过宫，为什么要出尔反尔呢？

宫闱秘事难以探索真相，楼钥想必也听说了光宗疑心孝宗要废黜甚至加害自己的坊间流言。到了会庆节前夕，楼钥和赵彦逾等人联合上疏：寿皇既然亲自传位给皇帝陛下，正是决定颐养天年，所有军国大事都不参与了，所以陛下的担忧是毫无道理的，现在陛下久久不曾过宫，民间都已经流言四起了，陛下只要去一趟重华宫，便能立刻消除当下的危机，陛下到底在害怕什么而不去呢？如果圣心仍然不能有所感悟，那么就请罢免臣等的职务吧。他们又上疏孝宗，请求不要降旨免朝。结果到了会庆节那日，光宗还是称病不朝，只有宰相率领百官朝见重华宫。光宗已经连续两年缺席了会庆节上寿典礼，楼钥忧心如焚。

光宗终于还是去了重华宫。临安城的百姓们已经太久没有见到皇帝朝见太上皇的车驾了，他们欢欣鼓舞。楼钥就在从大内到重华宫浩浩荡荡的从驾队伍中，亲眼见证了漫天风雪中万人空巷、万众欢舞的场面：

都人久不望威颜，惊喜鸣鞘风雪间。万井欢声迎晓仗，九天和气下人寰。龙楼笑启瑶池宴，鹓序欣趋玉笋班。道上峰头皆见日，绝胜衔烛照崑山。

如今的临安城，已经没有人记得风雪寒霜间的徽、钦二帝了，只记得九天和气、升平歌舞所层层包装起来的天家父子亲情。绍熙五年（1194）五月，孝宗病重的消息传遍朝野，宰执和侍从官纷纷上疏请求光宗赴重华宫侍疾，但光宗仍然称病不出。无奈之下，朝廷的官员纷纷请辞，楼钥直接质问光宗："陛下上朝，辅臣无一在列，怎么向天下人交代？"

孝宗驾崩，光宗拒绝过宫执丧，一场宫廷政变随即爆发。在太皇太后吴氏的支持下，嘉王赵扩即位，是为宁宗。皇帝禅位需要正式的诏书，更何况绍熙内禅名为内禅，实为政变，这一艰巨的任务就是由楼钥完成的，其书中有云"虽丧纪自行于宫中，而礼文难示于天下"，措辞委婉切中，令朝野称颂。

宗室赵汝愚和外戚韩侂胄都参与了绍熙政变，宁宗即位后的政治格局呈现出以二人为首的两个政治集团的对立。升任给事中的楼钥支持以赵汝愚为首的道学士大夫集团，参与营救理学宗师朱熹的行动，遭到韩侂胄排挤，被迫出知婺州，后奉祠返乡，时间长达十三年之久。韩侂胄迫于公论，欲起用楼钥，回想起当年曾在临安都亭驿请楼钥为祖父韩嘉彦尚主诏草作跋，又在公开场合宣称与楼钥关系亲密。当韩侂胄派人联系楼钥时，楼钥不为所动，指着席间说道："我宁可死在这里，我的心志也不会改变。"

楼钥词翰早已名冠朝野，即便是去国归乡，仍然有自临安来的人访求笔墨。嘉泰三年（1203），楼钥应径山寺元聪禅师信邀，为重建的径山寺作《径山兴圣万寿禅寺记》。楼钥径山之游的记忆被元聪禅师的书信从内心深处唤醒，恍惚间，远在明州家乡的楼钥好像又看到了余杭径山上云海缭绕的绝美景观：

> 余尝登含晖之亭，如踏半空，左眺云海，视日初出，前望都城，自西湖、浙江以至越山，历历如指诸掌，真绝景也。

极目望去，都城、西湖、钱塘江、会稽山尽收眼底。还有那个眉目含笑的青年楼钥，那是绍熙年间还是淳熙年间的往事了呢？

临安信美非吾土

【嘉定元年至六年：东宫/显应观/吴山井/龙井】

当杨皇后和史弥远联合谋杀韩侂胄于玉津园之后，楼钥的故事和南宋的历史一起进入了一个新的阶段。开禧三年（1207）底，年过七十的楼钥重返临安。嘉定元年（1208）初，楼钥起任翰林学士，迁吏部尚书兼翰林侍讲；同年八月，楼钥又改任签书枢密院事，兼太子宾客。次年正月，拜参知政事。此时的楼钥已成为宁宗倚重的朝廷元老，地位非同寻常，以至于嘉定三年（1210）

的元日也令他比以往更加
欣喜：

　　岁当庚午旦庚寅，最
喜明朝遇上辛。五福来临
吴越分，更欣三日即颁春。

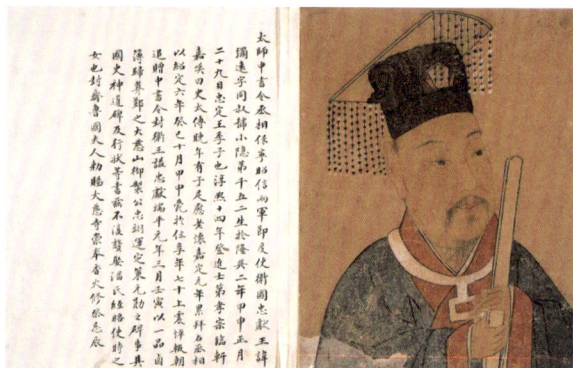

史弥远画像（鄞州区档案馆藏）

不同于北宋东宫独立于
外，南宋东宫挤在狭隘的大内
之中。从孝宗到庄文太子，从
光宗到宁宗，再到这时的皇太子赵询，他们都曾居住过丽正门内
这个拥挤的东宫。楼钥为这位年轻的皇太子讲解经史，将伯父楼
璹为於潜县令时所绘的《耕织图》进呈皇太子，期望长于深宫的
储君能理解民生之艰难。此时的南宋朝廷已经进入了杨皇后和史
弥远联合专政的局面。楼钥虽担任参知政事，但对政局的影响力
始终有限，甚至当时的临安城盛传《烛影摇红》这首词，其中有云：
"几回见了，见了还休，争如不见！"更何况楼钥与史弥远都是明
州鄞县人，两家为世交，关系密切。在嘉定更化时期，楼钥很可
能在一定程度上附和史弥远。《攻媿集》中就保留了楼钥赞美史弥
远的诗词，还有他在史弥远宅第观赏芍药赋诗的描写。

　　楼钥真的觉得自己已经年迈体衰，多次上疏请求为贤能后生
让位。宁宗挽留："你是忠直之辈，朝廷正需要你这样忠实老成
的人，东宫也舍不得放你离开。"终于在嘉定六年（1213）三月，
楼钥如愿辞官回乡。宁宗与皇太子都颁下丰厚的赏赐，宰执相送
至浙江亭，握手惜别。快乐的楼钥作诗曰：

　　万顷平湖一苇杭，此归喜似贺知章。上恩赐与西湖曲，
遂老吾家归照堂。

　　狂客归来终好夸，越王城下占烟霞。此中信美非吾土，
不似西湖是我家。

"钱塘第一井"吴山井

这里的"西湖"不是杭州西湖，而是宁波月湖。在临安城的五年多时间里，楼钥一直主持朝廷诏令制文撰写，闲暇时常常出游于西湖山水名胜之间，留下了数量相当可观的题书刻石和诗词文赋，为美丽的临安城增添了文化气韵。比如西湖边上的显应观，大致在今天柳浪闻莺、钱王祠北侧。嘉定三年（1210）十一月，楼钥奉宁宗诏撰《中兴显应观记》并刻石立碑。碑石虽已失传，但全篇记文被完整地保留在《攻媿集》中。

还有那始建于五代吴越国，号称"钱塘第一井"的吴山井，"吴山横亘城中央，左右江湖尽襟带。寒泉迸溢清且甘，发自灵源匪分派。天目两乳龙凤来，秀气所钟此其最。海滨斥卤润作咸，安得一泉独滂沛"，楼钥借着这滋润临安百姓的井泉歌颂太平。历经千载，位于大井巷内的吴山井是杭州现存最早的古井之一，仍然流淌着澄澈泉水。

至于西湖龙井，楼钥也应当来过许多次。楼钥曾游龙井，得友人王伯齐一联，非常高兴，后来同儿辈们再游龙井，便将这联诗句扩充成为一首七律诗："路入风篁上翠微，老龙蟠井四山围。水真绿净不可唾，鱼若空行无所依。胜处虽多终莫及，旧游谁在事皆非。只今匏系何由到，徒羡联镳带月归。"掩映于茶山之间的老龙井，至今仍是风景绝佳的揽幽处。

楼钥虽是位高权重的朝廷元老，虽有闲暇游山玩水，但他多次在临安的多个地方表达了"此中信美非吾土""吾方谋乞身，信美难久驻""信美终非吾久处，乞身惟待老乡关"的思乡之情。比如在新庄桥之南的太乙宫，楼钥曾于随班陪祀时来过这里，"我得暂来犹醒心，羡君清福住年深。长安信美非吾土，倦翼惟思归故林"。还有在六和塔秀江亭壁间，楼钥凝思远望钱塘江上的千帆万舟，滔滔江水怎么能比得了他内心的忧愁呢？"江外参差列万山，我家深在万山间。好山正不用钱买，但要未老身先闲。长江比愁终似少，江水能回愁不了。扁舟何日过西陵，鄮山佳处吾归老。"只愿其中能有一叶扁舟送他回乡。楼钥归乡仅仅一月后，逝世于故里，享年七十有七。幸运的是，他终于不留遗憾地回到了魂牵梦萦的鄮山佳处。

誉满山河

朱熹：斯文不朽垂万世

朱熹像

初冬已至，临安微寒，波澜奔涌的钱塘江水拍打堤岸，仿佛不经意间激起岸上游人心底的涟漪。从凤凰山麓大内禁中的经筵所，跌落到舟行入朝时曾路过的小小昌山，垂垂年迈的朱熹该是何等心境？

怀疑、谩骂、指控，如潮水般向朱熹涌来。幸好，他还有学生弟子、同道好友。幸好，他还有书卷经典流芳。他去世于失落离开临安的六年之后。在庆元党禁仍然严厉的政治背景下，四方道学信徒相约会葬这位道学宗师，一生豪气自负的辛弃疾落泪致祭："所不朽者，垂万世名。孰谓公死，凛凛犹生。"

睥睨万里试临安

【绍兴十八年：礼部贡院/集英殿】

朱熹与临安之间的缘分，在他很小的时候就结下了，他在这里游学，在这里科考。建炎四年（1130）九月十五日，朱熹出生于南剑州尤溪县（今福建三明市）。他的父亲名叫朱松，对理学研究颇深，曾中进士，入仕朝中，却因反对和议与秦桧不和，遭受排挤失去官职。朱松返家后以教书为业，幼年的朱熹便在父亲的严格教导之下成长，不仅学习经籍典章、理学奥义，也关注天下大事与社稷民生。大约是在绍兴七年（1137），朱熹第一次来到临安。前不久，朱松服丧期满，再次应召入京，在朝廷中任秘书郎。朱松在临安安顿好后，就将朱熹也接了过来。于是，年仅八岁的朱熹，便在这个偶然的机会下，与临安打了个照面。朱松在临安任职时，也十分关心朱熹的学习，除了自己亲身管教之外，朱松还利用在临安的机会，带领朱熹前去拜访了许多学者。

朱熹到临安后没多久，便在父亲的带领下，前去拜访刑部侍郎杨由义。朱松与杨由义有过故交，这次上门拜访，就是想请杨由义收下朱熹为学生，能够让朱熹跟随他学习儒学。除此之外，朱熹还学习了《居家杂仪》，这是北宋名臣司马光所著的一部治家、教子书，对朱熹家学及道德观念的形成具有一定的影响。朱熹还在临安见到了舅父程复亨。程复亨常常登门拜访朱松，朱松也多次写诗相赠。这次在京相见，程复亨经常到朱家来。他性情豪放，喜欢喝酒，每次来的时候都会与朱松尽兴饮酒，酒酣耳热之际又开始引吭高歌、高谈阔论。这种豪放、不拘小节的性格，给童年的朱熹留下了深刻的印象。

朱松在朝中任职，历任著作佐郎、度支员外郎兼史馆校勘、司勋郎官、吏部员外郎。当高宗与秦桧屈辱议和之时，朱松难以抑制心中愤怒，与范如圭等人联名上书，坚持反对议和。这一行为引起了秦桧的反感，当时秦桧任相，独揽大权，与他作对基本上就是在自请去职。果然，不久之后，朱松就被贬出京师，外放地方。在朝任职三年，他也逐渐明白了朝中的局势。秦桧当政，一意苟合，朱松不愿与之为伍，于是并没有接受朝廷的任命，而是直接辞去官职，返乡归家。绍兴十年（1140），十一岁的朱熹随父亲一同离开了临安。他与临安之间的初见，便也落下了帷幕。

八年后的春天，十九岁的朱熹第二次来到了临安。这次来临安，是为了参加科考。前一年，他在建宁府贡院的乡试中拔得头筹，主考官蔡兹对他的策论印象深刻。考完试后，朱熹回到家中，与老师刘勉之的爱女刘清四结为连理。婚后不久，为了参加省试，朱熹在家中稍作停留，就匆匆奔赴千里之外的临安。朱熹对这次考试胸有成竹。他自幼有父母教导，此后又追随名师，而且他自己勤奋为学，在学问道理之上从不肯马虎敷衍，因此，他自信有能力通过会试，获得进士的身份，将来以效天下。临行之际，朱熹还作了一首题为《远游》的诗：

> 举坐且停酒，听我歌远游。远游何所至，咫尺视九州。九州何茫茫，环海以为疆。上有孤凤翔，下有神驹骧。孰能不惮远，为我游其方。为子奉尊酒，击铗歌慨慷。送子临大路，寒日为无光。悲风来远壑，执手空徊徨。问子何所之，行矣戒关梁。世路百险艰，出门始忧伤。东征忧阳谷，西游畏羊肠。南辕犯疠毒，北驾风裂裳。愿子驰坚车，躐险摧其刚。峨峨既不支，琐琐谁能当。朝登南极道，暮宿临太行。睥睨即万里，超忽凌八荒。无为蹩躠者，终日守空堂。

"睥睨即万里，超忽凌八荒"，少年朱熹的心中奔涌着凌云的壮志。他怀着志在必得的信心，在绍兴十八年（1148）初到达了临安。

临安的初春，还带着些许料峭的寒意。这位常年在闽地游学的学子,在微冷的、氤氲着水汽的江南气候之中,走进了这座都城。他知道,就是在这里,他要与来自全国各地的举子一同参与那场关乎前途命运的考试。想起考试,朱熹的心中紧张与兴奋兼而有之。对他来说,参加科举考试,不仅是为了搏一个功名,更是要证明自己学有所成。只有经历了经义、诗赋、论策这一场接着一场的考试,才算真正经历了一次求学的考验。也只有获得了进士的功名,才算真正的学有所成,也才有机会报效国家、为国分忧。这年二月,朱熹与其他举子一同前往礼部贡院参加省试。省试持续数日,由于宋朝以来实行的严格制度,举子在考试之前需要严加审查。为了防止徇私舞弊,所有试卷都实行弥封,考生的姓名、户籍等信息都被遮盖起来;同时,还有考官专门负责誊录试卷,以防止因字迹而舞弊。朱熹考完后,便将试卷交由负责收卷的考官,随着人潮走出了考场。

考完试,朱熹心中的一块大石已然落地。结果尚需一些日子才能出来,趁此机会,不若稍稍放松心情。"东南形胜,三吴都会,钱塘自古繁华",柳永词中的杭州,如今正在他的脚下。此刻故地重游,结束考试的朱熹心中从容快意,正适合好好赏景游玩一番。八年过去,朱熹再次行走在临安的街巷之中,儿时的记忆涌起,与眼前的景象似乎渐渐重合,但是又有些生疏。不过,西湖仍在,它仍旧那么恬静、美丽,令人久久驻足,不愿离去。

在焦急的等待之中,放榜之日终于到来了。尚书省门前早已聚满了考生,朱熹在人群中艰难前移,总算看到了皇榜上自己的名字。接着又顺利通过了在集英殿举行的殿试,取得了第五甲第九十人的名次。数年苦读,一朝功成,朱熹心中的喜悦可想而知。在临安处理好一应事情后,朱熹一身轻快,踏上了归途。归家途中,朱熹乘水路经过桐庐,在舟上极目远眺之时,他发现一座依山势而建的临江寺庙。山水如画,他诗意顿起,遂朗声吟诵:

一山云水拥禅居,万里江楼绕屋除。行色匆匆吾正尔,春风处处子何如？江湖此去随鸥鸟，粥饭何时共木鱼！

孤塔向人如有意，他年来借一龛藤。

正如他此刻的心情，小舟也是如此轻快迅捷。倏忽几日，他已经离开了临安，正向着福建家中奔去。

天子召对论恢复

【隆兴元年：垂拱殿】

为官数年，朱熹终于见到了天子，上奏了心中所愿。绍兴十八年（1148）进士放榜之后，朱熹匆匆回到家中。当时朝廷规定，像朱熹这样获得同进士出身的人，需要再次参加吏部铨选考试才可以入朝为官。因此，朱熹若要入仕，必须再去一次临安。绍兴二十一年（1151），时年二十二岁的朱熹第三次来到了临安。此番入京，朱熹是深思熟虑过的。自从绍兴十三年（1143）父亲去世之后，他便成了家中唯一的男丁，上有母亲需要侍奉，下有妻儿需要照料，三年来他留居崇安家中，除去访问、求学之外，便是为家庭生计谋划。到了绍兴二十一年（1151），家中境况愈发困窘，朱熹思前想后，最终决定前往临安参加考试，争取一次入朝为官的机会。

朱熹到达临安不久之后，吏部便举行了铨选的考试，而他也成功通过了考试。之后，朱熹接到朝廷通知，授予他左迪功郎、泉州同安县（今福建厦门）主簿的职位。但是泉州主簿一职尚未空出，因此朱熹还得等待朝廷补缺的通知，再去赴任。

除去考试之外，朱熹这次来临安，还去拜访了父亲的好友钟世明。父亲去世虽然已有八年之久，但是父亲的众多好友仍然健在，因此一有机会朱熹便会前去拜访，这既是晚辈对长辈的尊敬，也替已经去世的父亲表达心意。

接到朝廷的通知之后，朱熹知道自己需要等待才能正式入朝为官。但是他也不知道自己需要等多久，为了减省花费，他决定暂且先回到家中，这样可以减省在外住宿、出行的花费，而且也方便自己做学问。于是，朱熹的第三次临安之行便如此匆匆结束了。

朱熹第四次到临安来，已经是隆兴元年（1163）的事情了。前一年，高宗退位，皇太子赵昚即位，是为孝宗。初登皇位的孝宗，在对金政策方面十分积极。他不仅贬斥了秦桧党人、为岳飞平反冤案，还起用老将张浚，朝廷内部的投降气氛几乎一扫而空。朱熹虽然不在中央任职，但他对于国事十分关注。和父亲一样，朱熹坚持反对议和，力主抗战，所以当他知道孝宗任用主张抗金的张浚作为主将时，他内心的激动可想而知。这年八月七日，朱熹向孝宗上了一道奏章，在奏章中，他提出三项建议：一、讲求"格物致知之学"；二、罢黜和议；三、举贤任能。这些主张对于刚刚登基的孝宗来说，十分切合实际。朱熹虽然实际任官只有三年，而且只是福建同安县的小小主簿，可是他做出了实绩。做了三年主簿之后，朱熹奉祠在家，有时出外拜访学者，有时聚徒讲学，在他钻研学问的同时，他作为学者的名声也渐渐传扬开去。

在多重原因之下，孝宗召朱熹赴临安会见。此时的朱熹还在家中，他按照常例，对应召之事表示推辞，以示谦逊。这是当时人们的礼数，朝廷并不会批准，几个月后，孝宗再次下诏催促，朱熹立即从家中赶赴临安应召，入见天子。为了这次召见，朱熹可是做了很久的准备。在最初接到诏书之后，他就写信给老师李侗，请教相关的问题。在信中，李侗认为国家衰弱的根源是道德不振，人不分义利，而要使国家富强，就必须发扬道德。李侗曾师从杨时、罗从彦，学习《春秋》《孟子》等典籍，对于二程的学说颇为了解。作为朱熹父亲的同窗，李侗十分器重朱熹，在朱熹向他求学之时，他将所学倾囊相授，尤其是二程的学说。在老师的点拨之下，朱熹对于国家目前的处境有了更深的思考。当他到达临安，接到皇帝召见旨意之时，虽然紧张，但已是胸有成竹。

这年十月，朱熹打点妥当之后，进入皇城。在阁门官的引导之下，他走到了垂拱殿前，此时孝宗正在殿中等待他的到来。随后，按照礼制，朱熹跪于阶下，正对殿中行礼，然后起身上殿，跪于皇帝面前。接着，朱熹连上三道奏章，提出了自己的建议。

在第一道奏章中，朱熹再次强调了格物致知之道。他认为若要实现国家之治、天下之平，格物致知的大学之道正是关键。因此，应当正心诚意、修生养性、重视实学，方能齐家治国平天下。

在第二道奏章中，朱熹针对的则是与金之间的和战问题。他指出，非战无以复仇，非守无以制胜。宋金之间乃是父子君臣不共戴天之仇，其仇之深，唯有坚决抵抗，才是人之常情。由此，朱熹将宋金之间的和战问题，与人伦常情相结合，论证了战之必要，和之屈辱，再次申明了非战不可的主张，恳请孝宗勿要遣人议和。

朱熹的第三道奏章，则是为实现恢复大业提供的几点建议。朱熹认为，制御夷狄之道不在乎威强而在乎德业，不在乎边境而在乎朝廷，不在乎兵食而在乎纪纲。因此，若要实现恢复大业，孝宗应当修德业、正朝廷、立纲纪，这样才能接纳忠言、斥退邪佞、堵塞后门、巩固邦本，从根本上解决问题。

朱熹所言字字珠玑、切中要害，可是他不知道，此时朝廷内外的风向已经随着张浚符离溃败而转变。但是孝宗的反应却很明显，开始上第一道奏章时，孝宗还频频点头、不时回应，可说到抗金作战之时，天子的脸色已经急转直下了。不过，初次瞻仰天颜，朱熹恐怕尚未来得及细想孝宗的反应。他将自己悉心准备的建议上奏，盼望天子能够吸纳忠言，国家得以繁荣富强。上奏完毕之后，他按礼退出大殿，心中还有着残余的兴奋之感。六天以后，朱熹接到圣旨，任其为武学博士，待缺四年，虽然并非要职，但朱熹仍然非常高兴。朝中好友为他设宴置酒，朱熹尽兴而饮，喝得半醉，以至于不能提笔写信。

朱熹的期待注定是要落空的。事后，朱熹了解朝中动向，这才知道和议已定，他根本无法改变朝廷的主张，但是他不愿轻言放弃。在临安待命期间，他拜访了参知政事周葵，再次陈情抗金，但却失望而归。不过，京中幸好还有同乡及好友相伴，他们中如陈俊卿、凌景夏、韩元吉、胡铨等，都是临安朝堂之上的要人，这也从侧面说明了，虽然朱熹久不在临安，可他与临安之间的联系却是千丝万缕的。

朱熹在临安还去拜访了张浚。当时张浚负责军事，朱熹向他提出了自己关于北伐的一些想法，张浚虽然看到这个年青人的认真，但是也只能无奈地告诉他，自己无法调动整个军队。这一年，朱熹还遇见了张浚的儿子张栻，他们二人在学问、抱负方面一见如故，相谈甚欢。朱熹还请张栻转告其父张浚，千万不要与汤思退共事和议。

随后不久，朱熹在临安处理完相应事务，返回了家乡。这一次临安之行，朱熹是满怀希望而来，失望而归。他原以为自己的主张可以被朝廷重视，却不曾想到和议已成定局。回到家中的他，有好一段时间的心灰意冷。隆兴二年（1164）四月，朱熹第五次来到临安，应召任职武学博士。临安的夏天，总是炎热的，但树叶繁茂，无边绿意映入眼帘，心头的烦躁也被一扫而空。再次入都供职，朱熹不免想到去年自己在杭州的情形。当时他满怀希望，入见上奏，本以为会报效国家，未曾想只是白日做梦罢了。而今和议已成，即后来所称的隆兴和议，一向反对议和的朱熹再次回京任职，他的心中还抱有一丝希望，但是他又一次被冰冷的政治现实给予当头棒喝。

朱熹入职时，正是钱端礼任参知政事。在对金政策上，钱端礼偏向主和，因此朝中主战派势力受到掣肘。朱熹早就向孝宗提出反对议和，对于议和，他是深恶痛绝。因此，每每朝中有议论之时，他都无法按捺心中愤怒，直言进谏，但是却没有一次得到期待的回应。冷遇之下，朱熹更是失望，他心中原本怀有的一些希望，便在这短短数日中破灭了，自知仕途无望的朱熹决意去职。

不久他便收拾行囊，离开了天子脚下。

淳熙八年（1181）十一月，朱熹第六次来到临安，应召奏议。这一年，朱熹年过五十，在学问上越发精进，处事也日益沉稳。前不久，他刚从南康军的任上卸职，便接到了朝廷的任命。朝廷先是任命他提举江南西路常平茶盐公事，他未就职；不久，宰相王淮因为朱熹在南康救治饥荒颇有成效，向孝宗推荐他提举浙东常平茶盐公事。

当时，浙东先后遭遇水涝和干旱，粮食大量减产，饥民遍野，因此而死的人很多。朱熹在夏天时便已经听闻浙东灾情，他在给吕祖谦的信中就表达了对浙东灾民的同情，认为朝廷对此漠然处之实在是不应当的。因此，在接到朝廷任命他提举浙东时，朱熹为救灾计，即日受命，并请求入见皇帝奏事。十月二十八日，尚书省札子送达，允朱熹之请，并令他疾速来京奏事。朱熹不敢怠慢，速速整理行装，四天后便从武夷山出发，一路赶赴临安。十一月末，在行了大半月的路之后，朱熹终于抵达临安。不久受诏入见，朱熹向孝宗上呈七道奏札，即后所称的辛丑奏札。

这次上奏，朱熹主要是为了救灾事宜。赴临安的途中，他途经衢州，看到灾民惨状，不禁先行处理了灾情，对于浙东的情况有了更加具体的了解。在上奏时，朱熹便根据自己了解的情况，提出了自己的见解。他对孝宗提了检灾放税、经总制钱等，孝宗都有所回应。此外，根据自己在南康军理事的情况，朱熹还提到了白鹿洞书院一事。孝宗对朱熹所言诸事细细倾听、询问，认为其所提之建议都十分切实可行，便听从了朱熹的建议。此次入见之后，朱熹因为要去就任救灾，在临安并未停留多久。十二月六日，他已经到达萧山县境，开始了他的浙东救灾。

戊申封事万言书

【淳熙十五年：延和殿】

朱熹的浙东救灾事业未就而折戟途中，这是因为他弹劾的贪官是宰相王淮的姻亲，朱熹再一次体会到了人事无常。虽然孝宗下旨称赞他赈济有功，但朱熹还是回到了老家崇安，有数年时间未曾过问政事。直到淳熙末年，朱熹屡次入朝奏事，著名的"戊申封事"即将诞生。

在家闲居五年之久的朱熹，在一年内两次赴临安，皆是入朝奏事。此前，杨万里曾向宰相王淮举荐人才，其中就有朱熹；其后，又向孝宗专门推荐朱熹。在身边大臣的接连推荐之下，孝宗想起了长久闲居在家的朱熹，不久便下诏授职江西提刑。这时已经是淳熙十四年（1187）了，接到朝廷通知时，朱熹还在崇安家中。他递上辞呈，既是按照常例所为，也是心中犹豫所在。毕竟再过不久他就年满六十了，而想起此前宦途种种，他不由得对此次任命抱有一些怀疑的态度。淳熙十五年（1188）的春天，留待家中的朱熹再次接到了朝廷的通知，要他前去临安奏事，随后便去赴任。朱熹当时正在家中养病，且对朝堂政事自有隐忧，因此再次拒绝了。可朝廷却没有给他拒绝的机会。不得已之下，朱熹三月间离家赴京。在途中，他一面养病，一面递上辞呈，却再次得到了催促他入京奏对的通知。五月末，迟滞数日的朱熹终于抵达临安城内。

数年未至临安，与京中友人一别甚久，此番相见，应酬往还自是在所难免。除却好友相见，朱熹也有不少学子门人，他在家乡讲学数年，引得众多学子前来求学。如今来到京中，自然也会有人上门切磋。其中，有一位名叫林栗的人。林栗与朱熹同是福建人，他出生于福州福清，是绍兴年间的进士，及至孝宗即位，始获重用。淳熙十五年（1188），林栗应召回京。六月一日，他前去拜访同在临安的朱熹。朱熹与林栗早前曾有交往，虽算不上至交好友，但也是熟人。故人来访，朱熹定然热切招待，但是这次两人相见却引来了极大的争执。

原来，林栗登门访问是为了与朱熹讨论《易经》之义。此前林栗曾作《周易经传集解》，并将此书送给朱熹过目。这次拜访，是他认为自己的著作中可能存在不正确的地方，希望与朱熹一同讨论。朱熹为人刚直，听完林栗的话后，便将自己心中所想直言相告。他指出，林栗的书中有"大纲领"性的错误，对于《易经》中关键理念的把握也不准确。结果两人各执己见，最终不欢而散。

六月四日，朱熹接到宰相传旨，急忙前去申请入见。七日，他来到延和殿，整装趋前，跪地奏对。他先感谢圣眷，数年前任浙东提举时，若非孝宗保全，他绝无机会再次奔赴京城。听了朱熹的话，孝宗说："浙东救荒你费心甚多。久不见你，浙东之事朕便知道了。现在应当以清简重要之职任用你，不再让你去州县任职了。"看起来，孝宗似乎并没有忘记他，还要以清要之职重用他。朱熹的心中不免有些惶恐，他再三称谢后，方开始奏对。这次入对，他准备了五篇奏札，内容涉及刑罚判处、州县刑狱、经总制钱等，都是他在任期间所发现的弊病。最后，朱熹从全局出发论天下之治，他认为孝宗即位二十七年以来，之所以未成治世，在于政治、军事、经济等诸多方面都有根深蒂固的弊病。他建议孝宗，要从根本上去除朝政之痼疾，就应当存天理、灭人欲。

奏对中，朱熹读着奏札，孝宗则一边听，一边随时应答。读到有些地方时，孝宗还会与朱熹讨论。君臣对谈，十分和谐。在奏对中，朱熹可以感到孝宗的信任，因此事后心中也十分满意，或许此行不会辜负自己。次日，尚书省札子传下，朱熹接到新任，由江西提刑改任兵部郎官。兵部郎官确实是一个清要之职，可以看出孝宗对朱熹的重视。但是林栗此时接任兵部侍郎，两人日前因为一场辩论不欢而散，朱熹此时若接受任命，岂不是难为自己！于是心怀难言之隐的朱熹隐去这段波折，只说自己疾病发作，左脚剧痛，无法赴任，并请求朝廷准假以期治疗。

　　林栗也看到了朝廷旨意，他当晚便遣人将兵部郎官的官印送往朱熹住处，并让人传话给朱熹，催促朱熹速速到部任职。无论是林栗还是朱熹，两人都是性情刚毅、不肯屈服的人，虽然是学问上的不合，但是两人难免都会置气，因此在朝堂上也逐渐针锋相对。看到林栗遣吏送印，朱熹也再次说明情况，上呈兵部，要求暂不赴任。但是兵部却一再催促，无奈之下，朱熹只得暂且留住送印的吏人，让他与自己一起看守官印。两天以后，朱熹得到消息，知道林栗和兵部尚书一同上书弹劾自己。林栗确实这么做了，他不仅指责朱熹不愿赴部供职，还攻击朱熹徒有虚名、毫无学问，从而请求孝宗收回成命，不要再任用朱熹。

　　此时的孝宗刚刚与朱熹对谈过，朱熹给他留下的印象十分深刻。因此看到林栗的弹劾文章时，他认为林栗所言是言过其实的。朝中也有几位大臣为朱熹进言，宰相周必大特意提醒孝宗说，当时朱熹入殿奏对之时就行动不便。孝宗回想，朱熹似乎确实是跛足而行。因此，朱熹称病不去并非假意，而是真的有疾在身。最后，孝宗下旨，仍除朱熹江西提刑。

　　朱熹不必出任兵部郎官，自然也无需与林栗相看两生厌。朝廷态度暧昧，既没有处分林栗，也没有贬斥朱熹，朱熹已不愿思索背后种种。他决意辞免，连江西提刑的职位也不去赴任。六月十二日，朱熹踏上离开临安之路，他取道衢州，途中上状辞免江西提刑一职。面对孝宗接二连三的降旨，朱熹只是一再以足疾请辞，不肯赴任。最终在八月，朝廷同意了朱熹的请求。就这样，朱熹离开了临安。但是，临安城内关于他的争论，随着叶适等人的上书，又迎来了一波新的高潮。八月间，才获祠官不久安居家中的朱熹，又受诏赶赴京城。十月，朱熹到达临安，十一月间上疏言事。这次入京，朱熹准备了一份长达万言的密封奏章，准备上呈给孝宗。

　　在奏章中，朱熹再谈正心之道。他认为，当前国势积弱、危机重重，是因为孝宗的心还不正。因此，只有孝宗正心，行天理、灭人欲，才能挽回颓势，收复中原。朱熹的这封奏章洋洋洒洒，涉及太子辅翼、大臣选拔、国家纲纪、民生风俗等多个方面，进一步阐明了他的政治主张。

淳熙十五年是戊申年，所以这次上书也被称为"戊申封事"。据说孝宗连夜读完了万言书，不但没有大发雷霆，反而接连超升朱熹的官职。上书后不久，朱熹得到任命，主管西太乙宫兼崇政殿说书，这是个闲职，但却要留在临安城中，为天子讲授。孝宗的态度很微妙，虽超升朱熹，但并没有对万言书提出的建议立即付诸行动。而经历了林栗等人的弹劾后，朱熹也实在无心留在临安城内了。他已向孝宗表明自己的心意，将奏章上呈天子，这就已经完成了任务。于是，他再次离开了临安。

淳熙十五年（1188），朱熹两次到达临安，正如他此前的经历一样，带着希望来，带着失望归。他总是不远万里地奔赴，又头也不回地离开。

耆艾颓然见昌山

【绍熙五年：昌山／灵芝寺】

钱塘江畔的昌山见证了理学宗师朱熹载誉入朝，也见证了他从天子经筵跌落至此。绍熙五年（1194）七月十一日，正在湖南潭州任职的朱熹接到朝廷的通知，要他前去临安奏事。从湖南奔赴临安的途中，朱熹一面赶路，一面上书辞免。他知道自己早已不适合朝政了，于是且行且辞，但宋宁宗却在这时候下了一道诏书，任命他为焕章阁待制兼侍讲。

还在赶路的朱熹深受震动。自从绍兴十八年（1148）中试以来，近五十年，他实际从政的时间少之又少，大多时间是以祠官之职领一份俸禄维持家计，此外便专心为学了。因此，作为天子侍讲——相当于帝师——这样的职务，对他来说属实是超出常格了。但是即使他数次上状请辞，表示不敢接受任命，宁宗也没有收回成命。看到朝廷迟迟不应，朱熹的心中涌起一丝难言的激动。如今他已垂垂老矣，却第一次任此要职，或许他还有机会将毕生所学教给这位年轻的皇帝，或许他的抱负也会有实现的可能。赴临安途中，朱熹在富阳舍舟登岸，路过昙山（今浙江杭州西湖区双浦镇），游览了郑涛的园亭，然后在棋枰石南侧石壁上题下一首诗：

> 颓然见此山，一一皆天作。信手铭岩墙，所愿君勿凿。

可惜，这首诗的题刻在清代就已经无迹可寻了。其实朱熹的心里还是残存着犹豫与怀疑，但是箭在弦上，不得不发。九月三十日，朱熹还是来到了临安。这是他第九次抵达临安，行至临安城外的六和塔待命。道学领袖抵达临安，在政治上与道学集团立场一致的永嘉名士陈傅良、叶适、薛叔似、许及之、蔡幼学、陈谦等纷纷前来与朱熹聚会商议。这时朝臣都在为新君惯出内批、信用近习而苦恼，他们向朱熹请教对策。朱熹却说他们现在是案几，我们则是案上的肉，还有什么闲工夫讨论这些？他对朝廷险恶的局势似乎已有充分的心理准备，只是从未有一丝妥协与暧昧的打算。

朱熹昙山题刻诗（重刻）

宋宁宗赵扩

再次来到临安城中，再次得天子召对，一切都与记忆中的往事那么相似。但物是人非，孝宗已经去世，倾听朱熹上奏之人已是宁宗了。

朱熹以五篇奏札上答宁宗，对罢，他再次当面辞免帝师之职，宁宗没有允许。次日，朱熹又请求不受待制之职，并由侍讲降为说书。几日之后，朱熹得到宁宗的亲笔批示："卿经术渊源，正资劝讲，次对之职，勿复牢辞，以副朕崇儒重道之意。"话说至此，朱熹如果再行辞免，那便是有违上意了。无奈之下，朱熹接受任命，正式出任焕章阁待制兼侍讲之职，成为帝王之师。十月十日，朱熹赴经筵供职。很快，朱熹又被现实政治打击了。先是他的《孝宗山陵议状》被朝廷否决，后又因祧庙争议与赵汝愚产生了矛盾。在山陵、祧庙问题上树立政治文化权威的尝试彻底失败之后，朱熹只有在经筵讲读中努力实施他得君行道的梦想了。这一切，都被韩侂胄看在眼里。

在其位谋其政，任其职尽其责，既然已经接受了这个职位，朱熹便会尽职尽责地辅导宁宗的学业。为了给宁宗授课，朱熹每次必要备课，而且每次讲课之前，朱熹都会静默片刻，在心中默默梳理讲课内容，态度十分郑重。论讲时，为了便于宁宗理解，朱熹常会使用生动的譬喻，并且援引史例，由知及行、由浅及深。讲解数次之后，他将讲义悉心整理后进呈，以便宁宗日后阅览。其所讲的内容，小至训诂音义，大至天理宏旨，无所不包。一切皆因宁宗，朱熹愿将所学倾囊相授。

但宁宗却并不愿被朱熹"摆布"。朱熹第一次赴经筵进讲《大学》是十月十四日，表面上宁宗对朱熹很客气。朱熹反复强调"大学之道不在于书，而在于我"，希望宁宗能以修身为本，像教训童蒙小子一样开导宁宗，每说出一句话，一定要反复思量，这对修身有没有什么害处呢？既然"大学之道不在于书"，朱熹反复絮叨这些当然也不是空洞的理论，事实上他是想通过儒家经典来限制皇帝的权力，批评宁宗惯用内批、宠信以韩侂胄为代表的近习而疏远士大夫，幻想着自己作为儒学权威可以匡正君德、纠正君心的错处。宁宗哪有兴趣正心诚意，但为了展现皇帝尊重经师的形象，他与朱熹交谈起宫中秘事，告诉朱熹太上皇（光宗）的近况，以示对朱熹的亲切。首讲之后，宁宗故作姿态下了一道《案前致词降殿曲谢》，夸奖朱熹讲明大学之道，表面上是褒扬，其实是提醒朱熹注意皇帝是唯一的政治核心。

　　首讲之后，朱熹又于十月十八日晚讲、二十三日早讲，闰十月一日晚讲、三日早讲、四日晚讲、十九日晚讲，一共讲了七次。朱熹以为他讲的效果很好，于是奏问宁宗："陛下对臣说的话有什么疑问吗？"宁宗很是敷衍："说得甚好，没什么疑问。"朱熹喜不自禁，对门徒夸赞皇帝是可以做好事的，希望能一直有贤者（自然是朱熹等理学家）辅导他，这样天下就有望啊！事实上宁宗对朱熹的道学唠叨与限制君权的苛求早已憎厌到无法忍受的地步。这一切，又被韩侂胄看在眼里。

　　在驱逐朱熹之前，宁宗先给朱熹加官晋爵，除实录院同修撰。朱熹还真以为受到重用。闰十月十九日晚讲，朱熹再次利用《大学》格物致知之说批评宁宗推崇空言，又再次请求宁宗考虑此前他上书之事。宁宗忍无可忍，朱熹刚跨出经筵，宁宗立即降出一纸内批驱逐朱熹：

　　　朕悯卿耆艾，方此隆冬，恐难立讲，已除卿宫观，
可知悉。

　　赵汝愚慌忙袖藏内批面见宁宗，但并不能让宁宗收回成命。二十一日，韩侂胄直接派内侍王德谦将内批送至朱熹住处。看到御笔内批之后，朱熹一切都明白了。他恪守着为人臣子的礼节，上呈二道状书，其一是为谢宁宗恩典，其二则是为乞免与宁宗辞行。西湖畔的灵芝寺，是朱熹即将去国的寓居之地，灵芝寺就是今天的柳浪闻莺、钱王祠所在地。处理好一切事务交接之后，朱

熹简单地与京中诸位友人作别，便轻装简行，离开了临安。

离开临安的路上，朱熹再次经过了昙山。上次所题之诗仍在，见景生情，被罢黜的朱熹心中既有失落，也有解脱后的洒脱与淡然。他略略思索，在仙人洞口上题下数行字：

> 绍熙甲闰十月癸未，朱仲晦父南归，重游郑君次山园亭。周览岩壑之胜，裴回久之。林择之、余方叔、朱耀卿、吴定之、赵诚父、王伯纪、陈秀彦、李良仲、喻可中俱来。

迎着临安冬日的寒风，朱熹乘舟南归。他不知道，临安城里正在酝酿着一场声势浩大的劫难，会将他与他的一众师友门徒全都卷入其中。但是，他已经离开了临安，离开了这个漩涡的中心。绍熙五年（1194）离开临安之后，朱熹再未踏足都城。

朱熹离开后不久，临安城中的天彻底地变了。次年，宁宗改元庆元，是为庆元元年。赵汝愚在与韩侂胄的政治斗争中落败，遭贬职外放，最后病死于他乡。朝堂已是韩侂胄的天下。曾为赵汝愚说情的大臣们贬的贬、罢的罢，朱熹也受到了韩侂胄等人的弹劾。不久，这场风波又迁延至道学领域，将学术立场与政治党派相互勾连，以达成韩侂胄党同伐异的目的。

一连串的风波让朱熹深受打击。但是，早已离开朝堂的他既无实权，也无职位，所有的便是微薄的祠奉。面对朝廷的打压与迫害，他决意谨慎，不让自己的子孙参加科举考试，也从不公开刊印自己的文章。唯有在著书讲学一事上，他从不退却，甚至对于那些因避祸而前来的学生，他也从不拒绝。朱熹已经老了，他的身体一直不好，朝廷的党祸对他的打击极为深重。不仅是他自己在这场风波中遭遇打压，他还看到自己昔日的老友与学生因为政治立场而屡遭贬斥，一身抱负而无处可去，他内心的凄凉与痛苦无处可诉。

庆元六年（1200）三月初九，七十一岁的朱熹在考亭去世。此时朝廷的党争运动还在继续。朱熹去世时只是一位退休的朝奉大夫，而韩侂胄掌控之中的朝廷则将之视为"伪学"的代表人物，因此自然不会有什么表示。但是随着韩侂胄的倒台，党禁解弛，朱熹又再次得到了南宋当政者的重视。嘉泰二年（1202），朱熹被追赠为华文阁待制；嘉定二年（1209），朱熹获谥"文"，后赠中大夫，又赠宝谟阁直学士；宝庆三年（1227），朱熹赠太师，追封信国公，后改封徽国公。

抱憾而终的朱熹可能不会想到，在被临安驱逐之后，他还会以这样一种方式，重新成为临安的座上宾。作为后世的读者，看到此处，或许也只能感慨一句岁月无常。时移事易，世事变迁，史事早已随风云消散，只有昙山如旧。

吕祖谦：须发苍浪休叹老

吕祖谦像

须发是什么时候变得花白的，吕祖谦根本没有察觉。晋人喜卧游，足不出户便能畅游山水，陶冶性情，于动荡乱世中仍能获得主体意识的升华和对内在心灵的守护。罹患风痹的吕祖谦就这样寓居婺州家中，看着满壁的图画静静沉思。山河邈远，岁月痕浅，他在抚琴动操之时忽然忆起了从前。

贡院春寒，百官宅的邻居好友，法喜寺檐角悬挂的铜铃随风拂过而响起的清脆的回音，秘书省台阁高柳旁那富丽堂皇的天子銮驾。吕祖谦不会忘记这些真切的往事，正如临安不会忘记吕祖谦。

少年才郎游京华

【绍兴二十六年至隆兴元年：礼部贡院／两浙漕司贡院／射殿】

　　吕祖谦少有才名，长游京华，二十七岁就登进士第。吕祖谦出身官宦世家，是北宋名臣吕夷简的六世孙。建炎年间，吕祖谦的曾祖父吕好问因避难举家南迁，到了他祖父吕弸中时，又迁居婺州，定居于此。东莱吕氏不仅世代为官，同时拥有深厚的家学积累，重视子孙后代的学识培养。吕祖谦受益于这样的家风，年少好学，博学多识，长大后更加主张明理躬行、学以致用。绍兴十八年（1148），祖父吕弸中致仕，吕祖谦以门荫恩补将仕郎。吕祖谦第一次来到临安，是在绍兴二十六年（1156）的年末，这一年吕祖谦二十岁。中秋时，吕祖谦参加福建转运司主持的进士考试，获得了第一名。

　　吕祖谦不是自己一个人独自入京，他的身边还有一位老师——林之奇（林三山）。林之奇，字少颖，又字拙斋，福州人氏，因福州别称"三山"，所以时人也称其为三山先生。林之奇的学问和品德都很好，可谓德才兼备。绍兴六年（1136），他本应去参加进士试，但念及家中年迈的父母，便没有前去参加考试。直到绍兴十九年（1149），才重新考取了进士。林之奇与吕氏家族交情颇深。年少时，林之奇曾师从吕祖谦的伯祖吕本中学习，学成以后，常以吕本中的说经之法在当地讲学，并且与吕氏一样，学问兼通儒学和佛法，学生众多，在当地颇为知名。

　　绍兴二十五年（1155），吕大器任福建提刑司干官，吕祖谦随父一同来到福州任所。此时，林之奇正在福州待命讲学，吕大器知道之后，便让儿子跟随林之奇学习。林之奇为学严谨，在教学方面也十分严格，对于吕祖谦常常是言传身教、以身作则。吕祖谦在他的影响之下，也接受了为学须疑等观点。所以第二年吕祖谦应试成功，林之奇作为老师，功劳不可小觑。这时，林之奇也收到了一则好消息：朝廷召他入朝任职。师生二人双喜临门，匆匆打点行囊出发，于绍兴二十六年（1156）十一月初九日来到了临安。

吕祖谦第一次来到临安，游览临安美景、拜访亲友故交自然不用再说。同时，老师林之奇入职朝中，出任秘书省正字，不久又迁任校书郎，负责管理朝中经籍等事。因此，跟随在老师身边的吕祖谦，也可以略略了解朝中新闻。老师有任在身，而吕祖谦也须为来年的礼部省试做准备。绍兴二十七年（1157）的春天，二十一岁的吕祖谦来到礼部贡院参加考试。或许是准备不充分，又或许是心情紧张，这次应礼部试，吕祖谦没有得到想要的结果。但是他没有被失败击倒，而是继续在临安准备吏部铨试。铨试是为只获得了进士身份的举子准备的考试，若通过便可以得到做官的机会。因此礼部试后吕祖谦并没有急着离开临安，而是继续留在这里备考。

铨试的结果很快就出来了，吕祖谦名列下等（博学宏词科）第三人。四月七日，朝廷授吕祖谦为迪功郎，监潭州（今湖南省长沙市）南岳庙。结果已经出来了，按照常理，吕祖谦本应回到家中，与家人共同分享这个好消息，但是他却没有直接回到福州，而是中途去到了台州。这是因为吕祖谦的外祖父曾几此前因忤逆秦桧而被迫去职，直到秦桧去世后方得复用，时在台州任职。于是这次从临安归家的途中，吕祖谦便顺道前去拜访了外祖父母，在台州停留了一月有余，才返回福州。

吕祖谦再次赴临安，是绍兴末年间的事了。绍兴三十年（1160）四月，吕祖谦岳祠秩满，再赴临安吏部铨试，名列上等第二人，授岳州通判。在临安期间，吕祖谦一直住在舅父曾逢家中，从师于汪应辰和胡宪，受益良多。这年八月，吕祖谦返回了婺州。第二年正月十三日，吕祖谦接到朝廷诏书，出任严州桐庐县尉，主管学事。十天后，妻子韩氏生下一子，全家人都很高兴，真是双喜临门，吕祖谦为之取名岳孙。不料天不遂人愿，岳孙出生二十日后便夭亡了，给全家人带来了悲痛，吕祖谦夫妻尤其伤心。

任职的诏令虽然已经下达，但桐庐县尉一职当下并未空出，所以吕祖谦还待在家中，与父母妻女相伴。直到绍兴三十二年（1162），先是岳父韩元吉入朝任司农寺主簿，吕祖谦陪着妻子归宁，又陪着母亲去越州外祖家，接着韩氏在临安生子后竟病逝，吕祖谦匆匆从越州赶赴临安将亡妻归葬婺州。处理完这些事，未能平息的悲痛涌上了吕祖谦的心头。屋漏偏逢连夜雨，妻子刚刚离世，小儿子也在三四个月后离世，血肉至亲接二连三离世，在这个方才二十六岁的年轻人心中留下了深刻的伤痕。

这一年，吕祖谦还在两浙漕司贡院参加了两浙转运司主持的发解试，碰见了同郡的陈亮，两人初次相遇便相谈甚欢结为好友。试后，吕祖谦得第二名，陈亮遗憾落榜。

隆兴元年（1163）的春天，吕祖谦在临安连续参加了礼部省试和射殿殿试，顺利地登进士第，改任左迪功郎。接着吕祖谦又中博学宏词科，吕祖谦向来以性情恬淡著称，此时竟有些喜出望外，固然是因为少年人成功后的激动尚未退却，也是因为自己文章中的思想得以受到朝廷的肯定。参加博学宏词科考试时，他在试卷上所答之文章，皆是陈述自己所思所想，没有半分曲从谄媚之意。如在《汉太史箴》中，他就点出史官作为"万世是非之权衡"者的责任，从史官秉笔直书的角度，来告诫君主不应专擅独裁，这也是他对孝宗的委婉劝谏。

及第之后，吕祖谦留在临安等待朝廷任命。六月初七日，朝廷有制曰："尔两科皆优选，宜有以旌其能，咨叙超升，是亦常典。可特授左从政郎，差遣如故。"随后又改差南外敦宗院宗学教授，专门为宗室子弟教授学问。恰在此时，吕祖谦听闻老师汪应辰应召入京，任敷文阁待制，且老师入京之时，还向朝廷举荐了朱熹。于是本打算即时归家的吕祖谦暂且放缓了归家的脚步，先去拜访久未相见的老师。这次师生相见，除了交流各自近来的状况及学问方面诸事之外，还谈论了有关朱熹之事。早在绍兴年间参加福建转运司考试时，吕祖谦便已见过朱熹，两人还结为好友，多有交往。此次汪应辰举荐朱熹，吕祖谦来访时不由得与老师谈起，当汪应辰询问他的意见之时，吕祖谦深表赞成之意。

这次临安之行，吕祖谦收获颇多。不仅取得科举功名，而且见到了老师，还知道了好友也被老师赏识，师友的情谊不免又充盈心中。而且这时的朝堂也颇不一样。去年夏天，也就是绍兴三十二年（1162），高宗决意退位，由皇太子赵眘即位，是为孝宗。孝宗初登大宝，颇有恢复之意，在对金政策上很是积极。吕祖谦虽然醉心学问，但他对于抗金恢复一事也很是挂念。年轻的天子倾向于抗金，吕祖谦的心中也燃起了一份希望。

博采时名试馆职

【乾道五年至八年：东百官宅】

自隆兴一别之后，吕祖谦再次回到临安已经是乾道年间的事了。太学、史馆、主持礼部贡试，吕祖谦的才名声望越来越大。乾道五年（1169），吕祖谦母丧期满，可以复出任职。不久接到朝廷诏书，改任太学博士，待阙家中。当时朝廷规定，凡是在朝中任官待阙者，都需要补任外官，因此吕祖谦又补任严州州学教授。这年十月十八日，吕祖谦辞别家人，只身赶赴严州上任。

此时知严州的正是张栻。吕祖谦虽然久闻张栻之名，却未尝得见，这次严州赴任，算是天公作美。张栻到任严州后，吕祖谦随即致信张栻，希望两人可以一道为严州百姓做实事，并表达了自己的仰慕之情。张栻也很快回信，并约吕祖谦见面，两人随后在严州见面，因为治学、理政方面旨趣相类，两人一见如故，结为知交好友。随后在张栻的支持下，吕祖谦在管理严州州学及书院时，不仅制定了《规约》，而且还进行了大力整顿。对于张栻在严州期间的主政措施，吕祖谦也时常与之讨论，并表示支持。

吕祖谦在严州并未久任，乾道六年（1170）五月初七日，吕祖谦接到朝廷任命，除太学博士。随后吕祖谦先回到婺州处理家事，遂入临安。恰在这时，张栻也奉旨入朝，任尚书吏部员外郎兼讲官。昔日共事的好友，如今在临安城中再次相见，吕祖谦的心中自然是不胜喜悦。更为巧合的是，两人都住在东百官宅之中，这更为两人论学提供了方便。除了张栻，吕祖谦在临安交往的友人还有陈亮、陈傅良、丘崈等人，他们当时皆在临安城之中，因此交游颇为方便。

张栻像

东百官宅原来是高宗医官王继先的园林，位于宋代的蒲桥一带，与石灰桥的西百官宅隔河相望，大致在今天庆春路的乌龙巷附近。吕祖谦这次寓居在百官宅之中，距离他所任职的太学很近，沿着清河桥、安福桥，再行一段路便到了。这处太学是在岳飞故宅的基础上修建而成的。进入太学就学的学生被称为太学生，需要定期参与考核，因此作为太学博士的吕祖谦还需要为太学生们主持考试。此外，在任之时，吕祖谦也不忘写作，利用闲暇时间，他还编写了一部《丧葬礼》。

这次入朝任职，对于吕祖谦来说，更重要的是拥有了入见皇帝的机会。按照宋朝的制度，每位官员都需要轮流面奏皇帝，回答天子提出的问题，这便是"轮对"。吕祖谦在京任职之时，就有两次轮到他入奏天子。他抓住这两次机会，适时向孝宗上呈了两封奏札，一封论"圣道"，一封则论"恢复"。其所上奏札之中，皆以明理务实为是，绝不是空泛的言论。

吕祖谦入朝任职半年后，即十二月十九日，由太学博士进而兼任国史院编修官与实录院检讨官。正当吕祖谦在朝中任职逐渐步入正轨之时，他又接连迎来了不好的消息。先是老师汪应辰的离职。乾道七年（1171）正月，汪应辰请祠离京，祖谦作为先生之徒，必然要去送行。师友宴饮一番后，别离之情逐渐浮上吕祖谦的心头：老师已经五十余岁，如今辞去朝中职务归家，此番一别，不知何时才能再见？送走了老师，共事的丘崈不久又出知嘉禾。然而此时的吕祖谦尚不知道更大的悲痛正在等待着他。

乾道七年（1171）四月，吕祖谦续娶的妻子韩氏诞下一女。韩氏是吕祖谦先妻之妹，二人于两年前成亲，婚后相处甚好。然而，韩氏这次生产正如数年前她的姐姐一样，没能平安渡过，孩子虽平安降生，但是韩氏却因此离世。悲剧重演，吕祖谦心中异常痛苦，无助的他只能向朝廷告假，为妻子安排丧葬事宜。回到家中的吕祖谦，刚刚经历丧妻之痛，看到鳏居在家的父亲年迈体弱，不由想到"父母在，不远游"，他并不想到时遇到"子欲养而亲不待"的局面，于是向朝廷上书，请求奉祠在家，以侍奉老父。然而朝廷没有批准他的请求，有职在身的吕祖谦只能回到临安城中，以应朝官之责。

七月二十四日，吕祖谦再次接到朝廷诏书，通知他召试馆职。应召当天，吕祖谦临场发挥，写就一篇长达万字的《馆职策》。在这篇文章中，他首先提出"治道有大原"的观点，即治理国家有其根本所在。随后，他以此为出发点，指出应当以此根本为纲领，然后再去施行他事，才能顺利达成目的。吕祖谦尤其针对在抗金问题上出现的"一切不为"与"一切亟为"两种倾向，提出了自己的意见，他认为这两种要么是懦者所为，要么是锐者所为，但是都不够恰当，因此他劝谏孝宗广开言路。

九月十六日，吕祖谦得旨，任秘书省正字，仍兼任国史院编修官与实录院检讨官。乾道八年（1172）春天，他参加了礼部考试的工作，负责点检试卷。正当他在一份份试卷中翻阅时，有一份试卷获得了他的关注，吕祖谦直觉这是陆九渊的试卷。为公平起见，吕祖谦将这份试卷拿到了同为考官的尤袤和赵汝愚面前，得到两人的肯定过后，这才将试卷放回。正当吕祖谦在阅卷之时，婺州家中又传来一则消息：父亲吕大器病危。吕祖谦闻讯，立刻向朝廷告假归家，是以在乾道八年（1172），他又一次离开了临安。

青编吾道重千钧

【淳熙三年至六年：秘书省/法喜寺/南园】

再次来到临安，已经是四年之后的淳熙三年（1176）了，这一年的十月，吕祖谦因为李焘的推荐，授任秘书郎，兼任国史院编修官与实录院检讨官。处理好家中事务后，十月底，吕祖谦从婺州家中出发，十一月五日，即到国史院与实录院报到上任。

到职后，吕祖谦很快根据朝廷诏令，开始重修《徽宗实录》。然而，一翻阅这量达百卷的史书，他就发现此任务并不简单：书中存在错误需要修改的地方有很多，然而朝廷给的时间又很紧迫，因此时间紧、任务重，以至于他在给朱熹的信中也不忘提及此次任务须要抛下他事，专意料理。事实果如吕祖谦所料，他一直忙于修订史书，没有闲暇，其他的事情只能搁置一边暂且不顾。

吕祖谦紧赶慢赶，总算在淳熙四年（1177）三月将《徽宗实录》修订完毕，体量也由原来的一百卷扩充至两百卷。随后实录院进呈孝宗，孝宗对此表示赞许，还召见了吕祖谦。吕祖谦趁着这个难得可以面见天颜的机会，向孝宗呈上两封奏札，分论专断独裁之弊病与重文抑武之不当。这些都是针对当时朝政之中的切实问题而言，体现了吕祖谦一贯的务实之风。这一年四月二十四日，因修订《徽宗实录》有功，朝廷授任吕祖谦为承议郎，兼任国史院编修官。在仕途上，吕祖谦虽未成为朝廷的中枢肱骨，但也确实没有遭遇过什么太大的波折。

也是这一年，丧偶达六年之久的吕祖谦续娶了一位妻子。姑娘是与吕家有世交的芮家女儿，有贤惠之名，吕祖谦在同僚的建议之下去信求娶，得到了芮家家长的同意。于是，在朝为官的吕编修不再是孤单一人，他的身旁终于有一人陪伴。闲暇之时，吕祖谦约上好友叶衡和陈傅良，同游南园赋诗：

> 乐事良辰古所难，三分春色一分宽。润花雨过红裙湿，倚竹风斜翠袖寒。自有南堂谁举白，可无东绢为施丹。两翁醉墨曾题品，便作平泉草木看。

南园在西湖长桥之南，台榭工巧，堂宇宏丽，后来被高宗吴皇后赐予韩侂胄，改称庆乐园，又称胜景园。韩侂胄被杀后，这座院子收归宫廷，后来被理宗赐给了亲弟弟福王赵与芮（度宗生父）。还有法喜寺，也曾留下过吕祖谦的足迹，有诗《游上天竺》：

> 净城何虚寂，居然隔市喧。僧来浑不语，吾亦欲忘言。至乐存箪食，浮名类触藩。行行返初服，贲止老邱樊。

淳熙五年（1178）四月春夏之交，对考生们来说，又是一年赶考时节。无数举子从全国各地赶赴临安参加省试、殿试，只为能够取得一个功名，既能光耀门楣，也能实现自己心中的志向。当年吕祖谦也是众举子中的一员，而今十余年倏忽而过，他却成了贡院堂上的考官。

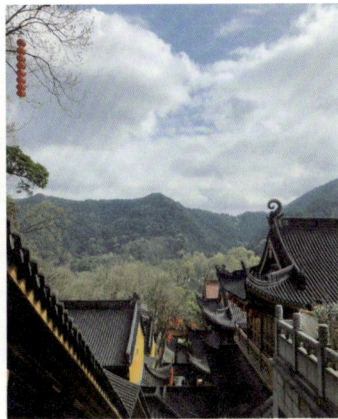

法喜寺

　　吕祖谦才学兼备，对待殿试取士，自然更加严谨。在这些考生中，他独具慧眼地挑出了三位作为前三名：叶适、王自中和徐元德。按制考官需将前三名考生的试卷交由皇帝，最终名次由天子选出。而孝宗看了叶适的文章后，认为其中"圣君行弊政，庸君行善政"一语颇为古怪，所以叶适最终居第二，状元则是王自中。尽管次序有变，但是孝宗没有将其中任何一个人的名字划去，这说明他对于他们三人的文才还是颇为肯定的，吕祖谦的识人之能也因此得到了认可。

　　殿试结束之后，吕祖谦随即转向了其他任务。此前，临安城内的书店有一部二十册的《圣宋文海》，孝宗得知后，令临安府校正刊行。周必大此时进言，刊行前应当先勘核书中错谬之处，因此孝宗令吕祖谦负责此项工作。吕祖谦得旨，上书时也赞同勘误此书，还请旨对此书加以修订增删，得到了朝廷的批准。于是吕祖谦随即开始编书事宜。淳熙五年（1178）四月二十三日，吕祖谦转任著作佐郎，仍兼任国史院编修官。不久吕祖谦权兼礼部郎官，参与编修《中兴馆阁书目》。

　　秘书省是吕祖谦的办公地点，位于天井巷东、故殿前司寨，内有高宗亲书右文殿、秘阁二榜，大约在今天吴山北麓杭州市公安局一带。这年九月间，吕祖谦正在秘书省中埋首编书，忽闻侍从来报，孝宗临幸秘书省观书。消息来得突然，吕祖谦和同僚们慌忙接驾，陪同圣驾在秘书省内观书。随后孝宗在秘书省中赐宴，吕祖谦与诸位大臣伴驾，一同参加宴会。君臣同宴，少不了饮酒赋诗，不多时，孝宗以一首《秋日临行秘书省》揭开序幕：

　　　　玉轴牙签焕宝章，簪绅列侍映秋光。宴开芸阁儒风盛，坐对蓬山逸兴长。稽古右文惭菲德，礼贤下士法前王。欲臻至治观熙洽，更罄嘉猷为赞襄。

　　诸位大臣随后在宰相史浩的领头下先后进诗，吕祖谦先后上了一首《恭和御制秋日幸秘书省近体诗》与两首《贺车驾幸秘书省》：

恭和御制秋日幸秘书省近体诗

麟阁龙旗日月章，中兴再见赭袍光。仰观焜燿人文盛，始识扶持德意长。功利从今卑管晏，浮华自昔陋卢王。愿将实学酬天造，敢效明河织女襄。

贺车驾幸秘书省二首

（一）

麟台高柳识雕舆，共记中兴幸省初。黄道再传天子跸，青编重入史臣书。需云下际君恩盛，晨露高张乐节舒。若写鸿猷参《大雅》，定非周鼓颂田渔。

（二）

紫清丹极与天邻，阖辟乾坤系笑颦。独为斯文回一顾，坐令吾道重千钧。先王旧物参差见，列圣明谟次第陈。墨客区区感荣遇，岂知深意在彝伦。

吕祖谦在赞颂孝宗的同时，也委婉地表达了自己的政治主张。此外，吕祖谦还代宰相恭书御制下方、写作谢表。或许是在这次巡行秘书省中，孝宗记住了吕祖谦，随后不久，特诏祖谦转任朝散郎，不久又赐祖谦与同僚三人俸禄增加三级，并令祖谦任著作郎。皇恩浩荡，吕祖谦唯有加紧完成天子所交代的任务，因此他在编纂《圣宋文海》时更加细致，也更抓紧时间，希望能尽早完成。十二月中旬，书目基本上已经编次完成，但吕祖谦害怕有所差错，因此想要再检查一遍再行送呈朝廷。或许是连日来的工作过分劳累，抑或是精神上太过紧绷，正当吕祖谦要再次检查时却病倒了。

吕祖谦所患的是风痹之症，这病症是由风寒湿而引起的，会导致手脚疼痛、麻木，吕祖谦只得向朝廷告假，居家治病。然而，等到假期已满，即淳熙六年（1179）正月，他的病症也没有减轻，吕祖谦只好上札请求离职奉祠。朝廷初时有意挽留，但吕祖谦因病去意已决，最终只得批准。这年正月下旬，吕祖谦将已经成书的《圣宋文海》进呈朝廷，孝宗非常满意，亲自赐名《皇朝文鉴》，可见其嘉许之意。献完此书，吕祖谦肩上的重任终于可以卸去一些，他于四月七日买舟东归，回到了家乡婺州。

归家后不久，吕祖谦的第三位妻子芮氏也去世了，他又变成了孤家寡人。两年后，吕祖谦在婺州家中病逝，年仅四十五岁。这位婺学创始人的一生，落下了帷幕。回顾他的一生，若说及入朝仕宦，吕祖谦绝不是失意之徒，虽然并未官达宰臣，但入朝修史、数度轮对，他的仕途算是平稳顺畅。然而若论及个人的生活，作为丈夫，他或许执着于功名学问，没能及时照顾好自己的小家庭；而作为儿子，父母晚年时未能孝敬左右，父母临终之时，也未能陪侍榻边。这些遗憾，都是无法弥补的。

归乡的吕祖谦已是老病之躯，他自问现在还能抓住的也只有书籍纸本了，于是在家的两年，他更是不遗余力地读书、著书。但是时间终究无情，在他去世之时，仍有两本重要作品尚未完成。吕祖谦壮年而亡，是南宋学术与文化的一个缺憾，引发了很多学者文人的哀叹。

陈亮：一介布衣犹呐喊

陈亮像

临安贡院是南宋举子梦想启航的地方，年轻时的陈亮自然也不例外。他才气豪迈，喜谈兵事。他驳斥理学家空谈道德，倡导经世济民的事功之学。他虽是一介布衣，但屡屡诣阙上书。他一生历遭冤狱，多次沦为死囚，直到油尽灯枯、含恨离世的半年前，才中了状元，甚至来不及走马上任。从太学到贡院，从凤凰山脚下的皇宫到小车桥附近的大理寺狱，四十年的风雨波折让陈亮对旁人口中的"人间天堂"临安失望透顶。

鬓发虽苍，志犹不平，是什么在支撑他灰败的形体？是什么让他发出不屈的呐喊？答案就在临安城中。

初入临安试漕台

【绍兴三十二年：两浙漕司贡院】

绍兴十三年（1143），陈亮出生于婺州永康（今浙江金华）一个没落的士人家庭。据说其家出自颍川陈氏，曾经家财丰裕、人丁兴旺，但时移世易，到了他父亲陈次尹这一代时，已经需要为生计奔波了。由于父亲出外谋生，母亲年龄尚幼，因此养育陈亮的责任便落在了他祖父母的身上。幸运的是陈亮的祖父母非常注重对他的教育，因此陈亮年少时便才气超群，十八岁时就考论历代古人用兵事迹，写下《酌古论》二十篇，在乡里之间名气斐然，也得到了婺州地方长官周葵的赏识。在任周葵幕僚的数年中，陈亮首次了解了理学，并且在学识方面越发精进，他拒绝空谈道德，认为应当要讲求实际。正是以此为起点，这位龙川先生走向了临安，走向了南宋朝政的中心所在。

绍兴三十一年（1161），陈亮第一次来到临安，通过周葵的推荐，得交天下文士，胸中慨然有经略四方之志。这一年，金主完颜亮大举南侵。第二年夏天六月间，在位四十余年的高宗决定传位孝宗，退居德寿宫，自称太上皇帝。孝宗上任，朝中人事发生了一些调动。原在婺州地方任职的周葵调任中央，先除兵部侍郎兼侍讲，随后改任同知贡举兼户部侍郎。周葵本就十分赏识陈亮，二人在婺州之时就交往甚密，此次双双抵达临安，周葵特意邀请陈亮在自己家中居住。于是陈亮在临安继续做着周葵的门客，同时为了这一年的漕试认真准备。

《梦粱录》记载："两浙漕司贡院在北关门外沈家桥。"与陈亮一同参加考试的还有吕祖谦。吕祖谦出身名门，家学深厚，陈亮与其相比则家境平平。不过陈亮才学出众，从而受到他人的赏识，得以参与此次考试。尽管陈亮自认才学并不在吕祖谦之下，但他还是名落孙山。临安，这个集繁华、权势于一身的都城，如此轻易地给陈亮的少年意气来了一次重重的打击。

　　虽然遗憾落榜，陈亮也没有立刻返回家乡永康，而是选择继续留在临安周家。这时周葵已升任为参知政事，常有朝中士人前来登门议事。而周葵对陈亮优遇有加，常常热情地将陈亮引荐给诸位大臣、学者。就这样，在周葵的帮助之下，陈亮得以与当时的名贤重臣展开交往，在往来交谈之中增长见闻，学识思想更加开阔。在陈亮所结识的人之中，有一个名叫何恪的人。何恪出身义乌何氏，是绍兴三十年（1160）的进士，力主恢复，但始终未获重用。何恪虽然宦途坎坷，但文辞斐然，学识出色，自得其乐，不以宦途上的不顺自扰。何恪与陈亮二人性格相似，在学问、政见方面也都所见略同。何恪不看重身家资财这些外物，因此陈亮虽然是一介布衣，却被他引为知己，何恪认为陈亮将来必有大作为，还坚持要将自己次兄的女儿许配给陈亮。

　　陈亮一介布衣，对周葵的知遇之恩无以为报，只能忠心举荐人才，希望能为周葵提供一些帮助。他先后向周葵推荐了胡权、叶衡等人，皆是有才之士。在周葵门下，陈亮除了得以结识名贤之外，还从周葵那里学到了有关《中庸》《大学》的知识，这是南宋理学的重要内容，但陈亮对议论道德性命的理学毫无兴趣。时年二十岁的他，常与友人大谈兵事之道，他心中的所想所思，皆是经世致用、合乎时事的实用之学。

　　隆兴元年（1163），陈亮因要和父母商讨与何氏结亲之事，离开了临安。这时的临安也不宁静。张浚符离战败之后，南宋在军事方面遭遇沉重打击，朝中主和派逐渐占据优势，周葵正是在这样的政局之中受到重用。隆兴二年（1164），宋金之间和议达成，史称隆兴和议。没过多久，周葵罢任参知政事。作为一个时常议论军事的人，陈亮是一个坚定的主战派，对此和议，陈亮虽身在永康，但心中必定充满了屈辱和愤怒。

　　从绍兴三十一年（1161）赴临安赶考，到隆兴元年（1163）回乡，陈亮在临安待了三年左右。这三年，他一直客居在周葵家中，一面继续求学，一面广泛交际。陈亮虽然在漕试中名落孙山，但作为周葵门生，与名流公卿诗文往来，还是使他的名声在临安城中逐渐地传播开来。

中兴五论无所遇

【乾道五年至七年：太学/礼部贡院/大理寺狱】

隆兴一别后，直到乾道五年（1169）陈亮才第二次来到临安，他这一次赴京，仍然是为了参加考试。

回乡的五年，陈亮经历了母丧、妻散、父亲入狱等一系列家庭变故，生活愈发艰难。先是乾道元年（1165），母亲黄氏去世。接着又发生了陈氏家僮杀人的命案，乾道三年（1167），父亲陈次尹入狱，祖母、祖父先后去世。"三丧在殡，而我奔走以救生者"，陈亮不断奔走，终于在乾道四年（1168）父亲冤狱得以昭雪。这一年，陈亮将旧名汝能改为亮，或许是要重新开始的意思，后参加了乡试并一举夺魁，以解元的身份补太学博士弟子员，来到临安入学太学。乾道五年（1169）的春天，陈亮以解元的身份被婺州地方举荐，前去参加礼部主持的省试。陈亮对此次省试抱着极大的期望。一方面是出于私人的原因，他家境贫苦，母亲去世后妻子被娘家接回，家中上有父亲需要尽孝，下有兄弟姐妹需要照拂，思来想去，以科举入仕得到朝廷任用，应该能逐渐改善家中境况。另一方面，陈亮读书多年，对朝政、军事都有自己独到的看法，他很想进入朝中任职，为国家贡献自己的一份力量。

尽管陈亮非常看重此次考试，但省试放榜的结果还是令他失望了——他再一次名落孙山。这一打击对陈亮来说过于沉重，以至于他决心东归返乡，对自己以前的言论及行事进行彻底的反思。这次陈亮离开的时间并不长，这是因为他的心中始终放不下临安，放不下国事。陈亮只是一介布衣，无官无职，甚至一贫如洗，但是他始终关注国事。他相信自己多年钻研所学，对于朝政、军事必将有所助益；而且他也不甘心在怀才不遇的心情中日复一日地

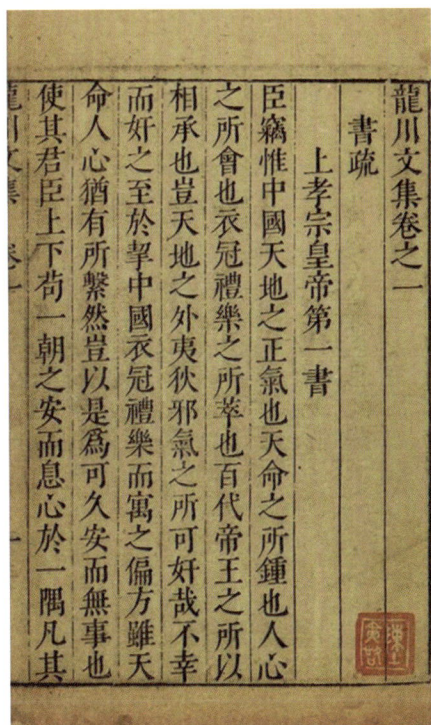

《龙川文集·上孝宗皇帝第一书》（明崇祯刻本）书影

消磨，为了改变，他决心给自己一次尝试的机会。

就这样，陈亮在同年又一次来到临安，这是他第三次来临安。这一次，他直接向孝宗皇帝上呈了《中兴五论》。陈亮所上的《中兴五论》由五篇文章组成，即《中兴论》《论开诚之道》《论执要之道》《论励臣之道》《论正体之道》，所论以中兴恢复、天子主政为中心，要求对外抗击金朝，对内选拔贤才，奖励有功之臣，消除内政积弊，从而内外一体，行恢复之策，早日北上收复国土。这些内容虽然是陈亮临时写就，但其中所包含的根本主旨却是他在长期的求学、交游中逐渐形成的，体现了他成熟的政论思考。

不过迎接陈亮满腔报国热情的却是冷冰冰的现实。《中兴五论》虽然得以进入朝廷，但却根本没能被孝宗看到，自然也就没有任何的反应。我们可以想象，胸怀壮志的陈亮这时该有多么痛苦！屡次名落孙山、策论石沉大海，一连串的挫折令他开始怀疑这个朝廷，在一次醉酒时，陈亮彻底爆发压抑已久的情绪，其中有言语涉及天子。于是就有人向刑部告发陈亮，刑部侍郎何澹就是当年黜落陈亮的考试官，陈亮也因名落孙山表达过对何澹的不满。于是何澹缴状以闻，逮捕陈亮入大理寺狱，把陈亮打得体无完肤，试图诬蔑他行不轨之事。

小车桥一带的大理寺狱，是当年岳飞蒙冤被害之地，被诬不轨的陈亮在饱受刑罚之苦时是否会想起那个精忠报国的抗金名将呢？《宋史·陈亮传》称陈亮醉酒"大言犯上"，但从现存陈亮书信来看，这一年他的生活是非常平安的。淳熙元年（1174），陈亮为章德文作行状，自称"屡道罪逆"，这说明"大言犯上"案很可能已经发生过了。乾道九年（1173），吕祖谦为永嘉学派的前驱学者薛季宣作墓志铭，寄给陈亮指正，陈亮回信中提到似有可修改之处，但既然皇帝已经看过且同意了，那就这样吧，又特别嘱咐这封信读完应当立即烧掉，其小心翼翼的态度显然是吸取惨痛教训的结果。也是在这一年，陈亮与应孟明书信中言道"困苦之余，百念灰冷，视前事已若隔世"，"亮两年来，方悟孟子所谓'人之所以异于禽兽者几希'"，可见乾道七年（1171）陈亮首次入狱的巨大痛苦。

最终，孝宗以无罪赦免了陈亮。出狱后，陈亮被临安的萧瑟凉风直冷到了心底，背着行囊离开了这个伤心之地。

连上三书论恢复

【淳熙四年至五年：太学】

陈亮第四次来到临安是淳熙四年（1177）。这一次，如同八年前一般，他再次进入了太学求学。离开临安的数年间，他在家乡读书讲学，学问愈发深厚，交游也十分广博，家境也在他的经营之中逐渐好转起来。因此这次来到临安城，他是希望能借助太学生的身份实现一番作为的。

然而现实又再一次给他造成了打击。入学不久之后，礼部举办了一次太学公试，陈亮作为太学生自然也要参加。然而陈亮以才学自恃，不愿意墨守成规，他的文章虽然不乏宏论，但对于朝政多有影射之语。因此这次陈亮不仅在考试中失望而归，而且由于文章中的言论，还引发了舆论，数月后方才平息。考试失败之后，陈亮写信给在京任职的吕祖谦，抒发心中不平之气，吕祖谦回信自然有不少抚慰之语。三试不第，陈亮的心中渐次倾向了另一条路，他在给吕祖谦的信中写道，人一定要做秀才吗？我这一生本来就没什么秀才的缘分，我所要做的是完成大著。于是在太学公试结束不久之后，陈亮满怀失望之情回到了故乡婺州。

　　虽然不再汲汲于科举入仕，但是陈亮的心中仍然怀揣着家国天下。一方面，多年读书求学，士人之为天下，是他一直坚持的观念；另一方面，如果自己真的学有所成，能为国献策，未尝不是多年来苦读的成果。所以回到家中的陈亮渐渐平复了心中的不平与失意，再想到朝政疲敝、天下苦金朝久矣的现实，决定再次上书，献策天子。宋廷规定太学生不得赴阙上书，否则就是违反了法令。于是，淳熙五年（1178）正月，陈亮从婺州赶至临安城中，一路疾行至凤凰山下的皇城，他以"陈同"为名，伏拜在丽正门处，上书天子。

　　陈亮的上书中，虽有关乎内政之法，如建议孝宗广纳人才、不拘一格，但主要内容仍是关乎宋金之间的政策。他劝谏孝宗应当移都建业，行恢复大计，早为国事筹谋。在上书中，他还恳请孝宗能够召见他。这一次陈亮上书确实震动朝堂，孝宗本来也想接见他。曾觌知道皇帝的意思，于是想要先行拜访陈亮，然而陈亮知道曾觌为人，心内不耻，于是在那一日故意避开不见，此举惹怒了曾觌。就这样，在曾觌的阻挠之下，加之朝中大臣也认为陈亮上书直言无礼，孝宗最终没有接见陈亮。

　　八日未报，陈亮便在临安城中苦等了八日。他内心焦急，期盼着中书省能将诏书传到他的手中。苦等无果的陈亮再次伏阙上书，即《上孝宗皇帝第二书》，其中内容与第一书相差不远，仍在劝谏孝宗矢志恢复，并批评了时政之弊与朝臣之庸。孝宗得见上书，最终还是为陈亮的坦率与刚直所打动，不久下旨命陈亮听候审查，以待其命。本次审查陈亮的是同知枢密院事赵雄等人。面对重臣垂问，陈亮不卑不亢，他一一指出当下应当解决的三大问题：一、必图恢复；二、当宽文法；三、变通祖宗之法。陈亮认为这些问题都是可以直言的，无须隐晦。然而他不知道，朝堂并非书斋，他的坦率言论已经惹怒这些大臣了。

　　因此审查之后的陈亮又陷入了困境之中。沉默无用，他决定再次来到丽正门旁，伏阙上书，这便是《上孝宗皇帝第三书》。

在此书中，陈亮复述了审查期间的回答，并再次向皇帝陈明心迹，希望得以面奏天子，然而直到最后，陈亮也没有得到他一直渴望的机会。第三书呈上后，朝廷曾经降下诏令，愿授陈亮一官职，而对于陈亮入奏一事则毫无反应。陈亮既已"绝意于科举"，此番伏阙上书绝不是为了向朝廷求官。或者说，他的心中虽然有想要出仕的意愿，但却不是想要以上书之事挟官，而是希望能够堂堂正正地接受帝王召见。因此，面对朝廷授官的旨意，陈亮选择了拒绝，他再次离开了临安。

陈亮虽然离开了临安，但是入朝上书献策之事，还是让他陷入了舆论的漩涡之中，有人认为他沽名钓誉，有人认为他不择手段。面对他人的诽谤与指责，陈亮一度也陷入痛苦之中。在写给吕祖谦的信中，他再次回忆了在临安城中的经历，然后说："而后知克己之功，喜怒哀乐之中节，要非圣人不能为也。"他心中的痛苦与矛盾之情，久久不能平复。

药人之诬陷棘寺

【淳熙十一年：大理寺狱】

淳熙十一年（1184），陈亮第六次来到临安。这一次，他竟是因为争讼入狱而来。这一年的春天，陈亮因"药人之诬"被官府羁押，下大理寺狱，直到五月二十五日才得以出狱。

事件的起因，还要说到卢氏父子和吕师愈之间的官司。吕师愈是陈亮弟子吕约的父亲，与卢氏父子之间有"不满百钱"的争议。随后卢氏觉得吕师愈过分吝啬，于是将数年前吕约醉后戏言之事旧事重提，以此诬陷吕约谋逆之罪，随后吕约父子均被逮捕查办。至此，陈亮还没有受到牵连。然而吕师愈、吕约父子还在狱中，卢氏父亲在这个时候病死，案件变得更加复杂。因为卢氏的儿子坚持称父亲病死是因为半月前的乡宴，父亲在乡宴上吃下了有毒的饭菜，回家之后一病不起，这才于此时亡故。而那下毒之人，卢氏的儿子则指认为吕师愈与陈亮二人。就这样，陈亮被牵连进了这场乡里争讼之中，随后他也被官府缉拿，入大理寺狱。

六年未至临安，再见却是狱囚，陈亮的心中定然是百感交集。六年前，他顶着无数的谩骂与嘲讽回到婺州老家，潜心教学，未曾想如今临安再逢，自己不仅不能游览临安胜景，也不是太学生，而是又一次被抓进了太学附近的大理寺狱。人生之事，何其无常！狱中光景并不好过，没有家中舒适，也无书籍相伴。为了寻找案件真相，陈亮也少不得接受一番拷问。在这个时候，又因为朱熹弹劾唐仲友一案的牵连，朝廷重禁道学，由于陈亮对道学颇为了解，还与道学名人吕祖谦、朱熹多有交往，而这也让在狱中的他加上了"为道学"的罪名。陈亮此前家贫众所周知，这时却可以自己建造规模颇大的房屋，因此收受贿赂的罪名也加到了他的头上。身负数罪，陈亮无处可诉，在狱中的他心神俱疲。

狱中的陈亮饱受折磨，他的师友亲朋则在外为他多方奔走。他的妻弟何大猷、庶弟陈明以及弟子喻侃、喻南强等人正在想尽办法援救陈亮出狱。为了救陈亮，何大猷在临安、婺州之间两地来回，有时甚至一天往返两次，江中风涛颇大，何大猷乘的船险些在风浪之中倾覆，但是为了营救姐夫，他以身涉险也不后悔。在陈亮弟子的通报之下，叶适也知道了消息，他在了解情况之后，随即写信给友人，希望能够帮助陈亮脱困。幸好此时主持朝政的宰相是王淮，此人明理通达，能够主持公道，在查清案件之后，为陈亮洗清了罪责。这年五月二十五日，陈亮得以清白出狱。

虽然最终重获清白，但在狱中走了一遭，陈亮无论是身体上还是精神上都非常疲惫。方出狱时，他在临安停留几

宋光宗赵惇

日以作休息，平复狱中经历给他带来的痛苦，直到六月二日，才回到永康家中。

功败垂成叹龙川

【绍熙四年：礼部贡院／集英殿】

淳熙十四年（1187），陈亮第七次来到临安。一别三年，他好像又对科考重新有了信心，因为他这次来到临安是来参加礼部考试的。为了这次礼部考试，陈亮已经准备很久了。但是，正当他来到临安准备应试之时，他却突然生病了，他撑着病体东渡，在钱塘江边由弟弟们接回家中，卧病在床一个多月，身体才稍微恢复，可以如常饮食。也是这一年，退位后的高宗驾崩于德寿宫。陈亮认为自己屡次上书而孝宗未行，或许是因为高宗还健在。如今高宗已逝，而前来吊唁的金国使节很是敷衍，让陈亮非常气愤。于是，淳熙十五年（1188）四月，陈亮第八次来到临安，再次向孝宗上书，此即《戊申再上孝宗皇帝书》。在这次上书中，陈亮并没有提出新的主张，而是继续劝谏孝宗行恢复大计，经营建业（今江苏省南京市），不拘常例擢拔人才。

然而此时的孝宗正在考虑将皇位传给儿子赵惇，对于陈亮"寻即位之初心"的希冀，孝宗只是轻轻将他的上书搁置一边，不置一词，这样的沉默对自认怀才不遇的陈亮来说是最大程度的打击。备受打击之下，陈亮在庭下甚至发怒而狂，引来周遭目光指点，然而他心中的悲苦却无人可以体会。这次来到临安，又是一次没有结果的上书，二十天后，陈亮回到家中。

绍熙元年（1190）的春天，陈亮又在临安参加春闱，结果又是落第。这年秋天，陈亮因"涂人相杀"一案被诬入狱，这已经是他第三次身陷大理寺狱了。这次冤狱持续了两年多，其间陈亮唯一的妹妹及妹夫周伯英也相继去世，而陈亮却被重重的枷锁禁锢住，其遭受的悲惨痛苦远超"药人之诬"一案。在狱中，大理寺少卿郑汝谐阅其单辞，大为惊异："这是天下的奇才啊。国家如果杀了无罪之士，上触犯天和，下伤害国脉啊。"郑汝谐力言于光宗，陈亮才得以赦免出狱。

绍熙四年（1193）春，陈亮又来到了临安参加礼部省试。这一次，没有意外，没有生病，陈亮成功地通过了省试，并且得以前去参加殿试。这一年，光宗正为与孝宗之间的关系焦头烂额。他借口生病不去面见孝宗，朝中大臣对此议论纷纷，多次上书，中书舍人陈傅良甚至泣涕而谏，然而光宗始终没有松口。面对朝臣谏言，光宗烦不胜烦，以至于殿试的这一天，天子问策时，光宗甚至说自己才德微薄，受孝宗之嘱托，时时敬慎，没有一刻不在思虑尊效慈亲之意、修明严正之法的。光宗的话自然是不符合实际情况的，而陈亮却顺着天子之语，为光宗寻找借口。光宗听后果然圣心大悦，将陈亮由第三拔为第一。至此陈亮终于实现了自己科举入仕的梦想。

然而三十年的时间过去了，人已苍老，此时的陈亮已经五十一岁了，已到知天命之年的他，对于自己的一生成败也有所感悟。陈亮确实还想建功立业，然而朝廷任命他为签书建康军节度判官厅公事的诏书下来不久，他还未去赴任就在家中病逝了。这一年是绍熙五年（1194），陈亮五十二岁。几个月后，孝宗崩于重华宫。

临安对于陈亮来说，既是一生辛酸的开始，也是最后梦成的终点。然而时间无情，让他在即将建功立业、就职建康之时，走到了他生命的终点。后来，他的声名继续流传，伴随着他的学问与他的轶事，伴随着好的也伴随着不好的。

再后来，端平元年（1234），有一个叫作乔行简的人为陈亮向朝廷请谥，他说陈亮首劝孝宗以修太祖法度，陈说恢复中原、伸张大义、洗雪仇耻，他的忠诚可与诸葛亮、张浚相比，尤不可磨灭。朝廷批准了乔行简的请求，追谥陈亮曰文毅，或许这是陈亮与临安最后的联系。如果陈亮泉下有知，他或许会欣慰乔行简

对他的了解，而对于他相当鄙夷的"文恬武嬉"的临安朝廷所颁
下的谥号，可能也只是一笑置之罢了。

叶适：志意慷慨垂青史

杭州马塍路与文三路交叉处，有一座一个人拉着腾空而起的骏马的雕塑。马塍这个地名的历史非常久远，范围也比今天的马塍路大得多。东西马塍在溜水桥以北，曾是吴越国王养马之地，沿着下湖河为界，河东至余杭门外为东马塍，河西自上下泥桥（即

马塍雕塑

今上宁桥、下宁桥）至西隐桥为西马塍。

十里马塍花似海，南宋时期，这里是临安城的花卉基地，文人墨客无不流连于此。有一年，叶适的弟子赵振文（赵汝铎）在临安城北住了两个月，几乎天天都要到马塍游玩赏花，叶适曾为其赋诗：

> 马塍东西花百里，锦云绣雾参差起。长安大车喧广陌，问以马塍云未识。酴醾缚篱金沙墙，薜荔楼阁山茶房。高花何啻千金直，著价不到宜深藏。青鞋翩翩乌鹤袖，严劳引首金蒋后。随园摘蕊煎冻酥，小分移床献春酒。陈通苗傅昔弄兵，此地寂寞狐狸行。圣人有道贲草木，我辈栽花乐太平。知君已于苕水住，尽日橹声摇上渚。无际沧波蓼自分，有情碧落鸥偏聚。追逐风光天漫许，抛掷身世人应怒。君不见南宫载宝回，何如赵子穿花去。

南宋初年陈通、苗傅兴兵作乱的地方已经是太平盛世下的花海。临安街市喧嚣，马塍花卉正盛，一簇一簇，如锦绣云彩般灼热，如煎酥春酒般香甜。叶适就这样微笑着，仿佛看到了自己热闹的一生。

寒门学子思英发

【乾道九年：太学】

叶适与临安的故事从太学开始。绍兴二十年（1150），叶适出生于温州瑞安县南门望江桥一带。叶适祖籍处州龙泉县，他的曾祖父叶公济带家人徙居瑞安，在此地定居下来。叶适家境贫寒，自述三世皆为贫苦之家。他的父亲叶光祖以教书为业，母亲杜氏是一位勤劳的农家妇女，夫妇二人生活艰苦，由于水灾居无定址，前后迁居数十处。尽管物质条件十分困难，他们还是竭力为叶适提供良好的教育，让叶适跟随名家学习诗文。叶适也没有辜负父母的期望，这位出身贫家的少年，在数十年潜心学习后，成长为南宋有名的思想家与政论家。

乾道九年（1173），叶适第一次来到临安。这时他二十四岁，家境虽然仍旧贫寒，但却才学出众，已经凭借自己的学识，在永嘉当地有了不小的名声，《宋史·叶适传》称赞他"为文藻思英发"。然而由于家中贫困，母亲又突然生病，只能卧床，为了筹谋生计、减轻家里的负担，叶适听从母亲的建议，来到行在临安谋生，并于太学就学。

南宋的太学是绍兴八年（1138）开始筹备建立的，当时高宗在位，下令在临安府重建太学，直到绍兴十三年（1143），太学才建立起来，还是建立在岳飞故宅之上。到叶适入学之时，南宋的太学已建立了三十余年，制度规范逐渐成熟完整。叶适家境贫困，自然是以平民优秀子弟入学。由于太学可以提供饮食，叶适对生计的担忧也逐渐得以放松，从而更加专心地投入学业。

在叶适求学太学期间，孝宗曾屡次下诏，希望有识之士能提出于时有益的建议。叶适虽然心中已有成熟的看法，但作为太学生，按照规定是不能直接向皇帝进言的。但是作为南宋百姓，作为在太学中求学的学子，叶适不愿轻易放弃这个机会。淳熙元年（1174），叶适写就一篇文章，上书给枢密院。南宋时期，枢密院也称西府，因此叶适的这篇文章也被称为《上西府书》。在文章中，叶适详细分析了当时的政治形势，指出了眼下主要的问题是朝中上下畏惧战争，无勇可言，而本当为天子筹谋的臣子们一心求和，甘愿国土沦丧、戎狄进犯。叶适认为朝廷的这种风气，不仅影响了朝廷政策，还影响到了民生，因此这种情况必须改变。为了达到这个目标，他接连在选任人才、赋税财力、屯田军输等方面提出了许多建议。他还认为执政者更应当做到诚、赏、罚。为政要以诚，一切以民生大计出发，不因个人之私情而改变；赏罚分明，有功当赏，有罪当罚，绝无徇私，一切公正。叶适的这篇文章共计一千余言，他在其中展现了对朝政观察的敏锐眼光，给出的建议也十分中肯。他所谈之事，绝非空言，而是考察实际之后以实事进言，体现了永嘉学派一贯的作风。

当时叶衡任签书枢密院事，叶衡是婺州金华县人，与陈亮同郡，而陈亮此前曾与叶适有所交往，可能正是在陈亮的推荐之下，叶适选择上书叶衡，将自己心中思想一概写出。在临安期间，叶适还结识了丁希亮。丁希亮是黄岩人，绍兴十六年（1146）生，三十一岁时才开始发奋读书，还求学于叶适，二人结下了深刻的情谊。叶适这一次在临安，只待了一年有余的时间，或许是遇到了什么困难，在上完《上西府书》后不久，他便匆匆返回了家乡永嘉。

文笔高妙擢榜眼

【淳熙四年至五年：两浙漕司贡院/礼部贡院/集英殿】

叶适第二次来到临安，是淳熙四年（1177）。这一年，他因翰林学士周必大的举荐，得以参加两浙路转运使司的漕试，成功考取且名列前茅，得以参加礼部省试。漕试所试者多为本路官员子弟，叶适能得到周必大的举荐，是因为周必大非常佩服叶适的"文笔高妙"。这一次前来临安，叶适实际上是来参加考试的。

叶适成功通过了省试，并且名列前茅，因此得到了参加集英殿殿试的机会。殿试时，叶适第一次见到孝宗皇帝。按照制度规定，殿试时，叶适与其他考生一样，都需要回答皇帝亲自出的考题。这些题目很可能询问的正是时政要务，因此叶适在其回答之中，紧紧围绕当前南宋朝政。叶适对这些问题应当并不陌生，他第一次来到临安时所上的《上西府书》中，就曾对时政弊病提出过很好的建议。这一次殿试，他应当也是出色通过。据说叶适本应当是第一名，但孝宗在阅览其《廷对》内容之时，发现其中有

"圣君行弊政，庸君行善政"之说，听起来不太舒服，便示意左右，叶适才成了榜眼。

不过叶适应该是不会在意的。叶适这次入京考试，恰逢吕祖谦在临安任职，正是此次考官。叶适与陈亮、吕祖谦都是好友，叶适在婺州游学之时，就曾经找到吕祖谦向其问学。这次两位老友在临安相见，叶适又是刚刚高中，想必是喜上加喜，分外开心。就连多次名落孙山的陈亮听说了叶适的好消息，也非常喜悦地给吕祖谦写信："正则才气俱不在人后。"叶适参加了礼部贡院举办的御赐闻喜宴，接着循例要回家省亲。临行之前，吕祖谦曾约见叶适，请他帮忙携带书信与香茶等物交给陈亮，叶适愉快地答应下来。六月，他从临安出发，途中经过永康，正是为了前去访问住在此地的陈亮，将吕祖谦所托之物交付。叶适这次在临安所留的时间也十分短暂，返乡省亲之后，他的母亲因为长年生病，很快就病逝了，所以归乡之后的叶适没能立刻按照朝廷任命前去就职，而是留在家中为母守孝。

博士轮对论恢复

【淳熙十二年至十六年：皇宫】

淳熙十二年（1185），叶适第三次来到临安城中。这一次他出任朝官，直到淳熙十六年（1189）才离开临安，出知地方。前不久，宰相王淮在陈亮的推荐之下，向负责举荐人才的史浩推荐了叶适，于是叶适有了奉诏入京的机会，并授职太学正。太学正是太学中协助太学博士教学的官员，并负训导之责，虽然官职低微，但是教学、训导学生责任重大，因此叶适对于此职十分负责。这次来到临安出任京官，叶适以为可以很快得到轮对的机会，还准备了四十余篇的奏稿，以便应对之时可以一一呈给孝宗，但他得到上殿轮对的机会时，已经是淳熙十四年（1187）了，这时的他已经升任太学博士了。

　　与陈亮一样，叶适心中所挂念的也是抗金收复的国家大事。淳熙十四年（1187）冬天，当他终于得以面见孝宗入奏之时，他当即上呈了一封奏札，在其中提出了"变国是、变议论、变人才，所以举大事"的变革主张，这些主张是叶适在多年观察现实后所得出的，因此不仅切中时弊，也具有可行性。孝宗读毕，想起了即位之初自己的恢复之志，再想到即位以来的功过得失，心中越发悲痛不能自已。这封奏札在孝宗心中留下了深刻的印象。随后不久，叶适改任太常博士，兼任实录院检讨官。

　　在临安任职期间，叶适还做了几件重要的事。

　　其一，是举荐人才。叶适自己得益于宰相王淮的举荐，他对此心怀感激自不待言。而为人臣子，当报效国家，为朝廷举荐有才之士便是其一。于是，利用自己在朝任职的机会，叶适上书丞相，举荐有才之士达三十四人，其中有陈傅良、陆九渊、吕祖俭等人，这些人随后得旨任用，都是有才干之人。

　　其二，是为朱熹辩护。当时，朱熹正因与兵部侍郎林栗之间的矛盾而被弹劾。作为朱熹的知交好友，两人虽在学问上有分歧，但君子和而不同，叶适与朱熹之间仍保持着良好的交往。因此，在得知朱熹被林栗弹劾时，出于对朱熹品行的了解，叶适上呈一封《辩兵部郎官朱元晦状》，为朱熹做辩护。一方面，他指出朱熹确实有脚疾，行路不便，而非林栗所认为的"不实"；另一方面，针对林栗对朱熹"本无学术"的指控，叶适也从事实说话，以天下学子对朱熹的敬仰为证，说明朱熹确实是有真才实学，而非沽名钓誉之徒。不仅如此，叶适还反对以道学为禁，认为以学术为名打击学者，不仅手段不正当，而且容易使学者心寒，将来朝中用人之处如何寻人？到这一步，叶适为朱熹的辩护，已经不仅是为朱熹辩护了，而是为学术正名、为天下忧心。

　　然而叶适在朝中的任职并不顺利。虽然他几度升职，并且忠于国事，但是他并没有得到自己想要的结果。那封《上殿札子》，虽然孝宗有所感怀、惨然久之，但是对于叶适所言的恢复大计，他已是有心无力了。这位时年六十岁的天子，正在考虑传位给皇太子。此外，好友朱熹也离他而去，不仅辞去兵部郎官一职，更没有留在临安，而是奉祠回到了武夷山。

上书天子，沉默无音；好友被劾，辞官而返。叶适在朝中深感无力，想着不如请求出外任职。恰在此时，孝宗退位，传位于皇太子赵惇，是为光宗。新帝即位，叶适再次上书，重新表明自己的心志，力陈恢复大计，请求光宗明治国之意，然后理国之六本，方能使国家富强。或许光宗初登大位，事务繁多，对于叶适的上书没有多加理会。不久，颇为失望的叶适上书请求外任地方，大约在淳熙十六年（1189）的六月间，他离开临安，以秘书郎出知蕲州。

拥立嘉王议内禅

【绍熙四年至五年：重华宫】

叶适再次来到临安，已是四年后了。绍熙四年（1193），叶适第四次来到临安，也是他第二次奉诏入都，他将参与入仕以来最为重大的政治事件——绍熙内禅。叶适此次出任的官职是尚书左选郎官，这是吏部属官，专门负责文职京官的考核与升降，他于八月间抵达杭州。初抵时朝廷并没有下急诏催促他入奏，正好给了叶适时间可以好好休息一番。四年未入临安城，叶适重新租赁房屋，他选在了临安城对岸，大概是在今天的萧山地界中。久未见面，叶适也要与京中好友好生问候一番。为此，他还为好友带来了一些礼物，比如说他给陆游送去的蕲州特产。

与此前高宗、孝宗的禅位不同，光宗在绍熙年间的禅位，是在朝臣密谋之下而被迫做出的举动。而这次事件的根本原因，在于光宗与孝宗之间的关系彻底破裂。在叶适回京之前，光宗因为李皇后杀害了宠妃黄贵妃心情不好，再加上第一次亲自祭祀太庙却因狂风暴雨没有成功进行，在心神疲惫之下，光宗病倒了。李

宋光宗慈懿李皇后

宋高宗宪圣慈烈吴皇后

皇后请求立独子嘉王赵扩为皇太子，遭到孝宗拒绝。李皇后大怒，
回到宫里就跟光宗说："孝宗要废了你这个皇帝。"此后，光宗越
来越不愿意去谒见孝宗了。原来孝宗在位时，按照一月四朝去拜
见太上皇高宗，这已成定制，不仅关乎父子孝道，更关乎朝政稳定。
因此，当光宗逐渐越出定制，不再按照一月四朝前去谒见孝宗时，
朝臣们纷纷上书劝谏，希望光宗可以遵守定制。绍熙四年（1193）
十一月，回京不久的叶适也上书，奏请光宗前往重华宫，谒见孝宗。
在朝臣们的劝谏之下，光宗最终还是去了两次重华宫，但是此后
又在李皇后的阻挠之下，没有坚持下来。

　　绍熙五年（1194），孝宗病逝于重华宫，光宗作为儿子却称
病不出，不愿到场主持丧礼，父子之间疏离至此，朝廷上下一片
哗然，俨然有发生动乱的迹象。当此之时，叶适向宰相留正建议说：
"陛下称病不主持丧礼，如何面对天下百姓呢？现在嘉王已经长
大，如果让他参决朝政，就可以使疑谤之声消去了。"嘉王赵扩
是光宗和李皇后的独子，此时已经二十七岁。叶适的提议得到了

留正的认可，随后留正报告光宗，光宗虽然批示"甚好"，但却迟迟没有下册立太子的诏书。

之后留正以足疾请辞，退出了这场政治风波，知枢密院事赵汝愚接过了留正的担子，开始处理这件事。当时孝宗梓宫久未下葬，光宗不愿出面，赵汝愚与众臣商议过后，决定请太皇太后，即高宗皇后吴氏出面处理此事。但是若要请出太皇太后，则需要联系韩侂胄，韩侂胄毕竟是吴氏的外甥兼侄女婿，又是嘉王夫人韩氏的叔祖，容易取得太皇太后的信任。韩侂胄的同事蔡必胜恰好与叶适是同乡。于是叶适受命去联系蔡必胜，在蔡必胜的帮助下，韩侂胄答应了此事，并与蔡必胜等人计划，随后蔡必胜又通过叶适转告赵汝愚。在众人合力之下，太皇太后吴氏最终批准了他们的计划，而其中的所有表章、奏稿以及诏书，都是由赵汝愚与叶适两人共同裁定的。

在传统的历史叙述中，绍熙政变的策划者是赵汝愚，但赵汝愚在宁宗继位后被排挤、贬死，真正开始专权的是韩侂胄。而在笔记小说中真正主导绍熙政变的是太皇太后吴氏与韩侂胄，这种叙述能够为宁宗朝的政治格局提供更加合理解释，也可能更加符合历史的本来面目。无论政变真相如何，新帝登基以后，叶适因拥立有功，升任国子司业。赵汝愚与韩侂胄也因为拥立之功，受到宁宗重用。相比于赵汝愚因为宗室身份推辞功劳，韩侂胄的野心不小。在朝时，叶适就曾向赵汝愚提议，任命韩侂胄做一个节度使，这样一方面可以满足韩侂胄的野心，另一方面也可以使他远离京城，不会扰乱朝政。

不过，赵汝愚最终没有听从叶适的建议。敏锐的叶适知道韩侂胄留在朝中，必会与赵汝愚争权，因此他上书请求出外任职，朝廷也同意了他的请求，于是宁宗即位不久之后，叶适就以太府卿总领淮东军马钱粮的职务，离开了临安。

归来依旧水心村

【开禧二年：学士院】

　　叶适离京十年和再度回京都与韩侂胄有着密切的关系。嘉泰三年（1203），党禁松弛，叶适得以起复任职，不久接到朝廷通知入京。这年九月，离京将近十年的叶适再次来到临安。这十年中，对他影响最大的便是韩侂胄制造的庆元党禁。虽然庆元党禁发生时叶适并不在朝中，但是由于叶适与道学及朱熹、赵汝愚等人联系颇深，叶适还是遭到了极大的冲击，他的官职一贬再贬，最后竟然生了一场大病。尽管如此，叶适在奏对时并没有向宁宗抱怨自己的遭遇，相反，得知宁宗有意结束党禁、重启北伐，他表示出了极大的期许。在上殿奏札中，他希望宁宗能够消除党禁的影响，让人才在报效国家之时不必为此忧心。这时宁宗的心境也不似党禁时的心境，对于叶适的上奏，他深为认同，因此任命叶适权兵部侍郎。

　　这次入朝，叶适还举荐了楼钥、丘崈和黄度三人。这三个人后来都得到朝廷任命，出任郡守之职。不久之后，叶适收到家中消息，称其父叶光祖在家中逝世，叶适急忙向朝廷上书，请求回家。在这年的十一月，叶适从临安回到了永嘉家中，为父守丧。再次来到临安，是叶适孝期已满的开禧二年（1206）。叶适第四次奉诏入京，这也是他第六次来到临安。当时，韩侂胄已经决定北伐，宁宗对此也没有异议。但是叶适觉得韩侂胄的北伐计划中不足之处甚多，若贸然北伐，于宋朝将是弊大于利。因此受诏入见时，叶适就向宁宗指出了这一点。随后，他又连上三道奏札，反对韩侂胄在准备不足的情况下贸然北伐。但是韩侂胄主意已定，更何况对韩侂胄来说，北伐可不是为了国家社稷，而是他自己欲立盖世功名的政治筹码，他不可能轻易放弃。

　　韩侂胄想借叶适的文才，于是向宁宗推荐叶适出任吏部侍郎兼直学士院。学士院在皇宫北门和宁门之内，位置在今天杭州万松岭路和凤凰山脚路交口。《咸淳临安志》记载："学士院在和宁门内，盖沿唐北门之制也。"但是叶适因为反对韩侂胄此次草率用兵，坚决不愿为其草拟诏书，因此称病力辞。韩侂胄实在没有办法，最后将此职转任李壁。在韩侂胄的一力主张下，宁宗最终还是下了北伐金朝的诏书。随着四路大军出师，叶适知道北伐已成定局，但他认为依照韩侂胄的计划，失败的可能性很大，而如果真的失败了，则只有长江可守。因此他不顾此前的分歧，主动找到韩侂胄，建议他应当首先布置长江沿线的防务，然而韩侂胄没有听从。不久，宋朝前线几路大军接连溃退，金兵已经南下两淮，临安城之中的朝廷再次陷入了危急时刻。当此之际，又是叶适挺身而出。

开禧二年（1206）六月，叶适以宝谟阁待制的身份出知建康府，兼任沿江制置使，总理军事，收拾残局。他带着朝廷托付的重任与自己为国报效的心愿，带病离开了临安，奔赴战争前线。奔赴前线之后，叶适与临安之间的联系趋于平淡。他虽然在建康成功地保卫了江南，击退了金兵，但却无法抵抗临安朝廷的议和之令。随后，韩侂胄在玉津园被杨皇后和史弥远谋杀，叶适因御史中丞雷孝友弹劾"附侂胄用兵"落职。浩浩荡荡的钱塘江上，叶适高声吟诵着"晚霞销尽月明钩，万顷无风一水浮。长怕舟师深击楫，自令洄洑起中流"，回到了家乡永嘉，寓居水心村。

后来，虽然朝廷曾下诏起复叶适，但叶适只是一力上书辞免，请求在家奉祠。离朝之后，叶适在家悉心讲学，专心著书，从者众多。这位仕宦数年的名士，在生命的最后一段时光，不再与朝政磋磨，而是回到了自己的书斋之中。学者刘宰曾记述，叶水心在永嘉时，门外的鞋子都挤满了，那是因为他的师友相与往来，徘徊不愿离去。嘉定十六年（1223），叶适在永嘉家中去世，享年七十四岁。朝廷闻知，追赠光禄大夫，谥曰文定。

世间再无叶水心，但是先生之风，山高水长。功过成败，留待后人评说。叶适的政绩或许已经在岁月的磨洗中消失殆尽，但他的学风、他的文章，却会超越时间，在这世间历久而弥新。

昭著青史

郑樵：执笔不休甘枯淡

郑樵像

当杭州成为南宋的都城，所有的珍宝都涌向了这里。

当郑樵走进秘书省号称"三馆"的昭文馆、史馆、集贤院时，他明显地察觉到了周遭人异样的眼光。

"他怎么来了？"

"一个乡野村夫也配和我们这些饱学之士共事？"

"听说他之前巴结秦相公……"

是啊，郑樵是身无功名，但他甘于枯淡，执笔不休，屡次献书，哪一点比不上这些人呢？郑樵的脚步没有一丝停滞。当他看到殿阁深处浩如烟海的经史典籍时，纵使他自认饱读书史，还是深深拜服于翰墨间。

临安，不虚此行。

书卷货与帝王家

郑樵的一生曾有四次到达临安，次次皆是因为献书之故。

崇宁三年（1104），郑樵出生在兴化军莆田（今福建莆田）霞西村溪西。他的祖父郑宰和父亲郑国器，都是莆田当地有名的读书人。到郑樵这一代时，虽然家道中落，但在父母的教育下，他自年幼时起便熟读经籍。郑樵十六岁时，父亲郑国器作为太学生，在返乡的途中去世，郑樵孤身一人前往苏州迎接父亲的灵柩，在安排好父亲下葬诸事之后，他在夹漈山中结庐，终日读书，谢绝人事，希望读尽古人之书、通晓百家之学。不久后，郑樵拜自己在溪东草堂苦读的堂兄郑厚为师。二人既是兄弟，又是师徒，经年读书，四处求学，因此积累下了过人的学问，在莆田当地有"二郑"之称。在读书的同时，郑樵也与其他的读书人一样，关心国家大事。靖康元年（1126），远在莆田的郑樵，听闻宋金之间战事纷起，随即与堂兄郑厚二人一道，向枢密使宇文虚中和给事中江常二人上书，请求为国分忧，但并未如愿以偿。此事过后，郑樵决心要读遍天下藏书，四处奔走访书，抄录著述。靖康之难后，宋室南渡，在江浙之间逐渐稳定后，高宗便诏求天下人献书，以充实馆阁藏书。这一是因为宋朝本就有诏求献书的传统，二是因为朝廷仓皇南渡的过程中书籍多有散佚。而正是在诏求献书的背景下，莆田这位潜心读书著述的"夹漈先生"与临安结下了缘分。

绍兴十六年（1146）五月，郑樵第一次抵达临安献书。这一次朝廷所诏求的书主要是先儒著作善本，而郑樵所献之书大多为自己誊录新著，因此理论上不在朝廷所求书之列，为此事他在临安逗留了一段时日。事情最终还是得到了解决，关键在于秦熺。秦熺是秦桧的养子，绍兴十三年（1143）时任秘书省提举官，负责诏求天下遗书的事情。此外，秦桧自绍兴八年复相以来，独揽朝中大权，不仅在政治上排除异己，在史传上也要独留美名，对于稍微提及自己的，就要焚毁或修改。绍兴十四年（1144）时，秦桧向高宗上奏乞禁野史，秦熺于同年以秘书少监领国史。由此，修史之权被牢牢控制在秦氏父子手中。虽然大环境并不友善，但郑樵此次进京时机却是凑巧，时适逢秦熺生辰。或许正是因此，秦熺情绪很好，对于郑樵所献之书大加赞赏，在年终时以考订书籍之名收入。此时已是第二年年初，郑樵因献书一事在临安逗留了半年有余，虽然书得入朝廷，但是他却没有得到一官半职的奖赏。为了生计，郑樵重新回到了家乡莆田。

没过多久，郑樵便第二次来到了临安。这是绍兴十七年（1147）的冬天，前不久，他根据朝廷秘书省颁发的阙书目录，自己征集了《求书阙记》七卷、《求书外记》十卷与《群书汇记》三十六卷，希图献书。或是因为事情耽搁，郑樵在临安待到了次年年初。绍兴十八年（1148）正月十一日，他写就一篇《献皇帝书》，上呈给高宗。在书中，他言辞恳切，向高宗禀明自己经年访集诸书之经历：

> 谨搜尽东南遗书，搜尽古今图谱，又尽上代之鼎彝，与四海之铭碣。遗编缺简，各有彝伦；大篆梵书，亦为厘正。于是提数百卷自作之书，徒步二千里来趋阙下，欲以织尘而补嵩、华，欲以涓流而益沧海者也。

郑樵这次献书，可见并未多费周折，献完书后，郑樵回到莆田，谢绝一切举荐，只希望专心著述。随后不久，即在绍兴十九年（1149）的时候，其所献之书得诏藏于秘府。

郑樵第三次到达临安，是绍兴二十八年（1158）。这时，距离秦桧身死已有三年，南宋朝廷中的修私史之禁令有所放松，而郑樵在莆田精进著书，从者甚多，另一面续娶妻子，生有一子，不再是兄弟沦亡、子姓亦伤、形影相吊的孤寡之人了。绍兴二十七年（1157）十一月，侍讲王伦与贺允中向高宗推荐郑樵，称赞郑樵终年埋首经籍，闭门著书，且所著之书不为私藏，而是献于朝廷、藏于馆阁，且听闻近来郑樵著述愈多，或许于治理国家有益，希望高宗召对，以验证其才学。高宗听闻后，心有所动，最终于绍兴二十八年（1158）召见郑樵。凤凰山麓的临安皇宫虽比汴京皇宫小了许多，但对出身乡野的郑樵来说，还是无比富丽堂皇。当年二月，郑樵上殿入对，与高宗禀陈多年修书历程。他对高宗说道："臣僻处山林三十余年，写得书五十种，但还有一部史书没有完成。臣写的这部史书，以历代典籍为依据，上起于三皇，下终于五季，名为《通志》"。接着他又向高宗说明自己所撰之《通志》，虽然仿照司马迁之纪传体写成，但自成创新之处，并将自己所摘录的十二篇纲领《修史大例》，上呈给高宗阅览。

高宗听后，回应道："朕早就听闻你的姓名，听说你专心研究古代经籍，自成一家，奈何相见恨晚！"郑樵便接着向高宗陈述了自己对《史记》和《资治通鉴》的看法，并说明自己的创新。君臣此次相见相谈甚欢，似乎真应了高宗的"相见恨晚"之语。直至郑樵请退朝之时，高宗还兴致盎然，称在与郑樵的议论之中忘记了疲倦。召对之后，郑樵自称是微贱小民，终爱山林，他之修史，绝无非议朝政之意，而只是为了内心志向罢了。高宗听闻，下旨授郑樵任右迪功郎，主管尚书省礼、兵部架阁文字，负责管理政府档案一类的工作。郑樵在临安任职的这段时间并不长久。不久之后，郑樵便因为被御史弹劾，改监潭州（今湖南省衡阳市）南岳庙。不过，高宗或许念及郑樵正在修纂《通志》，因此特赐札子，允许郑樵回乡修史。于是，在临安待了不久的郑樵再次离京返乡。

郑樵再至临安献书，也是他最后一次来到临安，是绍兴三十一年（1161）。

宋高宗赵构

这一年，郑樵五十七岁，距他上次离开临安已有两三年的光景。在这几年中，他潜心修史，曾前往临安馆阁访查典籍，最终将近七百万字的《通志》修撰完成，甫一完成，他便再次踏上了赴京之路，以呈天子。但此时的高宗并不在临安。当年冬天，由于金兵再次南下，高宗车驾迁至建康（今江苏南京），临安则处于戒严的状态之中。未能进呈天子的郑樵便携《通志》留在了临安，并被朝廷任命为枢密院编修，负责文献的修撰工作；不久，在留守临安的前任宰相汤思退的安排下，郑樵与其他几人同任"干办公事"，即一介属官。在任期间，郑樵仍思修史，他奏请修撰金朝正隆官制，并且想与宋朝官制相互参照，因此上奏请求进入秘书省查阅书籍。但不久之后，郑樵又被人弹劾，此事终究没有继续下去。郑樵在临安又待了一段时间，直到绍兴三十二年（1162）高宗从建康回到临安，他仍然没有离去。此时郑樵已经病重。这一年的三月初九，高宗下诏，命令郑樵进呈《通志》，然而郑樵已无法接旨，在圣旨下达的当天，郑樵辞世，时年五十九岁。

若论郑樵一生行迹，其中争议最大的便是与秦桧秦熺父子二人的交往。郑樵第一次献书，其间的关键人物便是秦熺。而在其第二次献书时，除却《献皇帝书》之外，他还曾写就一篇《上宰相书》，上呈时任宰相的秦桧。原来，在郑樵献书前不久，朝廷中发生了一桩与莆田有关的大事。此前秦桧上奏乞求严禁私修野史，之后私修史书便成了大罪名，不论是私自修史，还是家藏野史，都被秦桧歪曲成谤议朝政，借以打压士人。郑樵的莆田同乡黄公度，便是因擅修私史遭到迫害。郑樵与黄公度同为读书之人，同怀修史之志，目睹同乡之人面对迫害无处申辩，郑樵的内心不可能不受震动。因此，在他第二次上京之时，他特意写了这篇《上宰相书》，他在其中写道：

> 况三十年著书，十年搜访图书，竹头木屑之积，亦云多矣，将欲一旦而用之可也。呜呼，术业难成，风波

亦起，深恐传者之误，谓擅修国史，将无容焉。

郑樵在这封上书中语气可谓温和，毕竟作为一介草民，他既无权势亦无钱财，只能以文字表达自己的诉求。此时的他已年届四十，三十余年的书海沉浮，只为能够书史传世，若以"擅修国史"为名禁止天下人修史，不免过分。

不知出于什么原因，秦氏父子二人并未编排郑樵，相反，似乎还对其颇有好感。绍兴十八年（1148）郑樵第二次献书回乡之前，秦熺曾对高宗进言，称赞郑樵的学术，不久高宗授郑樵为右迪功郎。而这与其《上宰相书》中所记种种，成为后人怀疑郑樵政治立场的根由。但是郑樵并未接受秦熺的举荐，他一意回乡著述，在《上宰相书》中所求或许不过是为撰史寻求方便；在返回莆田以后，地方官员也曾多次请他出任地方官职，但他也大多推却，只愿埋首著述。

好识博古诚佳士

【绍兴三十一年：秘书省三馆】

临安是天子所在、京畿之地，皇亲国戚、名人宦达充斥其间，而郑樵终年与书为伴，以一介布衣的身份，从莆田来到京城，以才学跻身官场，但他的为官生涯却是短暂坎坷。

我们曾说过，郑樵与堂兄郑厚二人曾为师徒兄弟，相伴读书，一同访求天下书籍。但是兄弟二人最后却走了不同的道路。郑厚选择了科举，走上了"学而优则仕"的道路，而郑樵则志不在此。郑樵虽然心怀爱国的情感，虽然也曾希望为国家效力，但他读书却不是为了做官，而只是为了潜心做学问。无论如何，郑樵终究是与官场有过深刻的联系。一方面，郑樵以其才学，在家乡为地方官员所重；另一方面，郑樵在多地访书讲学，门生故旧积累颇众，虽然郑樵终其一生并未参与科举，但其学生却多有经由科举入仕之人，这些人下任地方，上至京师，也可算作郑樵效力国家的另一种表现。然而若说郑樵与临安官场最为深刻的联系，还得说起他几次在临安为官的经历。

郑樵在《献皇帝书》与《上宰相书》中曾委婉地提及，希图能够得到一官半职，以全修史之助。从他的献书经历来看，郑樵虽然得到了相应的机会，得以担任管理资料的文职小官，但他几次在朝为官皆十分短暂，屡屡为人弹劾，因而去职。可惜的是，史书留给我们的资料并不多，对于弹劾的缘由常常隐去，但陆游曾记载的一段话，或许可让我们了解其中的一些幽微之处：

> 予绍兴庚辰（绍兴三十年，1160 年）、辛巳（绍兴三十一年，1161 年）间，在朝路识郑渔仲，好识博古，诚佳士也。然朝论多排抵之，时许至三馆借书，故馆中亦不乐云。

陆游的这些话说得直白。他称赞郑樵博古通今、好学通达，确实是一个才学优良的人，表达了自己对于郑樵的欣赏。同时又说明了郑樵在朝中的处境堪忧：郑樵在朝，不仅没获得看重，反倒常为人所排挤，以至于尽管获得皇帝特许得以去三馆借书抄录时，馆中的人亦对此感到不快。由此，郑樵在临安朝堂之中的处境足可以窥见一斑，他屡次为人弹劾，不过是这些官场排挤所导致的最终结果罢了。这背后的原因或许多样，可能是中央政治上的排他，也可能是郑樵学术思想的过分独特……其间因果，已经难以追溯了。

宋代的三馆（昭文馆、史馆、集贤院）自元丰改制后并入秘书省，与秘阁合称馆阁。南宋的秘书省最初选址在涌金门外的法慧寺，绍兴十三年（1143）重建于天井巷东、故殿前司寨，位置大约在今天吴山北麓杭州市公安局附近。郑樵曾走访的三馆，如今只能在考古发掘的南宋遗址之上窥其过去之遗迹，而真正留下的，或许只有凝聚着他半生心血的大成之作《通志》。

李焘：平生生死文字间

他的偶像是司马光，他的著作名叫《续资治通鉴长编》。四十年一部皇皇巨著，辗转七次进呈朝廷，这九百八十卷的《长编》就是李焘的生命。张栻曾赞美李焘："李仁甫如霜松雪柏，无嗜好，无姬侍，不殖产，平生生死文字间。"

《长编》进呈后被藏入吴山脚下的秘书省馆阁，后来又被带

文澜阁

入元大都，明代被抄入《永乐大典》，因卷帙浩繁，世间罕传全本。后四库馆臣又从《永乐大典》中辑佚补全，编入《四库全书》。其中一个抄本便存放在杭州孤山上的文澜阁。从吴山到孤山，时光弹指一过，吹透上面沉积的灰尘，仿佛回到了原点。

川蜀名门有少年

【绍兴八年：射殿】

　　和当时的许多读书人一样，李焘与临安第一次结缘是因科举考试。政和五年（1115），李焘出生于眉州丹棱（今四川省丹棱县）的一个士人之家。据说李焘是唐朝宗室曹王之后，曹王因被武则天贬斥为民，从而徙居眉州丹棱，在此定居繁衍。李焘的父亲李中于宋徽宗大观三年（1109）科举入仕，曾在仙井监（辖境包括今四川仁寿、井研两县地）任官，且熟习宋朝典故，家中藏书丰富。李焘年轻时便聪明好学，十八岁一举夺下眉州解魁，得到了考官王子载的高度赞赏，二十岁时便写下了《两汉鉴》。成长于两宋之交这个特殊的时代，这位川蜀少年虽然远离中原京畿，但却看到宋金之间战事频起，国土沦丧，是以心中常怀经国济世之志，曾写下《反正议》十四篇，以期有助于时事。

　　作为一位有志青年，李焘的路既不是一片坦途，但也绝非暗淡无光。李焘应该是先通过了四川的类省试，从而获得了赴临安殿试的资格。绍兴八年（1138）六月，高宗御射殿取士。李焘前往临安参加殿试，登进士第，并将自己写成的十四篇《反正议》献给皇帝。当时宋金之间刚刚议和，高宗从建康回到临安，也才只有四个月左右的时间，而边防军事尚不稳定，朝中也有很多议论的声音。这些议论的一个中心指向就是立储问题。高宗唯一的儿子赵旉早已去世，而高宗此后多年并无所出，因而劝高宗立储便成为朝廷中的一件大事。实际上，赵旉去世后不久，便有大臣向高宗上书，请求高宗在宗室中择立太子。高宗虽然在宗室中选择了两个男孩养在宫中，但总归是未立储的。

进士放榜，身在临安的李焘看到自己榜上有名，在向皇帝进献十四篇《反正议》的同时，可能是为立储之事忧虑，他还向高宗进言，称长久以来都没有册立皇储，希望高宗能够从宗室的贤明者中择立太子，这样无论是留守京城指挥形势，或者是外出领兵征伐敌军，都可以免除后顾之忧。这个问题当然是高宗所关心的，但是他心中无疑还有别的顾虑。李焘的进言没有得到皇帝的回复，而他本人按照朝廷任命则应当要前往成都华阳县任主簿。对于朝廷的这次任命，李焘没有赴任，而是选择回到了家乡丹棱县，在龙鹤山中读书。他将自己读书的地方命名为巽岩，也是他自号"巽岩"的由来。

这就是李焘与临安的初遇，仅有短短几个月的时间。而此后的数十年间，李焘也大多在家乡蜀地任职，很少与临安有过联系。直到乾道三年（1167），在家乡为母亲守孝结束的李焘，被一纸诏书召到了临安，这才有了他后半生与临安之间更加密切的联系。

潜心修史效温公

【乾道三年至六年：垂拱殿／秘书省】

乾道年间的南宋，天子早已改易为励精图治的孝宗赵昚，李焘也逐渐成长为潜心修史的有志之臣。与高宗相比，孝宗在治国理政方面更加锐意进取，也颇有收复失地的意图和打算。此时秦桧已去世，修私史的禁令和道学之禁大为放松，南宋的文坛和政界在此时都是有一番新面貌的。不过，正如宋金之间的实力对比不是一日能够扭转的，这些事还得徐徐图之。

正是在这样的背景下，李焘第二次来到临安。这一次，是由于四川制置使汪应辰向当时的宰相举荐他。李焘长期在四川为官，多年来政绩优良，将地方治理得井井有条；政务之余，他就专心读书著文。著名的《续资治通鉴长编》一书，就是他在地方任官的时候开始编写的。从绍兴十二年（1142）出任华阳县主簿开始，到乾道三年（1167）他再赴临安之时，时光已经悄然过去了二十五个年头，李焘也从一个意气风发的少年人，变成了一个在地方经营多年、日渐沉稳的中年人了。

数十年的时光，李焘所获得的并非只有年岁的增长，还有学识的积累。为官期间，他利用闲暇的时光读书，将家中藏书细细翻阅，而对本朝典章制度尤为重视。由于对现存史书的不满，李焘逐渐将修史作为自己的志业，因此更加致力于搜罗典籍，以便修史。他编修《续资治通鉴长编》，体例仿照的是北宋司马光的《资治通鉴》，起于建隆，迄于靖康，前后共计九朝一百六十八年，规模巨大。他还仿效司马光的史书体例，编写了一份《百官公卿表》，这篇文章完成以后，便被史官上书请求上呈朝廷，用于编修国史。

此外，李焘与远隔千里的临安还保持着其他细微的联系。由于政治和军事的缘故，皇帝曾派遣中央大员到川蜀地区，川蜀地区本身也出了不少的人才，如虞允文、张浚等，而李焘则凭借自身的才干与德行得到了中央大员的举荐。比如绍兴二十一年（1151），李焘对增加四川地方的盐税一事上书坚持拒绝。张浚听说这件事后，非常赞许，说李焘有御史台和谏议大夫监察规谏的遗风。李焘为官之道，由此可见一斑。还有隆兴元年（1163）时，时任同知枢密院事的洪遵也曾向孝宗推荐过李焘。所以李焘虽长期官居地方，但他的才学和政绩，却并未局限于这川蜀故地，而是能够被临安看到并记住的。

这一次，五十三岁的李焘因汪应辰的举荐来到临安，八月份便受诏入宫觐见。觐见之时，他先是列举了太祖治身、治家、治官、治吏的典制和掌故，并向孝宗请求，将这些典制列为法律；并请求增置谏官，准许谏官监察百官、上书言事。这些都是李焘针对朝政制度提出的建议。他还认为练兵已久，川蜀税赋多次加重，希望此后能够不再增加；而且蜀地士兵已经很多，不应当再招募新兵，而是应当简练兵马，核实各将军名下士兵数目，严禁大将私立兵目以为己用。这些看法是他针对军事所提出的，既有对蜀地的关怀，也包含着对朝政大事的关注。

孝宗对这些看法深以为然，于是都很高兴地接受了，并且还下令李焘任尚书兵部郎中兼任国史院编修官和礼部员外郎。在李焘奔赴临安之时，他所编修的《续资治通鉴长编》文稿也渐次完成。汪应辰曾大力推荐此书，称待完书之时，请求朝廷批准缮写此稿并藏于朝廷秘阁之内，李焘到达临安不久，秘书省便向皇帝上书表达了这一请求，而孝宗也很快批准了。乾道四年（1168）四月，李焘正式向朝廷上呈《长编》。他在进表中略述心志，表明自己所修史书，是仿效了司马光《资治通鉴》的编年体，以年月日为丛目，广泛搜罗材料，依次排列，如此方能去伪存真，了解祖宗过往之丰功盛德。这次上呈的《续资治通鉴长编》，内容起自建隆元年，至治平四年闰三月而终，一共包括五朝一百八十年间事迹，分为一百八十卷，共有一百七十五册，并外附一册目录，实为皇皇巨著，由李焘一人之力编写而成，李焘的用心与专注可以想见。

除《长编》之外，李焘对国史编修也非常关注。如乾道四年（1168），宰执进呈李焘《辞修钦宗实录推恩札子》，在其中他论及北宋各朝正史纂修情况；再如乾道五年（1169）十二月，李焘上书请求对《徽宗实录》中的疏漏与错乱之处进行刊定。他在奏疏中列举北宋国史编修的往事，认为修正史所依据的应当是实录，如果实录存在错漏紊乱的地方，那么依照此所编修出来的国史也会存在许多错误，无法做到"如实"。因此他上书请求刊定《徽宗实录》，正是为了使国史编修更加真实、可信。这不仅是他作为国史院编修官员的职责所在，也是他作为一位史书编修者多年潜心修史的心中所念。

除兼任国史院编修官外，李焘在朝期间还先后任尚书兵部郎中、礼部员外郎、秘书少监、起居舍人、实录院检讨官等职，并对时事朝政多次进言。他不只是一位史学家，更是一位关心国家大事、心系朝廷百姓的官员。乾道三年（1167）十一月，李焘入职朝廷不久，正值金朝使节来贺会庆节（孝宗生日），而日子又恰好撞上了郊礼散斋。按照惯例，金朝使节来，应当赐花宴、用乐。但是郊礼散斋属于国家大祀斋禁，是不应当用乐的。由于宋金之间的关系特殊，所以朝廷中对此事应该如何处置也分成了两派，参知政事陈俊卿认为可以向金朝使节说清其中的礼制所在，而其他大臣则担心若突然改变，金朝会因此发难，两国之间战事又起。

李焘自然明白其中的两难之处：一方面是所谋求的和平形势，一方面是祖宗遗制，二者是不可偏废的。他建言说："汉、唐之时，祭祀天地，散斋四日，致斋三日，建隆初年郊礼斋禁也是如此。只是到了崇宁、大观年间，才开始效法《周礼》中祭祀天地的安排，因此前十日需要斋戒。现在既然是合祭，那么就应当恢复汉唐和建隆年间的旧制，这样也可一举两得。"最终朝廷决定在垂拱殿上寿时止乐，正殿为北使权用。

同年，还有占城国的使节前来进贡引发的一件纠纷。在占城国进贡不久之后，福建市舶司的官员上奏说来自大食国的乌师点等人要上诉，说占城国进贡所献的物品，是抢了他们大食国的东西。这件讼案直到第二年春天又被提起，洪迈认为可以参考崇宁五年的先例，用白背金花绫纸写诏书，放在镀金的银匣子中。李焘则持不同的看法，他认为应当参考绍兴二十五年的例子，用白藤纸写敕书，而且这次进贡不诚，皇帝陛下都没有接受，为什么又要优待他们呢？这些话说得在理，因此孝宗最终也听从了李焘的意见。

乾道四年（1168）五月，《乾道新历》撰成，李焘受命负责测验新历。六月四日，李焘进言：一种历法推行久了，必然会存在误差，这时自然应当改变历法。现在的《统元历》通行已久，与天文运行的现象有很多不相合的地方，应当随着时节及时更改历法，且及时测验，发现不足，然后改正再予推行。孝宗听从了他的意见，下令太史局参照使用新旧各历，并访求天下精通历书之人，以测验、编修更为精准的历法推行天下。九月间，李焘又上书进言，对科举制度发出了自己的议论。他先是忧虑考试中流行的卑弱文风，认为考官应当选取学术醇正、针砭时弊的文章，而对空浮虚泛的文章应当一力贬斥，以求恢复实学致用之学风。随后不久，他又上书称进士的名额太多，应当稍微裁减，否则进士的出身虽然下赐，但却很少有进士能够得到任职的机会。作为一位言官，李焘十分尽职。乾道五年（1169），太史曾说八月应当会有日食发生。日食作为一种奇异的天象，在古代常寓意着灾祸，因此李焘劝谏孝宗应当采纳忠言，消除阴奸，以应天变。

李焘在临安数年，虽然屡次进献忠言，也得到了孝宗多次认可，但却始终未获得真正意义上的重用。这自然与帝王心思有关，可也离不开南宋朝政的复杂形势。李焘在朝中得到任用，是由于四川制置使汪应辰的举荐。汪应辰是信州玉山（今江西省玉山县）人，少年好学，十八中举，力主抗金，因与秦桧主张相左，而被贬出任建州（今福建建瓯）通判，历任靖江府、广州等地；孝宗即位始获重用，在福州、四川等地任官后，先后出任吏部尚书，不久兼任翰林学士兼侍读，是名副其实的天子近臣。李焘正是在这段时间中在朝任职，而汪应辰也多次向孝宗举荐他，汪在临安任吏部尚书之时还曾举荐李焘次子李垕。当然，李焘在朝中所结识的不仅有汪应辰，还有虞允文、陈俊卿等人。虞允文和陈俊卿都是当时的宰相，是孝宗倚重的大臣。虞允文曾在四川任职，当时便举荐李焘次子李垕前去参加贤良方正科的考试，而陈俊卿、虞允文二人督办的《四朝会要》，李焘作为史官就曾为其作序，在其中详细记载了编纂的经过。

但是朝政变动不居，李焘在朝中也并非时时处于顺境。从他屡次上言的事迹中可以看出，李焘对很多事情有自己独到的看法，因而与朝中人自然有意见不合之处。占城国进献讼案一事，李焘就与洪迈持不同的意见，洪迈向孝宗告状说，李焘这样进言，是在侵犯他人的职守。两人之间的矛盾就这么结下了。除去洪迈，李焘与虞允文之间的关系也发生了变化。乾道六年（1170）五月，左相陈俊卿出知福州，右相虞允文独任宰相，希图早日恢复国土，因此对许多旧制典章进行了大刀阔斧的改革。李焘对此直言不讳，他多次上书言事，认为典章制度是国家立身之本，夏、商、周、汉都各有其制度，其子孙没有哪一个敢废除的，王安石曾变更法度，所带来的后果是现在可以借鉴的。闰五月，虞允文向孝宗推荐李焘与范成大二人出使金国，李焘力辞，不愿前往。他对虞允文说："今天一旦前去，金人必定不从，而金人若不从，我必然要以死相争。"从这句话可以看出，李焘知道这次出使不是什么好差事，且不说虞允文推荐他出使金国是有私心的，何况他本人深恨金人，冒死求和的事绝非他所愿为。虞允文是孝宗信任的抗金重臣，在这样的情势下，李焘的处境也变得不利。当年六月，李焘奏请复行明堂礼，没有得到回复。同月，朝廷下令，任命李焘为直显谟阁、湖北转运副使，这可能是朝廷的决定，也可能是李焘自己的请求，但无论如何都与朝廷政局的变化息息相关。

在离去之前，李焘照例要上殿辞别天子。他仍旧坚持请孝宗以"欲速""变古"为鉴。他明白孝宗与虞允文等人的谋划自然是为了恢复大宋江山，驱除金人，收复故土；但他同样明白，欲速则不达，变古易生乱，徐徐图之、出其不意或许才是上策。就这样，李焘离开了待了三年的临安。三年时光倏忽而过，李焘心志虽未改变，但功业却始终未成，离开京城的他，回望江南山水之中的繁华宫城，炎炎暑意或许更加剧了他心中的忧虑与烦闷。

流芳青史字不泯

【淳熙元年至十一年：道山堂/四望楼/延和殿】

淳熙再见临安，李焘的修史心志依然未变，岁月赋予了他更多的稳重和从容。自乾道六年（1170）一别之后，李焘再度回到临安，当说是乾道九年（1173）的事。这三年间，李焘在荆州、鄂州多地都任过职，在地方关心民政，受到孝宗赞许，其间也曾回到临安述职。乾道九年（1173），吏部官员陈居仁推荐李焘，认为李焘熟习典章制度，应当进入台阁任职，不久，李焘便被诏赴临安。接到诏书后，李焘自泸州启程，与家人一同乘船，沿江出发，赶赴临安。出发没多久，泸州城内失火，李焘听闻消息，向朝廷上书请罪。提刑何熙志却弹劾李焘，认为李焘上奏所报的焚数不实，并称其《长编》所记魏王食肥虀一事，纯属造谣中伤。弹劾起因究竟为何难以理清，但所幸孝宗并未轻信他人，只是让成都提刑负责体量泸州城内火情。在处理何熙志的弹劾一事上，孝宗在实际行动上偏向了李焘，直接的体现就是惩罚，作为"被告者"的李焘只被贬了一秩，而作为"告发者"的何熙志却被连贬二秩。李焘这一次受诏赶赴临安，若算上此前趋召，应该是第四次来到临安。本来是乾道九年（1173）就接到诏书，但因泸州火事搁置，李焘直到淳熙元年（1174）年初才抵达临安。朝中官员的弹劾让他心情低沉，他在临安城门处还心系此事，请求退职。当然孝宗没有答应，而是选择再一次将他外放，李焘很快便出任江西转运副使。

其实在临安的孝宗也一直不能忘记李焘。李焘在京任职的那段时间，尽职尽责，为他提供了不少的建议，而且进言切中时弊，是一个可以任用的臣子。在李焘不在的这段时间，朝中不少大臣，如周必大等人，都曾向孝宗举荐过李焘。另外，李焘的次子李垕在朝中兼任国史院编修官和实录院检讨官，也算是另一种意义上的子承父业。在李焘外任的这段时间，虞允文去世，孝宗失去了他所倚重的抗金重臣，朝中可亲近信任之人更为寥寥，此时的他或许想到了外放在江西的李焘。淳熙三年（1176），李焘第五次来到临安，出任秘书监、权同修国史兼权实录院同修撰。这一次在京任职，李焘是专任史职，先后进呈了《绍兴日历》一千卷、《四系录》等书稿，并参与编修《四朝正史》，重修《徽宗实录》等，与吕祖谦、龚茂梁等人共事。

这一次回归，李焘与孝宗之间的关系显得更为亲近。李焘仍然屡屡进言，上及天文，下及地方，孝宗认为有理者皆听之。李焘还兼任侍讲，曾秘密上书两千余字，孝宗对此褒扬有加，君臣关系，亲疏立现。面对天子爱重，李焘更是竭力效劳。每每众臣集会议论之时，若是碰到什么问题，诸位大臣不敢直言，李焘则直言不讳，将可否之处清晰分列，上对孝宗。

道山堂，在秘书省秘阁之后，内有高宗御书杜甫山水歌。淳熙四年（1177），李焘在高宗御书之旁刻写《国史院监修提举题名序》。除去修史、建言，李焘也常与友人交游。他曾在临安筑小楼，名曰"四望"，常邀好友在楼中一同饮酒作诗。这一次回到临安，除了旧友往来之外，还有一位新的朋友，便是王明清。王明清是颍州汝阴（今安徽阜阳）人，乾道初年奉祠居山阴，多方搜集旧闻遗事，著成《挥麈录》，所记宋代政事及典章制度非常详尽。淳熙四年（1177）三月，王明清前往临安觅官，登门寻访李焘。王明清此次来访，携带《挥麈录》二编，李焘仔细翻阅，一再称道，并一一询问宣和、政和年间的名卿出处，王明清都能清晰回答。李焘大喜，请求王明清相助修史。

这本是同道之人相遇的一次乐事，但无奈的是，就在王明清来访后的几个月，李焘便出知常德。在临安短暂停留之后，李焘再次离开了临安。淳熙十年（1183），李焘自遂宁还朝，这也是他最后一次来到临安。还朝没多久，李焘前往延和殿入对，听到殿内正在宣读陆贽《奏议》。他耐心倾听，听罢，将《奏议》中数十条切中时弊之议论提出，向孝宗进言：陆贽虽然曾任德宗朝的宰相，但其实并不得志，现在他遇到了陛下您，可算是千载良机。接着他又规劝孝宗不可欲速，目前兵力衰弱、财政匮乏，其实还不足以与戎狄相抗衡。

孝宗自然明了眼下状况，但为政二十余年，功业未就，故土未复，有愧于宋室列祖列宗。李焘则劝慰道，功业并非一朝一夕，而在变通，若人事已经尽修，那么天命必将感应。此时的孝宗五十七岁，而李焘则已六十九岁，这对白发君臣曾相伴十余年，而今旧人多已逝去，这对君臣，相互之间除去君臣之谊，可能也多了一份相互扶持的感情。回到临安的李焘，在朝廷任命下出任文阁直学士，提举佑神观，兼任侍讲、同修国史。他依旧前去上朝，经常谏言，毫不避讳地举荐有才之人，并且有始有终地修史。临安地处江南，江南好，但终究不是故乡，李焘的心中想必还眷恋着蜀地的山水乡音，他曾作诗："明年七十吾归矣，预买北关门外舟。"

然而蜀地少年终究未能乘舟归乡。这年冬天，李焘生了一场病，三省请求给假十日，孝宗御笔一挥，以李焘年老，特批假半月。正月间，李焘因病请求辞官，孝宗不允，数次问起其病症，李焘自言若非老病之躯，他也不愿辞官去国。君臣二人，就此分隔。二月初，李焘病情加重，孝宗匆匆下诏，授任李焘为敷文阁学士，准致仕。诏命下到李焘家中，李焘闻旨竟然展开笑颜，说："臣已七十岁，这个时候死去不算早夭，生平遗憾之事，唯有报国未尽之志。"在病重之时，李焘仍然放不下那宫城之内的天子，希望孝宗在对外方面以开国的太祖、太宗为师，在用人治国方面则当效法仁宗。初五日，李焘病逝于临安家中。孝宗在宫中听闻消息，哀伤悲叹，赠光禄大夫，并令临安府负责李焘后事，送归蜀地家乡。

如今，李焘与他的四望楼早已淹没在历史的长河中，再难以寻求其痕迹。但作为史书编纂者，却仍有相当篇幅的记载流传后世，以表明李焘曾经真切地存在过。其中，最为著名的便是那部《续资治通鉴长编》。历经四十年编纂，七次进呈，《长编》全书记一百六十八年间事，共九百八十卷。这部书甫一修成，李焘便上呈朝廷，藏于馆阁。由于内容繁多、篇幅巨大，《长编》的抄录、传写工作十分困难，以至于到南宋后期，蜀中旧本与坊间刻本就存在差异。元代以来，更是世所罕见。时移世易，昔日上呈于临安朝廷的史书，又见于杭州的文澜阁中。

李心传：埋首书卷写兴亡

南宋史学，首推四川二李——李焘和李心传。《四库提要》如是评价："宋人私史卓然可传者，唯（王）偁与李焘、李心传之书而三。"王偁著有《东都事略》，李焘著有《续资治通鉴长编》，李心传著有《建炎以来系年要录》《建炎以来朝野杂记》。

寄身于翰墨，见意于篇籍，李心传埋首书卷，挥毫写兴亡。临安城充斥着王侯将相的故事，似乎放不下一代史学家李心传的位置。晚年的李心传寓居湖州，那里的风光并不逊于临安。在他生命的最后一刻，他是否会念念不忘平生著作？是否会想起吴山脚下秘书省中满屋堆积的故纸书册，礼部贡院前那个决意不复应举的少年郎，还有龙山崇福院中那个感慨士风的儒生？

李心传雕像

不复应举著书册

【庆元二年：礼部贡院】

这位颇负盛名的南宋史家的两度临安之行都是失意的，不是遭遇了父亲去世，就是经历了科举落榜。乾道三年（1166），李心传生于隆州井研（今四川乐山井研县）的仕宦之家。李心传家学渊源颇深，曾祖李公锡、祖父李发都是名重乡里的学者；其父李舜臣年少好学，博古通今，有志于天下，乾道二年（1165）登进士第，力主抗金，坚拒和议，在地方为官时，爱民如子，讲学著书，颇受赞誉。李心传是家中长子，还有两个兄弟道传、性传，兄弟三人自幼受家中栽培，通读诗书，后来都学有所成。

淳熙七年（1180），李心传十五岁，第一次到达临安。淳熙六年（1179），他的父亲李舜臣因在地方任职有声誉，受诏迁官于临安任职。次年，或是考虑到已经在临安安定，且家中子弟需要入学，于是带着李心传与兄弟二人来到临安。这可能是这个四川少年第一次到达临安，京城繁华，想必在他的心中留下了深深的印象，以至于在《建炎以来朝野杂记》自序中，他仍能清晰地追述那两年所发生的事情。对于少年李心传来说，在京学习或许是一件幸事。一方面是随侍父亲，可以接受父亲的教导，与父亲讨论所学之种种；另一方面，父亲专心著书，因而李心传兄弟有机会看到父亲所编写的著作，方便翻阅各种历史文献。有一次，李心传听见名公巨卿们的议论，称自南渡江淮以来，史书记载未能完全，以至于明君、良臣、名儒、猛将之行事都郁积在一起，无法得以彰显。这些议论悄悄在少年的心里扎了根，及至他长成时，回想渡江以来七十年间，军事、财政、礼乐等制度的源流因革，有司的记载往往有缺漏之处，遂决定专注史事，以补这份遗憾。

然而世事无常，临安虽然繁华，但也逃不开生老病死的轮回。在李心传随父亲到达临安的这一年，父亲的好友张栻去世，年仅四十八岁。生死大事，无奈一朝天人永隔。次年，年仅四十余岁的李舜臣才领下重修《裕陵玉牒》的任务不久，于临安任所突然去世，平生之志未展，而寿数已尽。这时的李心传尚未成年，却要承担起作为长子与大哥的责任，将身处异乡的父亲的灵柩送回家乡。淳熙八年（1181）年底，李心传兄弟几人在同乡的帮助下，收拾行囊，扶棺回乡。虽然就此挥手作别临安城，但在城中的所学、所见、所闻、所感，乃至父亲的早逝与未完成的遗志，在李心传的心中深深扎根。

　　庆元二年（1196），李心传三十一岁，与二弟道传一同从家乡前往临安参加进士考试。这是李心传第二次来到临安。自淳熙八年（1181）一别后，李心传便在家为父守孝，守孝期满后，他们兄弟三人专心读书，准备科举应试。这一方面是因为宋朝以来，科举入仕成为显途，文人学子有志于国家天下者皆可从此入仕；另一方面李家也有家学渊源，李心传的祖父、父亲皆由此入仕，作为李氏子孙，李心传自然也继承家训。李心传在庆元元年（1195）与二弟道传同举乡荐，得以前往临安参加礼部省试。庆元二年（1196）的春天颇为寒冷，省试稍稍推迟，定于二月进行，殿试则定于四月进行。考虑到四川与临安之间的距离，李心传兄弟二人可能在收到通知后便开始准备出发事宜了。兄弟二人，千里迢迢从远在隆州的井研赶赴临安的礼部贡院应试。然而此次应试迎接李心传的却是巨大的失望，进士名单一出来，弟弟道传榜上有名，而李心传却名落孙山。

　　一次失败代表不了什么，但李心传所面对的并非只是一次失败，而是接二连三应试都无法中举。而这几年的临安朝廷也并不安宁。绍熙内禅，宁宗仓促登基，改元庆元。宫墙之内，光宗为太上皇，拒绝作为儿子的宁宗来朝见；朝堂之上，赵汝愚和韩侂胄先后获得起用，二人分任宰相，矛盾迭起，庆元党禁一触即发。兴起于庆元初年的这次党争，实际上是朝官内部的政治斗争，却以学术之名，以禁止道学为其形式与内容，与朋党之争深深地缠绕在一起。受赵汝愚举荐入朝任职的朱熹，多次受到朝官弹劾，最终落职。曾多次前来临安应试的李心传，对于都城之中发生的这些大事多少有所耳闻。道学受阻，累试不第，学术与政治之间的关系如此纠葛。或许李心传曾因为这些问题辗转反侧，而后逐渐下定决心，不再应举，而是重拾少年念想，专注于史书撰述。

就这样，李心传第二次离开了临安。这一次，临安似乎还是未曾记住他的身影。

蘸笔挥毫成汗青

【宝庆二年至嘉熙二年：秘书省】

李心传第三次来到临安，是宋理宗宝庆二年（1226）。距离上次临安一别，已是三十年。这时的李心传年届六十，已是耳顺之年，但他与临安真正密切的联系才刚刚开始。在屡试不第、最终放弃科举道路之后，李心传坚定地转向了修史这条道路。三十年间，他离开过家乡、出任过幕僚、开办过讲学，但一直未曾停止翻阅文献、编修史书。这一份专注与坚持，让他多年来的心血得以被朝廷看见，其所修之史曾被皇帝下诏收藏，成为朝廷国史馆编修史书所借鉴的资料之一。

宝庆元年（1225），临安朝廷中的曹彦约、张忠恕就先后向理宗推荐过李心传。次年，崔与之、许奕、魏了翁等前后共二十三人，举荐李心传。理宗允之，诏李心传来京觐见。时年六十岁的李心传，整理行装，于四月启程，越近四千里路，奔赴临安。初抵临安，李心传尚未入仕。直到宝庆三年（1227）的十一月，他才接到任命，为从政郎，任秘阁校勘，负责编修史书，收集南宋中兴以来的散佚旧闻。绍定二年（1229），李心传又因任职专心，职位得以升迁。绍定四年（1231）正月初一，宋理宗以为皇太后杨氏庆寿为由，大赦天下，百官也得以晋升。其中，李心传就以上殿对策表现绝佳，得到了皇帝的褒扬，特赐其同进士出身的身份，并迁任国史院编修官、实录院检讨官，将编修高宗、孝宗、光宗、宁宗四帝本纪的重任交给了李心传。

然而四帝本纪牵涉甚广，在朝修史更是复杂，绍定六年（1233）二月，李心传刚刚修完前三部，便被言官弹劾，因此遭到罢职，离开临安。这是他第一次因言去职。李心传再次来到临安，已经是三年后了。在四川三年，他接下了修撰《十三朝会要》的任务，与门人高斯得及牟子才、张即之等人一同，专心修史。到了端平三年（1236），《会要》修成，李心传上呈朝廷，恰逢当时元兵侵扰四川，宋理宗因此下诏令李心传入京赴阙。已是耄耋之年的李心传从四川老家出发，长途跋涉奔赴临安。入见之后，李心传将已经修撰完成的《会要》上呈给朝廷，这部书又名《嘉定国朝会要》，或称《国朝会要总类》，共计五百八十八卷，所记内容，从太祖建隆元年起，至孝宗淳熙十六年止，凡二百三十年间史事。献书过后，李心传仍任著作郎，并兼任权工部郎官。

再次入朝，李心传的主要工作仍是修史。嘉熙二年（1238），李心传以著作郎兼权工部郎官奏事，除秘书少监、史馆修撰，修高、孝、光、宁四朝国史及实录。史书编纂工作十分繁重，为了顺利推进，李心传向朝廷推荐了高斯得、杜范、王遂等为史馆检阅。四朝国史及实录的编修工作由李心传主持，高斯得、牟子才、钱时作为史馆校阅，还有属官赵汝腾、刘汉弼、徐元杰等人，一起组成了这个史馆班子，共同负责编修国史。十月，李心传出任秘书监一职，兼权工部侍郎。岳飞的孙子岳珂是李心传的好友，听闻此事后，赋诗三首，祝贺好友升迁。

这一年，礼部又举行了一次省试，共有四百二十余人进士及第。李心传因为在临安任秘书少监，在放榜的当天，还作了一首诗，恭贺各位进士榜上有名。看着这些高兴的举子，年过七旬的李心传可能也会回想起当年的自己。那些年，他屡试不中，最终下定决心转投史书。时间倏忽而过，自己已经两鬓斑白，却因为修史，得到了"同进士出身"的身份，还入朝为官，为国修史。如今想来，阴错阳差，也或许是冥冥之中自有天意吧。

李心传这一次在临安待了很久，直到淳祐初年才罢职，寓居湖州。嘉熙三年（1239），李心传任朝奉大夫、守尚书工部侍郎兼秘书监、史馆修撰、修玉牒官。不久后，又任宝章阁待制，任工部侍郎。在此期间，他专心著书，在编修四朝国史的同时，还从历史的角度记录道学，编有《道命录》五卷。在《道命录》中，李心传详细记载了程颐、朱熹等道学家的进退始末，备录其褒赠、贬谪、荐举、弹劾之文，是研究程朱道学兴废始末的重要资料之一。大致在嘉熙二年（1238）年内，李心传离开过临安一次。当时蒙元入犯四川，他因此被召至临安，但是他来得匆忙，家中还有许多人事尚未处理。因此，在嘉熙二年（1238）的时候，为避开战火，李心传举家迁入了湖州。此后，他应当大部分时间都留在临安修史，直至淳祐初年才离开临安，回到湖州的家中。

位卑念国传信史

【绍定五年：崇福院】

入朝修史的这些年，李心传虽然只是一介史官，品职低微，专注于编修史书、撰述文章的工作，但他也从未忘记，自己作为一个读书人，在读圣贤书、明天下道的同时，应当关注国家的忧患。

宝庆三年（1227）十一月，李心传第一次受诏入朝，不久就因为政事上书朝廷。当时元兵入侵，高稼受命前往洋州驻守，洋州地势平坦，没有可以驻守的士兵，他计划从金州迁来数千士兵，以驻守洋州、抵御元兵，而军饷则自己负责筹措。作为高稼的好友，李心传听闻此事之后，就曾代高稼上书，向朝廷请示此事。

绍定四年（1231）九月，临安发生了一次很大的火灾。在当时，大火被视为"异象"，常与君主德行有亏联系起来。作为国史院编修官的李心传，就为此事特意上书。他在奏疏中认为，是因为宗庙之制与古制不和才导致了这些灾异的发生，为避免造成大患，

玉皇山八卦田

应当按照古制推行宗庙制度。

绍定五年（1232），在朝政焦灼的背景下，李心传为龙山崇福寺写了一篇记文。龙山就是今天的杭州玉皇山，山势壮阔，北望雷峰塔、西湖，南眺八卦田、钱塘江，视野堪称一绝。李心传回忆起北宋时尚有驿令，而如今的南宋因多事而荒废旧制，就连士大夫也不免风餐露宿。最后，李心传的感慨似乎有弦外之音：

> 尝闻河南夫子因游僧舍，值其食时，顾而叹曰："三代礼乐，尽在是矣！"夫子之叹，盖有感也。余愿学夫子者，福田利益之报非所敢知，顾以其能充恻隐之端，似可为国家仁政之助，而士君子之得位者又因以劝，则王制可以渐复。此余之所以重感也，于是乎书。

上古三代尧舜美治如何得以实现呢？自然是要依靠士君子官居朝廷高位并且能够劝谏天子。李心传对国事十分上心，在修史之余，他多次上书言事。而且，大抵是因为作为史官的缘故，李心传言行耿直，不喜虚与委蛇，或许正是因此，才导致他屡次因言去职。嘉熙四年（1240）六月，境内大旱。理宗诏求直言进谏，李心传应诏上书，在书中向理宗直陈当前朝政之弊端：

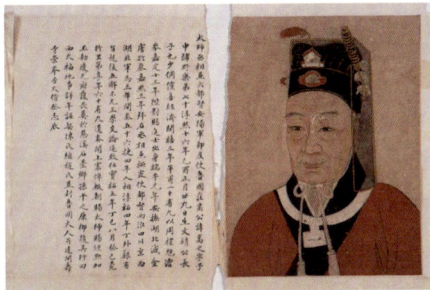

史嵩之画像（鄞州区档案馆藏）

朝令夕改，靡有常规，则政不节矣；行赉居送，略无罢日，则使民疾矣；陪都园庙，工作甚殷，则土木营矣；潜邸女冠，声焰兹炽，则女谒盛矣；珍玩之献，罕闻却绝，则包苴行矣；鲠切之言，类多厌弃，则谀夫昌矣。

作为一个在朝中任职多年的史官，李心传对于朝政的看法十分具有洞见，几乎直指南宋朝政当前的要害之处。此外，他还警醒理宗说，如果内有民怨，外有强敌，那么事情必然会陷入困境，形势也会变得紧迫逼人，在这种情况下，什么悲惨的事情都会发生的。因此他劝谏理宗应当勤政爱民，招纳贤臣，勿听奸小的谗言。

自从宝庆三年（1227）入朝之后，李心传就开始为国修史。在朝期间，他先后编成了《十三朝会要》《道命录》等书，直到淳祐元年（1241）罢官在家时，他还在编修《四朝帝纪》。淳祐二年（1242），七十六岁的李心传上呈了《四朝帝纪》。但因为秉笔直书，李心传与门人高斯得二人在书中揭露了史弥远的隐私，引发了宰相史嵩之的不满。史嵩之是史弥远的远房侄子，同为史氏族人，一荣俱荣、一损俱损。因此在史嵩之的操控之下，李心传再次罢职。两年之后，退居在家的李心传，病逝湖州。

回首望去，李心传的一生充满了坎坷。年少丧父，屡试不第；中年修史，才名渐扬，直到晚年才因为修史进入朝廷，得到了任用。但是一介史官，没有实权，屡次进言，又屡次被罢免。而临安这座城市，则是他一路坎坷的见证者。从年少送父亲的灵柩回乡，到耄耋之年自己离职，临安似乎永远在为他送别。

　　不过，临安也没有忘记他。他修撰史书，不曲笔不隐晦，只为保存真实的史事；他承担史职，为国修史，浩大的数百卷史书也能够编修完成。在临安的馆阁之中，他翻阅资料的身影常常伴随着西斜的日影；有朝一日，他所编修的史书，也将随着临安一起，进入时间的尘埃之中，但却凭借着文字的形式，日益醇厚深远。正如黄震所说："史臣自汉迁、固后无闻焉，至我朝而后有心传，该总通达，遂成一家，呜呼盛哉。"李心传，当之无愧。

　　可惜，都城总是王侯将相的世界。对于一个埋首修史的史官，临安城显得有些无情，因为它没有空间去安放一个史官的世界。嘉会门外的龙山崇福院、吴山脚下的秘书省，都已经难寻踪迹，就连高斯得在桐庐所刻李心传著《诵诗训》《丙子学易编》，也不知所踪。唯有传世书卷上的文字不曾斑驳，不曾泯灭。

图书在版编目（CIP）数据

南宋人在杭州 / 姚双，徐珂著 . —杭州：浙江大学出版社，2022.12

ISBN 978-7-308-23430-6

Ⅰ.①南… Ⅱ.①姚… ②徐… Ⅲ.①历史人物 - 生平事迹 - 杭州 - 南宋 Ⅳ.① K820.855.1

中国版本图书馆 CIP 数据核字（2022）第 245811 号

南宋人在杭州

姚双 徐珂 著

责任编辑	宋旭华 吴心怡
责任校对	吴 庆
封面设计	云水文化
出版发行	浙江大学出版社
	（杭州市天目山路 148 号 邮政编码 310007）
	（网址：http://www.zjupress.com）
排 版	云水文化
印 刷	杭州宏雅印刷有限公司
开 本	710mm×1000mm 1/16
印 张	17
字 数	221 千
版 印 次	2022 年 12 月第 1 版 2022 年 12 月第 1 次印刷
书 号	ISBN 978-7-308-23430-6
定 价	88.00 元

浙江大学出版社市场运营中心电话（0571）88925591；http://zjdxcbs.tmall.com

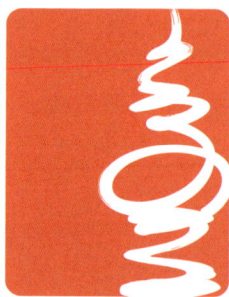

HIURC 杭州城研中心